山と人 百話

九州の登山史

松尾良彦

弦書房

〔カバー・表紙・扉　絵〕松尾良彦
〔カバー・扉　題字〕広野　司

1934年（昭和９年）。宝満山・稚児落として行われた福岡山の会の第１回婦人登山講習会での懸垂下降訓練。《第34話》（西日本新聞社提供）

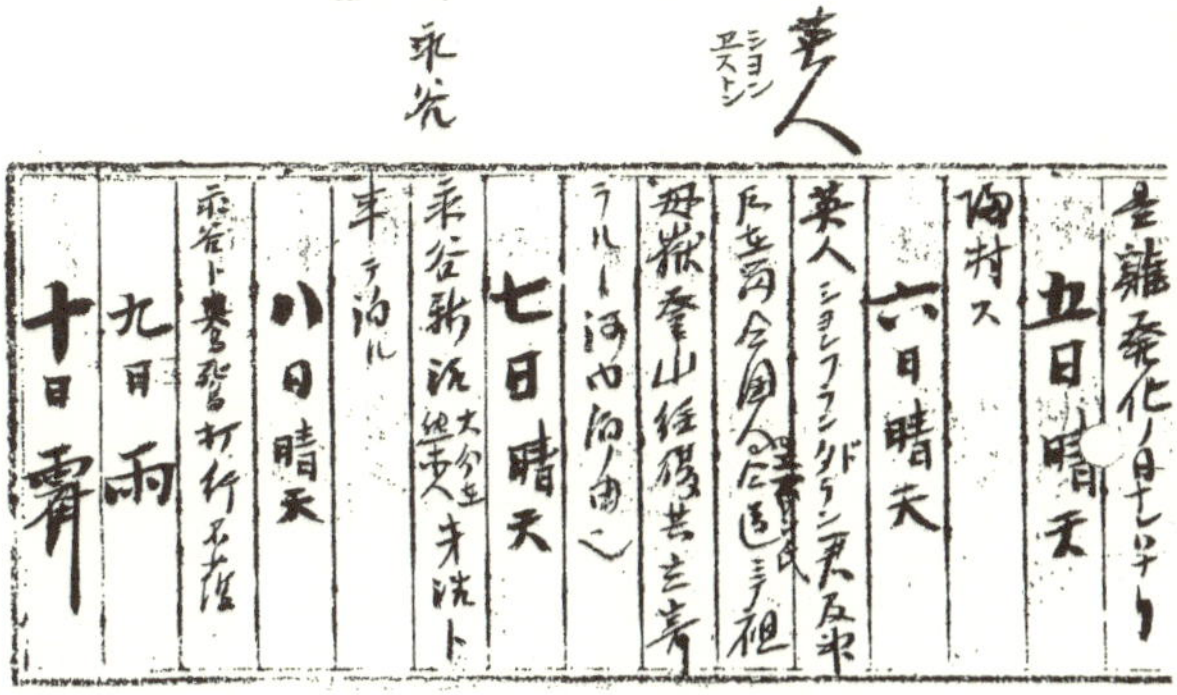

1890年（明治23年）。W・ウェストン氏が祖母山に登山。立ち寄った麓の庄屋・矢津田家に残されていた主人鷹太郎の当日（11月６日）の日誌。《第12話》（ウェストン研究家・三井嘉雄氏の保存資料から）

1925年（大正14年）。秩父宮殿下が雪の阿蘇山に登られる（左から案内役の細川護立侯、秩父宮殿下）。《第21話》（「九州日報」1925年２月25日付から）

1942年（昭和17年）。久住山で行われた福岡山岳連盟の登山指導者特別錬成会。戦闘帽に国民服、ゲートル巻きの約150人が参加した。《第38話》（長者原ビジターセンター所蔵）

1948年。第３回国体（福岡国体）の山岳競技が久住山で開かれ、この回から正式種目となって全国から約500人が参加した。山頂で国体旗を掲げ「万歳」三唱の参加者たち。《第42話》（工藤元平さんアルバムから）

1947年。九州山岳連盟戦後初の「屋久島遠征」。深い雪に苦労しながら花之江河のＢＣに着いた隊員たち。右から６人目の加藤数功さんは猟銃を持っている。《第40話》（『九重山―加藤数功遺稿集』から）

1962年。雪の久住山で最悪の遭難事故。「ご来光登山」の福岡と大分の９人が吹雪の中、山上で方向を失い７人が凍死した現場に到着した捜索隊。《第54話》（西日本新聞社提供）

1959年。九州から初のヒマラヤへ。福岡大探査隊がガウリサンカル、ギャチュン・カンを偵察。カン・ナチュゴ（前方のピーク）を仰ぎながらハデンギィ峠の雪面を登る隊員。《第50話》（隊員だった尾石光治さんアルバムから）

1963年。電電九州山岳会隊が初の単一職域登山隊として、ヒマラヤのネム・ジュン（当時はヒムルン・ヒマールと呼んだ）に遠征。頂上を目指し6700m付近のミックス帯を登る隊員。《第55話》（西日本新聞社提供）

〈左〉1965年。筑豊山の会の渡部恒明さんが芳野満彦さんと組んでマッターホルン北壁に日本人初登攀成功。そのあとすぐアイガー北壁にも挑む（写真はヒンターシュトイサーをトラバース中＝ペアの高田光政さん写す）が、頂上直下で墜落死する。《第59話》（高田光政著『北壁の青春』から）

1985年。福岡大山岳会隊がナンガ・パルバットに無酸素登頂。頂上からトランシーバーで感激をＢＣへ伝える菊池守（手前）・花田博志隊員（登頂のフランス人写す）。《第76話》（報告書「氷壁のワンダーランド」から）

1978年。地方の登山隊の活動活発化へ。福岡登高会隊がティリチ・ミールに登頂。頂上の後藤龍雄、山内耕二隊員（左から＝北崎映次隊員写す）。《第70話》

1998年。福岡の栗秋正寿さん（九工大山岳部ＯＢ）がマッキンリーに冬季単独登頂。カヒルトナ氷河2100㍍の雪田で「日の丸」ならぬ「日の栗」旗をかざす栗秋さん。背後はマッキンリー南峰。《第96話》（栗秋さんのアルバムから）

〈右〉1996年。福岡市山岳協会隊が西日本地区からは初めてチョモランマ（エベレスト）に登頂。頂上で鯉のぼりをかざして喜ぶ菊池守隊員。《第94話》（福岡大山岳部50周年誌から）

2005年。福岡大山岳会隊がギャチュン・カンに登頂。頂上で一息つく、左から花田博志・重川英介隊員。《第100話》（西日本新聞社提供）

2004年。九産大生の渡辺大剛さんが七大陸最高峰登頂を日本人最年少で果たす。最後のマッキンリーに登頂、応援の寄せ書き旗を掲げる渡辺さん。《第98話》（渡辺大剛ウェブから）

目次

はじめに　11　文中用語解説　13

「近代以前」の山登り（六世紀〜一八六〇年代）……22

第1話　開山　24
第2話　戦《いくさ》の舞台　26
第3話　山中潜竄《ざん》　28
第4話　「原点」は権現詣り　30
第5話　登山家大名　32
第6話　パイオニアたち　34
第7話　「西の芭蕉」　36
第8話　採薬で登山の勧め　38
第9話　異人たちの山行　40
第10話　植物学者の代役　42
第11話　新婚旅行第一号　44

「近代登山」の広がり（一八八〇年代〜一九二〇年代）……46

第12話　「まず九州の山」へ　48
第13話　地図で教えた登山道　50
第14話　命をかけた山頂観測　52
第15話　「二百十日」阿蘇に登る　54
第16話　日本山岳会の発足　56
第17話　「檄」に集まる　58
第18話　山へ誘った登山会　60

パイオニア・ワーク（一九一〇年代〜一九三〇年代）……62

第19話　初めての「ヒマラヤ行」　64
第20話　モン・ブランに立つ　66
第21話　宮さまの阿蘇スキー　68
第22話　殿さま登山隊　70
第23話　雪の九重連山　72

第24話　鷲ケ峰の岩登り　74
第25話　市房から国見へ　78
《番外話》ロッキー登山の謎　76
第26話　祖母の東側　80

戦前の活動期（一九二〇年代末～一九四五年）……82

第27話　九州最高峰を登る　84
第28話　名づけの親　86
第29話　悲しみからの教訓　88
第30話　九重の自然を守る　90
第31話　幻のカムチャッカ遠征　92
第32話　相次ぐ山岳会発足　94
第33話　バリエーション・ルート　96
第34話　強かった女性たち　98
第35話　「岩の鬼」　100
第36話　悲劇となった卒業登山　102
第37話　書けなかった登頂記　104
第38話　山は「錬成の場」　106
第39話　チベット高原縦断　108

戦後の復活（一九四五年～一九五〇年代）…………110

第40話　岳人よ山へ帰れ　112
第41話　冬の北アルプス　114
第42話　久住山頂に国体旗　116
第43話　厳冬の「前穂東壁」　118
第44話　谷と岩壁の開拓　120
第45話　ヒマラヤ登山許可　122
第46話　山の天気と春の空　124

広がる登山熱（一九五〇年代～一九六〇年代）……126

第47話　奥祖母の探査登攀　128
第48話　「氷壁」　130
第49話　マナスル登頂効果　132
第50話　ヒマラヤ踏んだ一番手　134
《番外話》「福大隊遭難か」　136
第51話　「九州六名山」　138
第52話　隠れていた記録　140
第53話　大和山脈を登る　142

第54話　惨事招いたご来光登山　144
第55話　初の職域遠征隊　146
第56話　「九州の屋根」縦走　148
第57話　ヒマラヤの西　150

ルートの開拓（一九六〇年代～一九七〇年代）……152

第58話　単独登頂　154
第59話　「北壁」にかけた青春　156
第60話　命名「ガマ・ピーク」　158
第61話　谷と沢と源流　160
第62話　ダウラギリの名月　162
第63話　されど岩登り　164
第64話　「鉄の時代」　166
《番外話》「坊がつる讃歌」　168
第65話　白いスラブ　170

海外登山の活況（一九七〇年代～一九八〇年代）……172

第66話　山は若者だけのもんじゃない　174
第67話　アラスカ人気　176
第68話　女性だけの遠征　178
第69話　日本隊初「K２登頂」　180
第70話　地方の実力　182
第71話　アルパイン・スタイル　184
第72話　八〇〇〇メートル独りぼっち　186
第73話　ヒマラヤの北面　188
第74話　冬季・単独・速攻　190
第75話　「魔の山」は魔の山　192

九州の黄金期（一九八五年～一九八七年）……194

第76話　無酸素登頂　196
第77話　長江の源流　198
第78話　渾身の頂上　200
第79話　「先生、がんばれ！」　202
第80話　報われた「死闘」　204
第81話　ラズベリー・ドリーム　206

続く海外遠征（一九八〇年代後半～二〇〇〇年）……208

第82話　元デ杯選手の挑戦　210

第83話　サンゴ礁の島から　212
第84話　山あっての人生　214
第85話　悲願と執念と　216
第86話　「非情の山」を独りで　218
第87話　九州は一つの結束　220
第88話　宇宙の中心　222
第89話　八十七歳まで現役　224
第90話　高齢元気　226
第91話　「お父さん、生きて帰ってきて」　228
登山スタイルの多様化（一九九〇年代～二〇〇七年）……230
第92話　ハットトリック　232
第93話　究極の自力登頂　234
第94話　九州隊初のチョモランマ　236
《番外話》いわれなき濡れ衣　238
第95話　脱組織での遠征　240
第96話　垂直の山旅　242
第97話　埋められる「地図の空白」　244
第98話　セブン・サミッター　246
第99話　「愛と健康」で百名山完登　248
第100話　約束の頂きに立つ　250
《九州「山と人」主要年表》　252
あとがき　261　／主な参考文献　262

＊おことわり
◇文中は敬称略とさせていただきます。
◇山名と標高は、国内は「日本山名総覧」（武内正著、白山書房、１９９９年）を、海外のヒマラヤ関係は「ヒマラヤ名峰事典」（薬師義美・雁部貞夫編、平凡社、１９９６年）を、その他は「コンサイス外国山名事典」（吉沢一郎監修、三省堂、１９８４年）を基準にしました。
◇引用文は原則として原文のまま入れています。旧漢字や旧仮名遣い、不適切な用語があります。ご了承ください。
◇年表記は西暦を使いますが、一九四五年の終戦時までは年号併記、また時代表記は日本史の時代表記を使っています。

はじめに（山登りの始まり）

山国に住む日本人は古代の昔から、山を崇め、山に親しんできた。今から一万年も二万年も、あるいはそれより前、九州の先人たちはもう山に登り、山中を駆け回っていた。祖母・傾山系、本谷山（一六四三メートル）山中の洞穴（「出羽《いずるは》洞穴」＝標高九二〇メートル）に残されていた石器時代から縄文時代の石鏃やナイフ型石器、刃部の削器が、その事実を物語っている。

先人たちは恐らく、山深く生息するオオツノジカや熊、イノシシを追いながら五ヶ瀬川から日之影川に沿うように原始林の急斜面を攀じたのだろう。本谷山山頂にも上がり、尾根伝いに古祖母山（一六三三メートル）や笠松山（一五二二メートル）にも登ったに違いない。

同じ石器時代から縄文の時代の遺跡は栃木県・剣ケ峰（一五四〇メートル）頂上近くでも発掘され、八ヶ岳（最高峰・赤岳＝二八九九メートル）山中でも石鏃などが見つかっている。しかし、温暖で氷河期の影響が少なく、標高二〇〇〇メートルにも満たない三〇〇〇近い山が起伏し、植物が茂り動物が多く生息する九州は、採集狩猟生活の先人たちが移り住むのも早く、その数も多かったのではないだろうか。

それを裏付けるように本谷山だけでなく、阿蘇外輪山や久住高原でも多くの石器時代・縄文時代遺跡が分布する。出土する槍先尖頭器や石鏃の中には佐賀・腰岳産と見られる黒曜石製や大分・大野川流域産の流紋石製もあり、先人たちは獣を追い、おいしい木の実を求め、山から山へ伝っていたことが分かる。「山登りの始まり」である。

その古代から今、現代まで――、人々は時の流れとともに、どのように山に親しんできたのか。人々が九州の山にかけたロマンと情熱、九州の人たちが国内、さらに世界の山へかけた挑戦と冒険と葛藤の歴史をひもといてみたい。まずは、六世紀（古墳時代）の「開山の話」から始めよう――

〔文中用語解説〕（五〇音順）

ＢＣ　ベースキャンプ。登山の基地。
ＡＢＣ　アドバンス・ベースキャンプ。前進基地。
ＤＣ　デポ・キャンプ。荷上げ荷物を保留する中継地。
ＨＣ　ハイ・キャンプ。上部キャンプ。
アイゼン　氷や硬雪面を登降する際、靴底につけるスリップ止め金具。
アイスフォール　氷河帯にできるクレバスの密集地や急斜面。
アイスハーケン　氷や硬雪に用いられる確保釘。ねじ込み式のスクリューハーケンなどもある。
アプザイレン　懸垂下降。
あぶみ　人工登攀で足場として用いる縄ばしご状の用具。
アルパイン・スタイル　高峰へ、必要な装備や食料を全て自分で背負い、一気に登ってしまう登山方法。アルプスでの登り方なので、この名がついた。極地法に対する。
アンザイレン　登山者同士が安全確保のためロープで結び合うこと。
ガリー　急な岩溝。ガリーは英語で、フランス語ではクーロワール、ドイツ語ではルンゼまたはリンネ。
カンテ　岩尾根の稜角。
極地法　次々に前進キャンプを出し、物資荷上げ、ルート工作を繰り返し、最終キャンプからアタックをかける登山法。極地探検にこうした方法がとられ、名前が付いた。アルパイン・スタイルに対する。
キレット　稜線上でＶ字型に深く、急峻に切れ込んでいる所。
クラスト　風雨、太陽熱などにより雪面が硬くなること。
クラック　岩壁の割れ目。
グレード　岩壁ルートの技術的難しさを示す難易度。国際山岳連盟式は「Ⅴ」「Ⅵ」のように表示、「Ⅵ」は「厳しく難しい状態」を指す。「５・11」の「５」はフリー・クライミングであることを表し、つぎの数字が難しさを表す。「Ａ」は人工登攀を示し「Ａ１」は「基本的な人工登攀」を示す。
クレバス　氷河や雪渓にできる割れ目。
ゴルジュ　渓谷の両岸が迫り、川幅が狭くなった所。
ジェードル　クラックを挟んで左右の岩壁が外開きになっている岩場。
人工（人工登攀）　ハーケンや埋め込みボルトなどで支点をとり、人工的手段、補助具を用いた登山。
スカイ・フック　岩のわずかな凹凸にひっかけて一時的な支点とする岩登りの用具。

スタカット　隔時登攀。アンザイレンした登攀者が交互に確保し合いながら登る方法。

スタンス　岩登りで、立っておれるぐらいの足場。

スラブ　一枚岩。雪庇（尾根にできる雪のひさし）。

セラック　氷河上にできる氷塔。

ダブルアックス　氷雪壁の登攀に二本のピッケル、またはピッケルとアイスハンマーを交互に氷雪面に打ち込み登る方法。

チムニー　岩場の縦の割れ目。その中に体を入れ登れるものをいう。

チンネ　ドロミテにある鋭い岩峰の固有名詞。剱岳の岩壁に当てられ定着している。

ツエルト　ビバーク用の簡易テント。

ツルベ　岩登りで各ピッチのトップを交代しながら登ることをいう。

デブリ　雪崩の堆積物。

トラバース　山腹、岩壁などの横断。

ナイフ・エッジ　岩稜や尾根がナイフの刃先のように鋭角に、狭くなっている所。

ナメ　花崗岩のツルツルした一枚岩が全面にある滝や谷底。

ハーケン　確保や登山の補助に用いる釘。

ハーネス　安全ベルト。

バットレス　山体を支えるように、山頂や稜線に向かって走る岩稜。

バリエーション・ルート　新しい困難なルート。

左俣　上流に向かって見るとき、左側から流れ落ちてくる沢。（「左岸」を下流に向かって見るとき、左側をいうのに対す）

ビッグウォール　標高差六〇〜七〇〇メートル以上で、斜度垂直前後の大岩壁をいう。

ピッチ　岩登りで確保できるテラスからテラスまでを一ピッチとするのが基本だが、ロープの長さを基準に約四〇メートルを一ピッチとするのが普通。

ヒドン・クレバス　雪が覆い隠れている氷の割れ目。

ピナクル　岩壁や岩稜にある岩の突起。

ビバーク　露営。

フィックス・ロープ　安全確保のための固定ロープ。

フランケ　尾根や岩稜の側面。

ペンドラム　振り子（ロープにぶらさがり岩壁を走って、横のクラックなどに移るテクニック）。

包囲法　前進キャンプや固定ロープを多用してルートを延ばす登山方法。

ボルト　ハーケンが打てない岩壁で、ドリルなどで人工的に穴をあけて打ち込む支点の鉄具。

ホールド　岩登りでの手がかり。

巻く・高巻く　滝やオーバーハングなど登ることのできな

い悪場を避けて迂回することをいう。
モレーン　氷河に運ばれてたまった岩石や土砂。
ユマール　登高器。固定ロープに掛けて使う。安全確保や登攀スピード化に役立つ。
ラッセル　除雪。雪を踏みつけて登路を拓く。
リンネ　ルンゼに同じ。
ルンゼ　急な岩溝。
レッジ　岩壁中の岩棚。
ワカンジキ　靴の底に取りつける雪上歩行具。積雪が深く歩行が困難な時に使う。

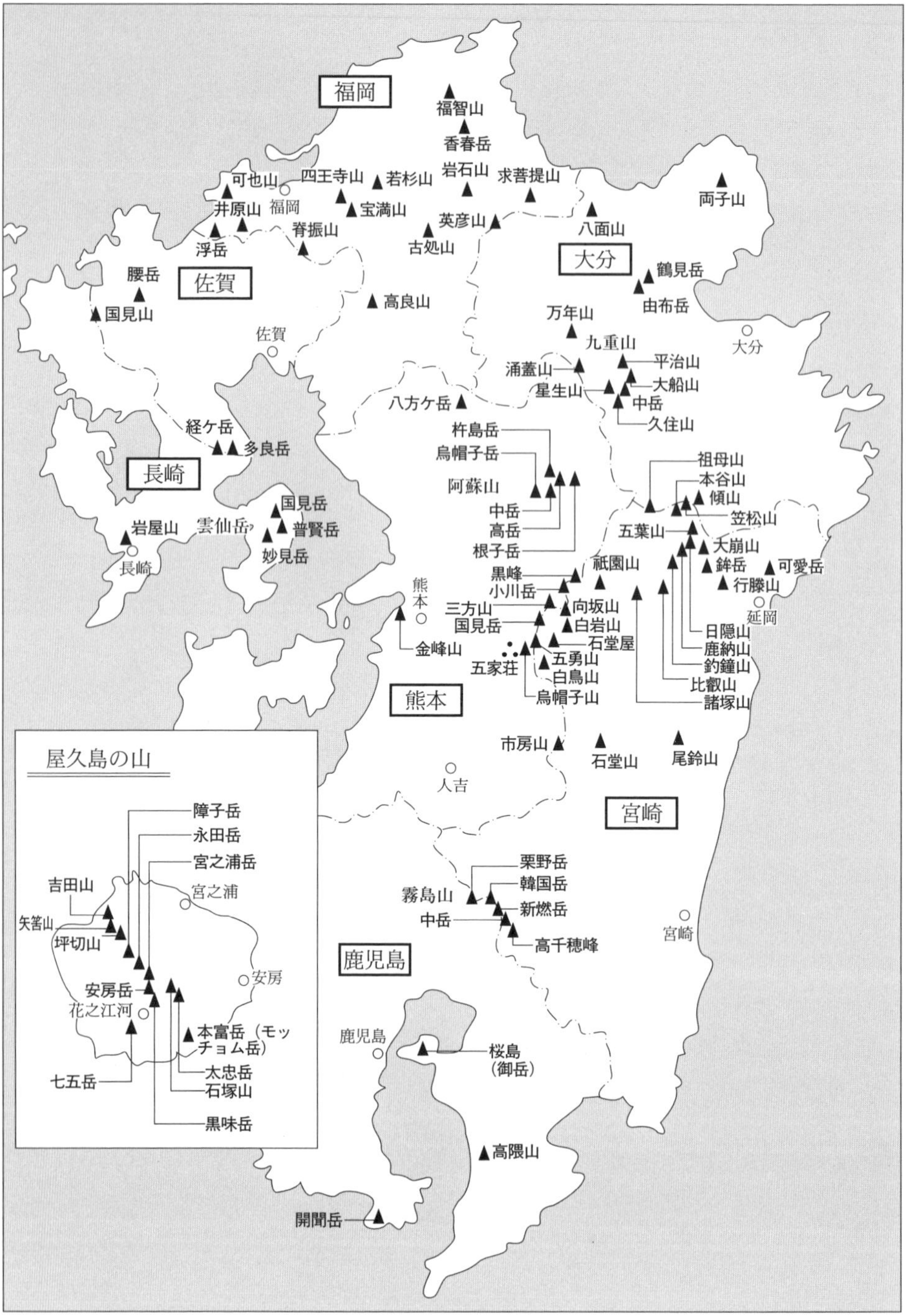

本書掲載の九州の主な山

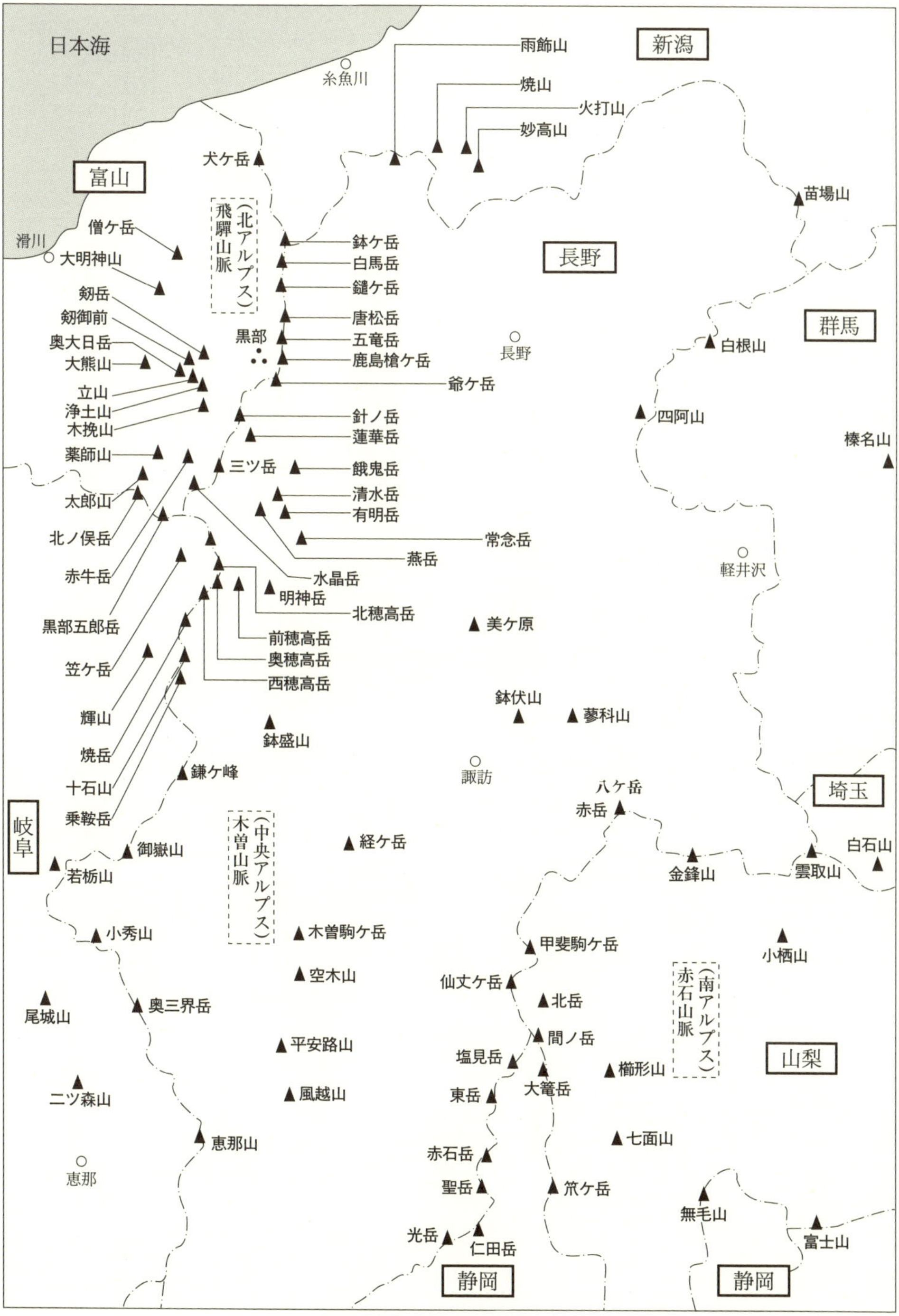

本書掲載の日本アルプスの主な山

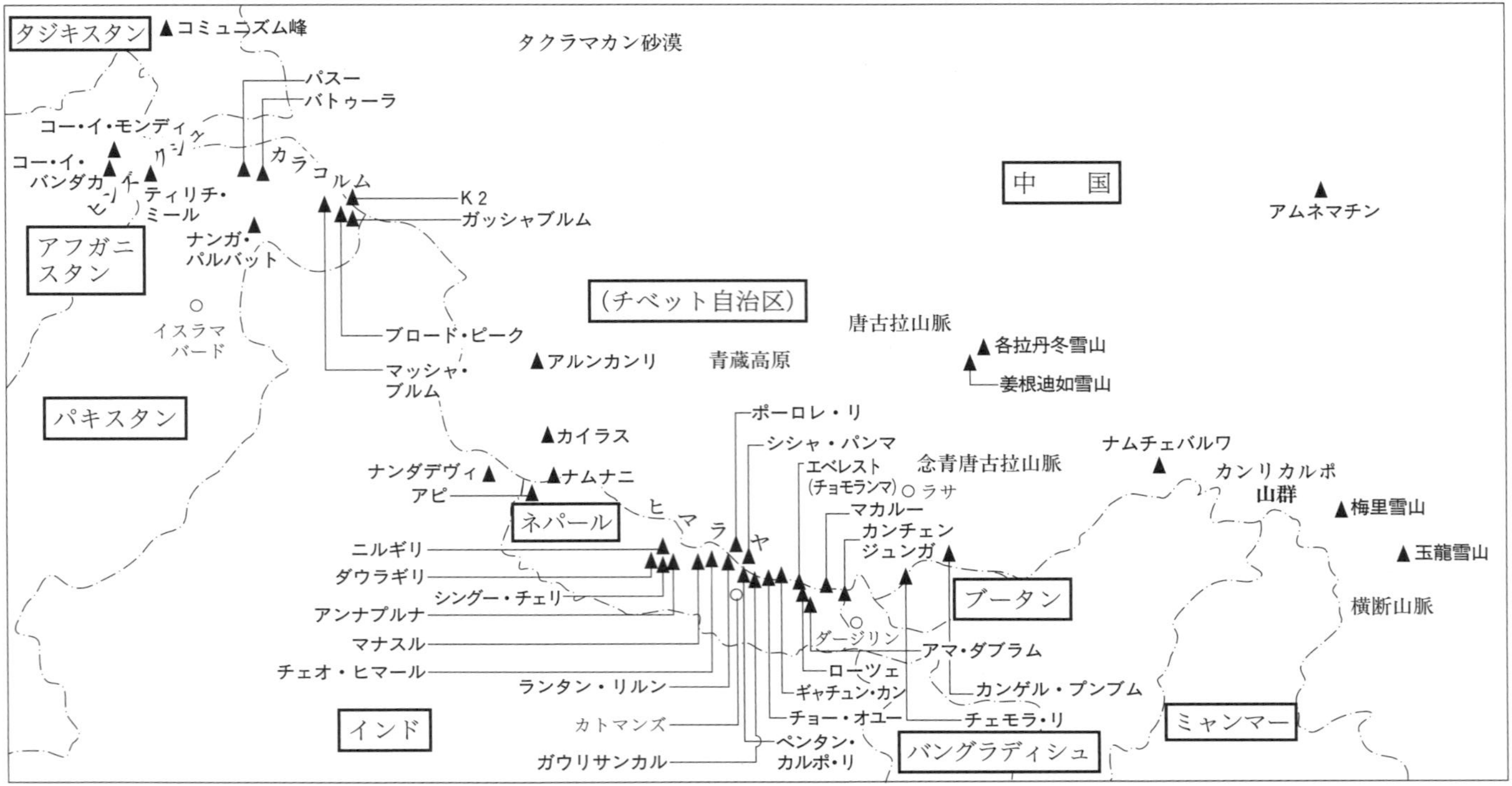

本書掲載のヒマラヤ・カラコルム・ヒンズークシュの主な山

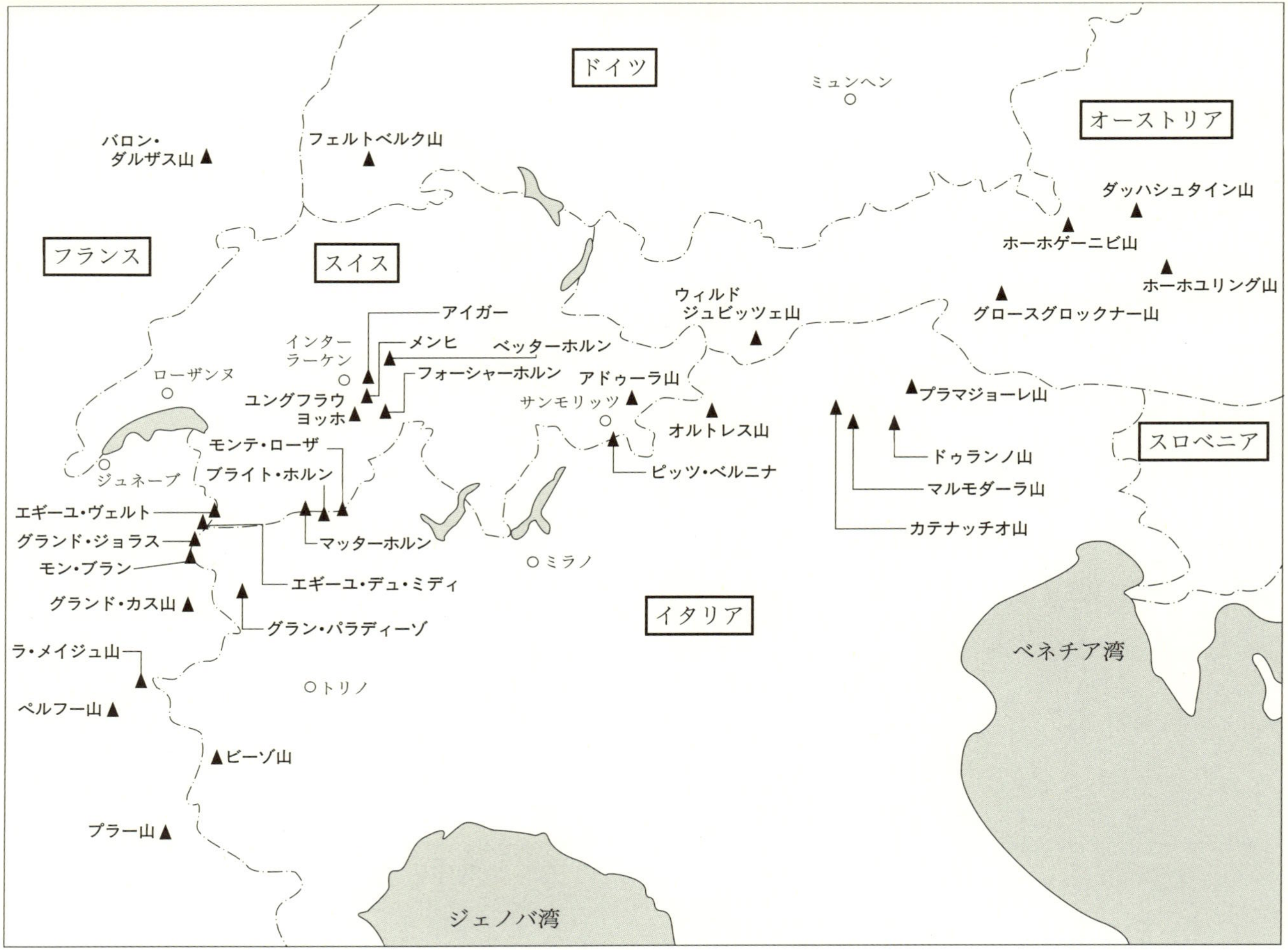

本書掲載のヨーロッパ・アルプスの主な山

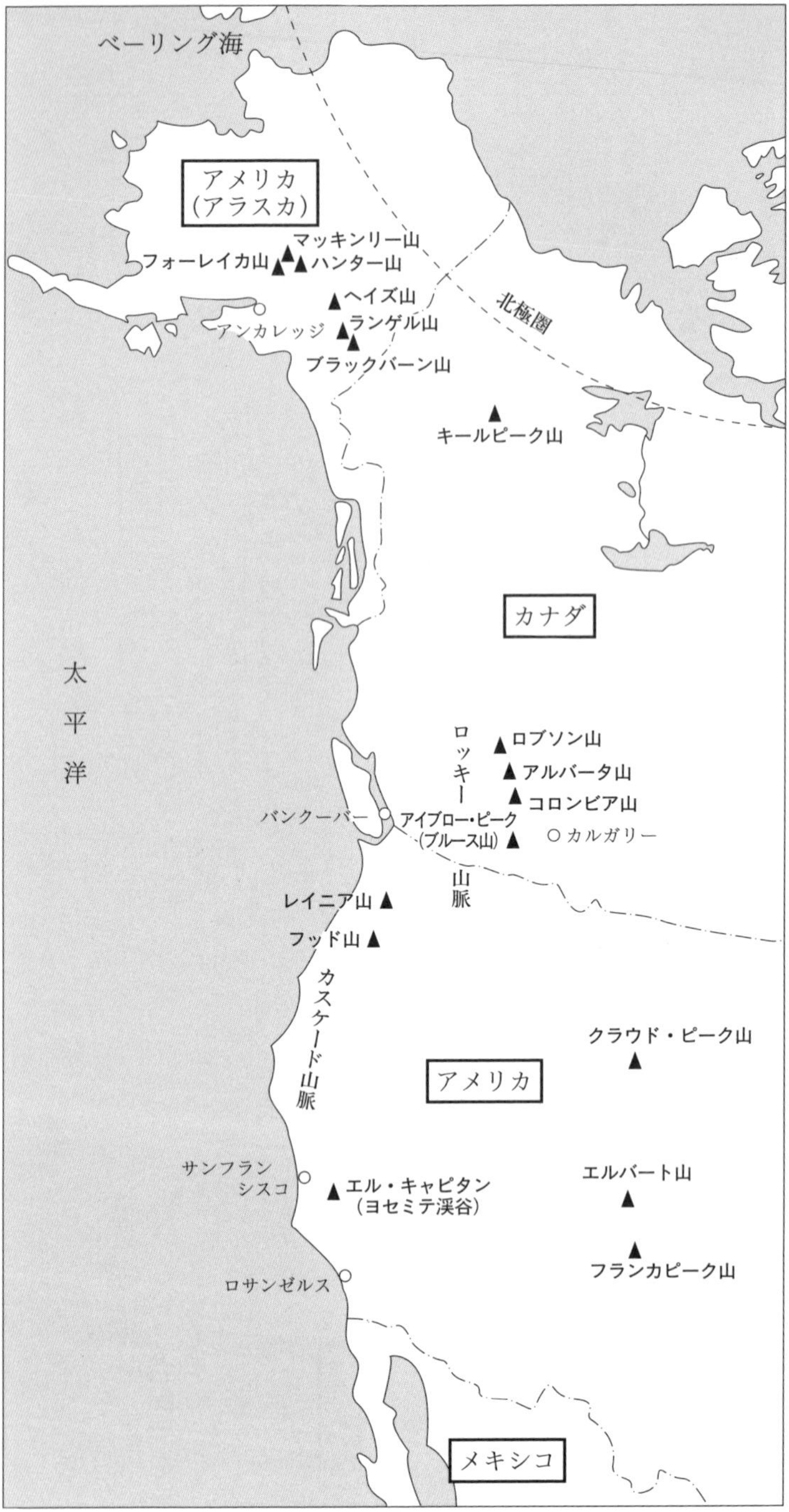

本書掲載の北アメリカの主な山

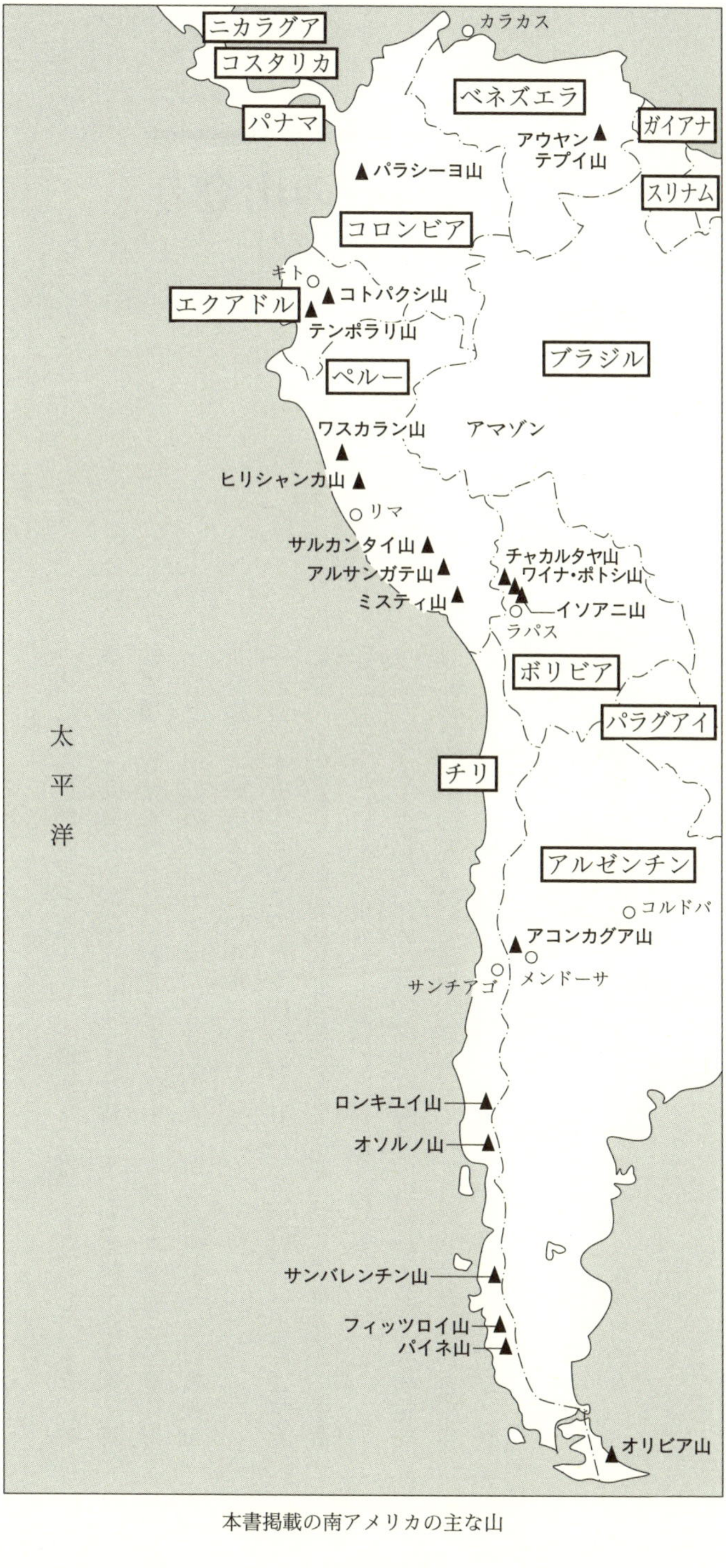

本書掲載の南アメリカの主な山

「近代以前」の山登り

（6世紀〜1860年代）

古代から自然の恵みをつくり、豊かな収穫をもたらし、人々の感謝と畏敬と親しみの対象だった「山」は、やがて中国の山岳観・神仙思想の影響を伴った仏教や密教が伝わって来ると修行・修験の場となり、信仰のメッカとなって多くの人々が無病息災、五穀豊穣を祈り願って登るようになった。

奈良、平安から始まった霊山へのそれは、江戸時代へと時が移るに従って広がり、目的は信仰登拝ではあったが、形は多くの場合「講」を中心にした、世界でも例がない「集団登山」となった。

一方、十七世紀末の江戸時代中葉、泰平の世が続くと文人墨客をはじめ庶民の間には諸国漫遊の旅がブームになり、人々は四季の自然美と高みからの眺望を求めて山に登るようになる。その中で、本草学の薬草採集登山も盛んになって行った。

こうした信仰登山と逍遙登山こそが日本流の「登山の原型」である。それはやがて明治になり、西洋から入り込むスポーツ的な「近代登山」と結びつくことになる。

尾張の商人菱屋平七の紀行『筑紫紀行』に添えられた英彦山「一の鎖場」。「さんけいの旅人、鎖にとりすがり巌壁をのぼる」と説明がある。《第 6 話》（「筑紫紀行」＝「日本庶民生活史料集成」から）

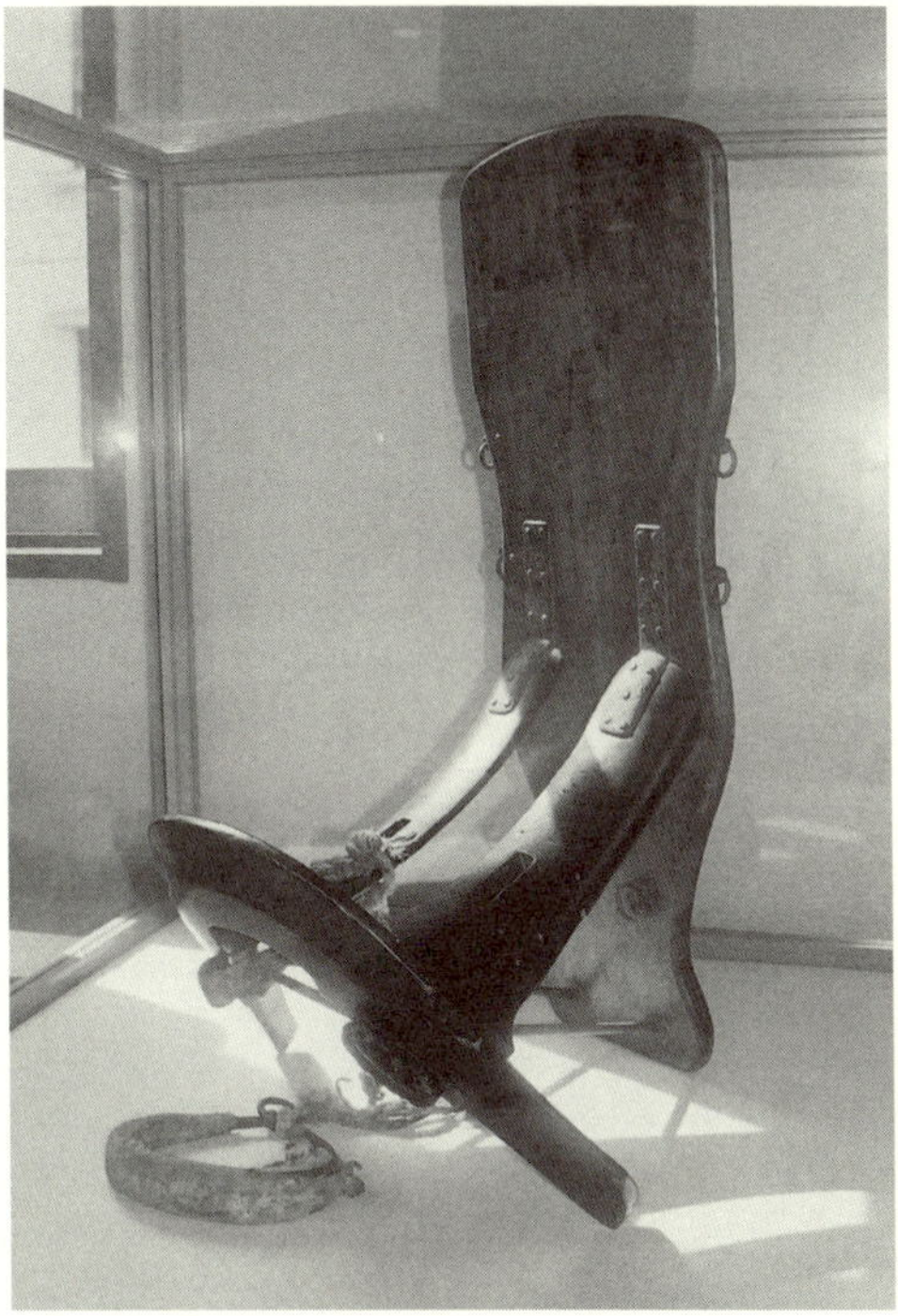

豊後岡藩主・中川久清公が大船山登山の際に強力に担がせ、またがって登った「人鞍」。《第 5 話》（竹田市久住中央公民館所蔵）

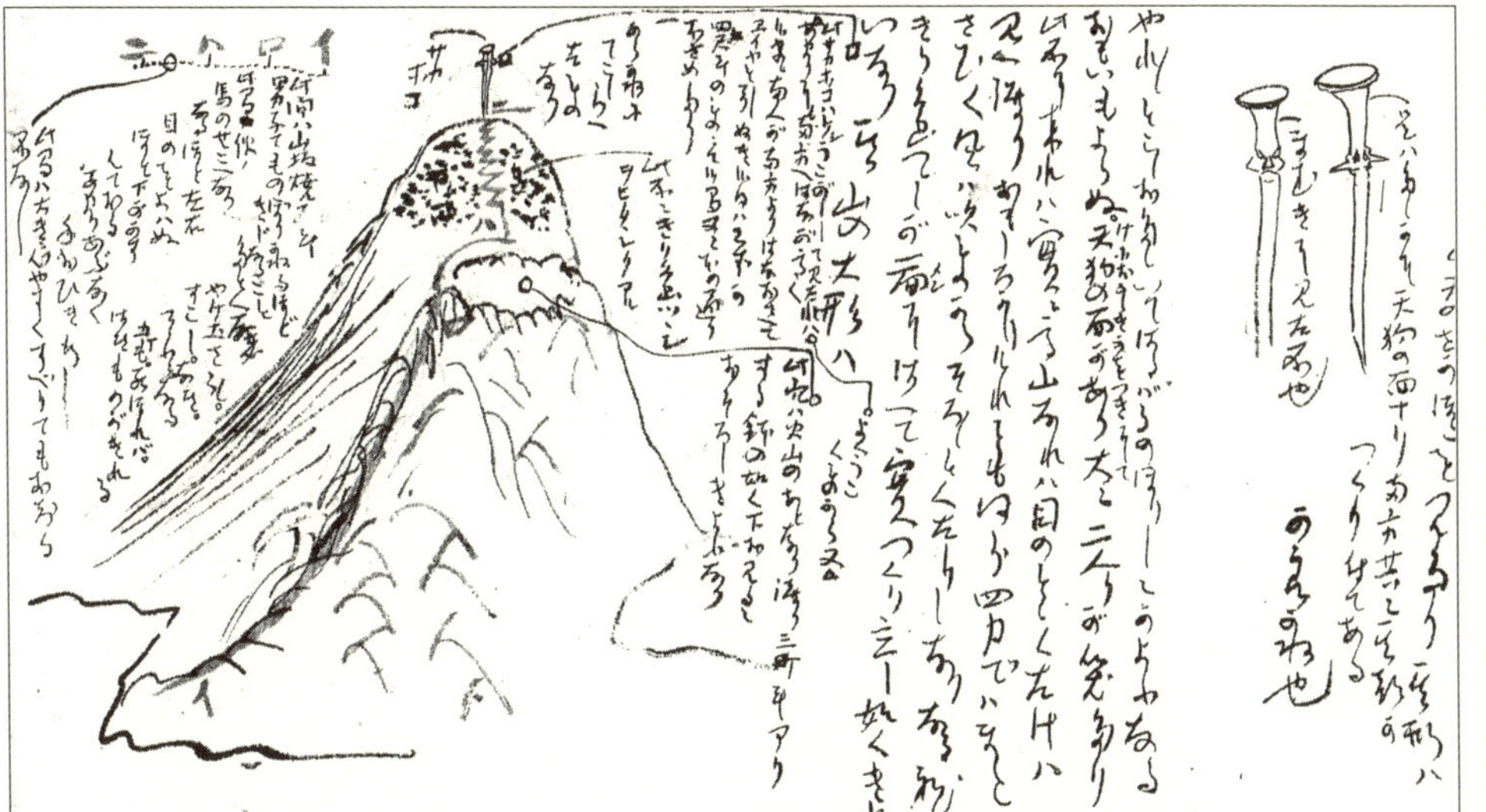

龍馬がお龍と高千穂峰に登った様子を土佐の姉•乙女に書き送った手紙。「やれやれとこしおたゝいて、はるバるのぼりしニ、…」と登る様子、頂上での楽しさが細かく書かれている。《第11話》（京都国立博物館所蔵＝「歴史の群像シリーズ・坂本龍馬」から）

第1話　開山

六世紀、渡来した呪術者猛覚魔卜仙《もうかくまぼくせん》は豊前・求菩提山頂に霊を感じて登った。

福岡県豊前市から入ったところに、大きなコブを突き出した格好の山がある。求菩提山（七八二メートル）である。古くは「雲出山」と言った。その山名からして「神秘な山」「仏の山」というイメージが募り、突き出たコブは心なしか山伏の兜巾《ときん》（宝冠）を思わせるが、この山が日本で最初に「開山」されたといわれる山である。

今をさかのぼる約一五〇〇年前の西暦五二六年（古墳時代、継体天皇二十年）。この求菩提山に猛覚魔卜仙《もうかくまぼくせん》という者が登ったとされている。江戸時代に書かれた『求菩提山縁起』や『求菩提山雑記』によると「山頂の金光を求めてよじ登り、神霊を感じたため、そこに神をまつる祠を建てた」という。

「猛」は強者を意味し、「覚魔」は聖者、「卜仙」は呪術者を表す。恐らく朝鮮半島の新羅か百済から渡来したシャーマンだったろう。シャーマンとは、天を神と仰ぎ、山に登ってその神に祈る原始宗教の呪術行者をいう。

それから五年後の五三一年（継体天皇二十五年）には、求菩提山と尾根でつながる英彦山（日子の山＝一二〇〇メートル）に中国・北魏の僧、善正が仏像を懐に抱いて登ったことを『英彦山縁起』は伝えている。日本への「仏教伝来」とされる何年も前のことだが、善正が峻険な山を目指したのは仏教でいう山中浄土への修行の場を求め、英彦山を登ったに違いない。中国から玄界灘を渡り、遠賀川から彦山川を遡ったのだろうか。

この求菩提山や英彦山の開山は日本で最も早い。一般的に「日本で最も早い開山」とよく言われてきた出羽三山の開山（五九三年＝推古天皇三年）より六〇年以上も早いが、朝鮮半島や中国大陸とは距離的に近く、往来ルートもあり、気候的にも温暖な九州には早くからシャーマンや僧が渡来していたことは十分に考えられることだ。一世紀に始まった北九州と中国（後漢）との交流は、この六世紀にもなると中国の北魏や宋、朝鮮半島の新羅や百済との間で盛んに行われていた。

越中立山や加賀白山など全国的にみて霊山の開山のほとんどが八世紀に入ってからだが、九州では英彦山のあと、欽明天皇の時代（五三九〜五七一年）には日向・高千穂峰（一五七四メートル）に僧慶胤が登り、火常峰《ひとこみね》（御鉢）との間の鞍部に祠を建てたという。六七三年には筑紫の宝満山（御笠山＝八二九メートル）が心蓮上人によって開山され、筑後の高良山（三一二メートル）も同じ年、隆慶上人によって開山されている。六八〇年前後の天武朝のころには、唐で玄奘法師から無性衆生の教えを学んで帰国した智通僧正が薩摩の開聞岳（九二二メートル）に登り、開山したと言われている。

ただ、この時代の「出来事」の多くは伝承を基に後に書き残されたものだ。求菩提山の卜仙のことも、英彦山の善正の入山も「史実」としての記録はない。しかし、求菩提山の頂上付近からは卜仙が登ったされる六世紀ごろのものと見られる須恵器（陶質土器）の小片が出土している。もしかひょっとすると卜仙とつながりがあるのではないか、とも思ってみたくなる。

『求菩提山雑記』には、卜仙が求菩提山と峰伝いの威奴岳（犬ケ岳）に棲む鬼を退治したとあり、鬼が求菩提山頂上への石段を築いた伝説も残る。ここでいう「鬼」が何を指すかは分からないが、「威奴」は「異奴」を意味し、異民族の居住に由来するという。里に下りては畑を荒らす〝異民〟の渡来人をシャーマンの卜仙がいさめたとか、頂上への登山道を先住民の〝山族〟たちが素早く造ったのかも?と想像してみると、何か現実味もわいてくる。

そのロマンは別にしても、この須恵器の出土は六世紀のころには、すでに人がその山に登っていたことを物語っている。

第2話 戦《いくさ》の舞台

戦国時代、九州平定を図る豊臣軍は秋月勢の城を攻めて、筑前岩石山を登る。

山は自然がつくった要害である。平安時代以後、群雄割拠して熾烈な勢力争いが続く中で、戦略上からも城を山の上に置くことが多かった。その城は多くの人が登って築き、多くの者が登って守り、戦いになれば何百、何千の将と兵が軍馬と共に攻め上った。

日本の城は六六四年（古墳時代＝天智天皇三年）、唐・新羅連合軍の襲来に備えて「遠の朝廷《みかど》」大宰府を守るため北側の四王寺山（四一〇メートル）に大野城を、西の高祖山（四二〇メートル）に怡土《いと》城を、南の基山（四〇四メートル）に基肄《きい》城を築いたことに始まる。渡来した百済人が築城を教えたことで「朝鮮山城」と呼ばれる。

四王寺山山頂近くに今も残る防塁の「百間石垣」だけをみても、急斜面を約一八〇メートル横切って高さ約四メートルに何万個、何十万個の大きな石が積まれ、砦が築かれている。築城の際には延べ何万人、何十万人が大きな石を担ぎ、梃子で押しながら登ったことだろう。

その外敵に備えては火急の場合に烽火《のろし》を上げるため、対馬の有明山（五五八メートル）、壱岐の岳ノ辻（二一三メートル）、志摩半島の可也山（三六五メートル）には常時、見張りの防人が登っていた。

時が平安時代に移って間もないころ、伊予の海賊でもあった藤原純友が乱を起こし、大宰府（政庁）を攻める拠点として九三九年（天慶二年）、筑前・筑後・豊前への交通の要所である香春の香春岳＝一の岳（四九二メートル）、二の岳（四七〇メートル）、三の岳（五一一メートル）＝に香春岳城（鬼ケ城）を築いた。炭坑節でも歌われた香春岳は今、石灰岩採掘のため標高も低くなっているが、元はそそり立つ岩の山だった。

　純友が敗退したあと、大友・大内勢の争いが繰り返される中で一三九九年（応永六年）には豊前に侵攻した大内盛見《もりはる》の軍勢が、大友配下の千手興房《せんじゅおきふさ》が守る香春岳城へ攻め登っている。三日間にわたる山の斜面での攻防だったという。

　一五六一年（永禄四年）には大内を後継した毛利勢が居城する香春岳城に、大友義鎮《よししげ》（宗麟）勢六〇〇〇余騎が攻め上った。本城は一の岳山腹にあったが全山に砦があり、険しい二の岳山頂を攻めるには二の岳中腹を横切って三の岳との間の草原に上がり、さらに二の岳の急斜面を登らなくてはならなかった。守る毛利方の城将・原田義種軍は上から大石を落とし、弓矢をあびせて防戦したが多勢に無勢、本城は焼き落とされた。翌年、こんどは毛利勢が宗像から猿田峠を越え、小倉南郊からは企辺峠（金辺峠）を越えて攻め入り、香春岳を登っている。

　これらの話は香春岳を戦の場にした攻防史だが、戦国時代の合戦の状況を拾えば山中での攻防は枚挙にいとまがない。山地が多い九州での戦の舞台は主に山であり、山に登っての攻防だった。「戦略の登山」「合戦の登山」だったのである。

　一五五七年（弘治三年）には大友義鎮勢が秋月文種の本城を目指して古処山頂（八六〇㍍）へ、ツゲの原生林と巨岩の間を攻め上っている。大友勢は一五六七年（永禄十年）にも「豊筑独立」をもくろむ高橋鑑種《あきたね》を攻めて四王寺山山腹の支城・岩屋城を落とすと、本城・宝満城へと宝満山（八二九㍍）を登った。本城は宝満山と仏頂山（八六九㍍）の二つの尾根にまたがって城郭があり、今でいう筑紫野市側から鳥越峠を越え、正面を登る細道があったようだ。日夜六〇日、山中での攻防が続いたという。

　一五八七年（天正十五年）、島津義久を攻めて九州平定を目指す豊臣秀吉は一五万の大軍を率いて九州に入るとまず、島津と組んだ秋月種実軍三〇〇〇が守る筑前岩石山《がんじゃく》（四五四㍍）山頂の岩石城へ攻め上った。小勢の城兵相手とはいえ、岩石が多く登りづらい天嶮の要害を登り一日で攻め落としたことは、秀吉軍の実力を示すことになり、九州平定を決定づけることになった。

第3話

山中潜竄《ざん》

壇ノ浦で破れた平家の落ち武者たちは、九州山地を伝い五家荘に隠れ住んだ。

山が戦《いくさ》の場なら、戦に敗れて逃げるのも、隠れるのも、山だった。

五二七年(継体天皇二十一年)、「筑紫の國造《みやつこ》・磐井の反乱」で大和朝廷軍に追われた豪族磐井君が逃げた先は豊前の山だったという。八世紀に出された「風土記」は「ひとり上膳《かみつけ》の県《あがた》(今の福岡県豊前市・築上郡)に逃れて、南の険しい峰の中に姿を消した」と書いている。

山への逃避行で有名なのは一一八五年(寿永四年)、壇ノ浦の戦いで源氏に敗れた平家の落ち武者たちだ。江戸時代に書かれた「椎葉山根元記」によると「命をとりとめた者たちは安泰の地を求めて九州へ下り、峡山をたずねて豊前國玖珠から肥前國阿蘇を経て日向國椎葉山に着いた」という。

その道中の地に語り継がれている平家伝説によると、落ち武者たちは阿蘇を越えたあと五ヶ瀬(宮崎県五ヶ瀬町)の鞍岡から白岩山(一六四六メートル)を登り、尾根道の霧立越をたどる。さらに耳川を渡り、石堂屋(一三三六メートル)を登り、尾根伝いに五勇山(一六六二メートル)、烏帽子山(一六九二メートル)と逃げた。白鳥山(一六三九メートル)の山頂近くの身池平(御池)で協議の結果、その地にとどまる者、椎葉へ下る者、久連子(五家荘)へ向かう者と分かれた。

この途中、落人の中の左中将平清経は竹田の領主・緒方三良実國の娘を娶って緒方姓を名のり、鞍岡では山賊に襲われたが、逆にやられそうになった山賊の頭《かしら》が「安全な地がある」と白岩山から九州脊梁山地の秘境に案内したのだという。しかし、生い茂る原生林の藪をかき分けて登り、岩角を伝って攀じる逃避行は、苦難の連続の登山だったことは十分に想像できる。一一八九年（文治五年）になっていた。

こうして平家の落ち武者たちがたどり着いた五家荘には左座《ぞうざ》一族が、こちらも人目を避けるように住んでいた。菅原道真の子孫という一族だった。道真は九〇三年（延喜三年）大宰府で亡くなるが、残された二人の子供は藤原一族の追討を恐れて逃げる。兄の菅宰相は左座太郎、弟の菅千代丸は左座次郎と名を変え、肥後國高瀬を経て甲佐に入り、柿迫から笹越峠から小金峰《こがねみね》を登り、山中仁田尾に隠れたと江戸時代に書かれた「肥後国誌」は伝えている。今でこそ曲がりくねりながらも道がつけられた峠だが、当時はもちろん、どこまでも鬱蒼とした急斜面の山腹だった。

「ここなら見つかるまい」と落ち着く平家の落ち武者たちだったが、やがて鎌倉幕府の知るところとなり、一二〇五年（元久二年）、追討の命を受けた那須大八郎は険しい椎葉の山を登った。しかし、大八郎がそこで目にしたのは落人たちのひっそりとした暮らしぶりで、哀れに思った大八郎は追討を断念、やがて平清盛の血を引く鶴富姫に心を奪われる。その恋のささやきが民謡に語られたのが「稗つき節」だという。

日本史に残る〝最後の内戦〟は一八七七年（明治十年）の「西南の役」だが、熊本城を目指した西郷隆盛らの薩摩軍が吉次峠、田原坂で敗れたあと追いつめられながらたどったのも山だった。薩摩軍は矢部（熊本県山都町）に集結して部隊を再編成、「機を見て再び進撃」を決めると波帰（宮崎県五ヶ瀬町）から白岩山と向坂山（一六八四メートル）の間の峠を登り、尾根伝いに霧立越を越えて椎葉を抜け、人吉へ向かった。西郷らの本隊は途中、鞍岡（同）から胡麻峠（国見峠）を越えて椎葉に入り、その中のある者は矢部から三方山（一五七八メートル）を登り、高岳（一五六三メートル）、雷坂（一五一三メートル）を越えた。激しい風雨の中、脛まで泥に埋まる険しい山道は難儀な行軍だったという。

薩摩軍はさらに宮崎から延岡へ。和田越での戦いでも敗れた西郷らは岩場の険しい可愛岳《えの》（七二八メートル）を登り、天包山（一一八九メートル）を越え、最期の地・鹿児島の城山へ向かった。可愛岳の断崖をよじ登った西郷らは、ここで、官軍に一矢を報いている。

第4話　「原点」は権現詣り

江戸時代、九州霊山の中心だった英彦山には年間に五〇万人の信者が登った。

古代から、山は「神の座」「祖霊が宿るところ」と崇めてきた日本人だが、飛鳥の世の七世紀末、行者役小角《えんのおづぬ》によって山岳信仰を基にした神仏習合の修験道が開かれて各地の霊山に権現さまがまつられ、さらに九世紀には最澄や空海が唐から帰国して山中浄土を説く仏教や密教が広がるにつれ、登拝の人が増えた。信仰による大衆登山はこのころから始まっている。

七〇一年（大宝元年）、行基上人が修験僧一〇〇〇人を集めて開山したといわれる雲仙岳（当時は温泉岳）には、鎌倉時代中葉の最盛期には札の原に三〇〇坊、別所に七〇〇坊、温泉に一〇〇〇坊があり、島原地方からは「三嶽詣り」と称して普賢岳（一三五九㍍）、妙見岳（一三三三㍍）、国見岳（一三四七㍍）への参詣登山が盛んだったという。人吉球磨地方には室町時代、市房山（一七二一㍍）にある市房神社に詣る「お岳さん詣り」があり、旧暦三月十四～十六日には何千人もの人が老杉並木の急斜面を登った。

江戸時代の天保年間、「大宰管内志」に取り上げられている九州の霊山は「一一八山」とされている。実際はもっと多かったようだという説も多いが、いずれにしてもその中心は英彦山（一二〇〇㍍）だった。最盛期には約三八〇〇の坊があり、二月十五日の「松会《まつえ》」には七、八万人の信徒衆が登ったという。

その江戸時代の後期、九州の人口は「三一〇万人から三五〇万人」だったといわれ、明治初めの神札配当帳によると英彦山権現の檀家総数は「四十一万六千四百三十一軒」とある。この両方の時代は近いため大差はないとして、仮に一軒平均五人家族だとすれば檀家の人数合計は二〇〇余万人。九州の人の三分の二が同権現を信仰していたことになり、松会や春、夏、秋三季の「峰入り」を通じて一年に延べ五〇万を超える人が英彦山に登ったとみられる。その多くは「英彦山講」による集団登拝だった。「講」とは信仰のための集団である。講によっては登拝のための費用を積み立て、交代で代詣りした。

檀家が多い日田・玖珠地方には英彦山内だけで通用する「英彦山札」が発行され、子供が十六歳になると登拝したという。唐津地方にも「英彦山詣りせぬ男に嫁やるな」の掟があり、〝一人前の男〟になるためには往復約二〇〇キロ、五泊六日の旅に耐えて英彦山に登り参拝してくるのが習わしだった。佐賀藩領内からの登拝者には佐賀藩主・鍋島家が奇特な檀家だったため宿坊での接待も二の膳がつき、深夜には夜食のぼた餅のサービスがあったという。

登拝のための「講」の組織は各地にできた。霧島・高千穂峰（一五七四メートル）へ天孫降臨の際、稲穂で霧を払った故事から「稲の山」信仰が起きた薩摩地方には江戸時代「霧島講」ができ、盛んに集団登山が行われた。山麓で新しい草鞋《わらじ》に履き替え、登ったという。噴火口を信仰の根元にした阿蘇山でも加藤清正が熊本城主だったころ山麓に坊中がつくられ、多くの人が中岳（一五〇六メートル）に登っている。

それは先祖の霊を慰め、豊作と家内安全を祈り、人生の苦しみから解きほぐされたいと願いながら登るだけでなく、自然の景色を愛で、日ごろの辛苦から解放され、何よりも気の合った仲間と旅することの楽しさだったのだ。登山の目的は「信仰」であっても、自分の意思で山に登り、楽しむその行為が「近代登山」の原点になったことは確かである。

霊山には「女人禁制」の掟がつきまとうが、もともと女権が強く開放的だった九州では女性を汚《けが》れとする習俗の意識は薄く、霊山でも早くから老若男女でにぎわったことが考えられる。日田地方には女性が嫁入りする前には英彦山権現に登拝する習慣が古くからあり、肥後黒川地方の娘たちは必ず嫁入り前の彼岸の日に、阿蘇中岳に登拝したという。

第5話 登山家大名

豊後岡藩主・中川久清は「人鞍」にまたがり、何度も大船山登山を楽しんだ。

「おお〜、よき眺めであるぞ。見事な山並みじゃ」

一六五三年（承応二年）四月二十二日、豊後岡藩の三代目藩主・中川山城守久清は三十九歳で父久盛のあとを継いで間もないこの日、領内九重の大船山山頂にいた。

標高一七八六㍍。そこからの眺めは北に鶴見、由布岳。南に祖母、傾山、その右側には阿蘇五岳と外輪山。西側のすぐ目の前には新緑の稲星、久住、星生、三俣の九重連山が並び、草原がうねって広がっている。その眺望に〝殿様〟はトレードマークの大きな鋭い目を細め、ご満悦であったという。

山の美しさにひかれ、山登りの楽しさを求めて登る「近代登山」は明治時代になり欧米の登山思想が入ってからとされるが、実はそれより二〇〇年も前、久清は山を楽しむために何度も大船山に足を運んでいたのだ。その意味で久清は「日本近代登山の祖」と言える。

青年の日に江戸や大坂で内外の見聞を広めた久清は、藩主になると相互扶助の五人組制度を導入、軍制も小銃大砲中心の洋式軍法へと改革したが、その他人とは違う進取の気性と発想が大船山へも向かわせた。

だが、そこは殿様。馬鞍ならぬ「人鞍《ひとくら》」にうちまたがって登った。「人鞍」は背負い子に馬鞍をくっつけたような格好のもので、久清がまたがった鞍を山坂に慣れた屈強の担ぎ手が背負い、登るのである。

久清は岡城を駕籠《かご》で出て有氏村（今は竹田市内）の大庄屋・竹下伝太由宅に一泊、そこからは「人鞍」にまたがった。柳ガ水から旧火口跡の鳥居ケ窪をたどった。今でいう「岳麓寺ルート」である。二、三人の側役のほか小銃を担いだ護衛の足軽約二〇人ぐらいがお供したらしい。

初めは大船山山頂から隣国肥後を偵察する狙いもあったかも知れないが、久清は山の自然美、登山の爽快感の虜になってしまい、その生涯を記した「中川入山公伝」（北村清士著）によると、一六五三年に登ったあと、五八年（万治元年）八月五日、翌五九年（同二年）九月二十日、そして六二年（寛文二年）には四月十六日と八月二十三日の二回登ったという。この八月の登山では自らの墓を建てる場所を探し、山頂を仰ぐ鳥居ケ窪下の台地を指定したという。今その場所にはキリシタン墓に似た蒲鉾型の墓石がある。

久清はその四年後、五十二歳で早々と長男久恒に家督を譲り「入山」と号して隠居した。その早い隠居は、堺から鉄砲鍛冶を呼んで兵器を生産するなど小藩の分に過ぎた強兵策が幕府からにらまれたためだが、隠居することで改易を未然に防いだようだ。その際に詠んだという歌が残されている。

もとむへき　隠れかもなしおのつから　山よりおくの山を心に

静かには　住みへましとは思へとも　山より山の奥をたつねん

この二首には、静かに暮らそうと山に入っても幕府がにらんでいるから山の奥へ入るのだ、という幕府へ向けた皮肉も読み取れるが、愛する山へ安住の地を求めようとした久清の心がよく分かる。

隠居後の登山記録はないが、久清（入山）はその後も「人鞍」に揺られてしばしば大船山登山を楽しんだようだ。隠居のあとも登山基地となる麓の長野村（今は竹田市内）には休憩場所の茶屋や湯屋を建てている。

久清の四男久和は、その父親の血を引いたのだろう。山に親しみ祖母山（姥《うば》ヶ岳＝一七五六メートル）にも足を向けたようだ。山麓・五ケ所（宮崎県高千穂町）の旧庄屋矢津田家に「暑き日も肌身涼しき五ケ所村　夏の真中に秋草そ咲く」の歌が残されている。

その祖母山には延岡藩〝最後の殿様〟内藤政擧《まさたか》も一八六七年（慶応三年）四月に登っている。歩いて登ったのか駕籠《かご》だったのかは、分からない。

第6話 パイオニアたち

江戸中期、諸国漫遊の古川古松軒は英彦山を登り「九州一の高山」と書いた。

江戸時代の中期、武士には藩によって「遠所不可参事」(遠くへ行ってはいけない)の掟があったが、時は天下泰平の世。諸国漫遊、見聞を広める旅がブームになった。このころになると主な街道は整備され、宿場の旅籠《はたご》も整ってくるが、観光地の設備などは全くない時代。「観光地」といえばまず、風光明媚な山だった。

九州を訪れる旅人のほとんどが英彦山(一二〇〇㍍)、阿蘇山(中岳=一五〇六㍍)、霧島岳(高千穂峰=一五七四㍍)、雲仙岳(普賢岳=一三五九㍍)に向かっている。文人墨客たちの多くは紀行文を残しているので当時の様子がうかがえるが、旅人たちがとくに印象的だったのは英彦山や雲仙岳の険しい登山だったようだ。

僧ではあったが修行ではなく、山登りを楽しみに旅した伊勢国(今の三重県)の俳人・大淀三千風が英彦山に登ったのは一六八四年(貞享元年)である。立山(三〇一五㍍)、白山(二七〇二㍍)に登り、高野山にも登拝して九州に足を延ばした三千風だったが、英彦山のスケールの大きさには驚いている。旅の紀行『日本行脚文集』にも「彦山はまことに目を驚かすほどに大きな山で、麓から二里登った八峰十谷には寺院の拝所が百余、坊三百余、俗家七百軒、名所旧跡二百余」と書き、「ここから弥山まで険しい道が五十丁もある」と記している。「小さな山」との先入観があったのかどうか。中腹の賑わいも意外だったようで、頂上までの五〇丁(約五・五㌔)の道も思っていたより長く、辛かったのに違いない。

一七八三年(天明三年)、修験者姿で諸国漫遊した備中(今の岡山県)の地理学者・古川古松軒も九州に足を延ばして英彦山、阿蘇山、霧島岳に登った。紀行『西遊雑記』に、英彦山を「九州一の高山」、霧島岳を「九州一の深山」と書き、阿蘇山は「高山にあらず」と記している。実際には英彦山の方が霧島や阿蘇山より何百メートルも低いのだが、地図もなく測量もされていない時代のこと。古松軒にとっては登り道が険しく辛い英彦山の方が、よほど「高山」に思えたのだろう。

当時の英彦山登山がどんなに厳しかったのか。一八〇二年（享和二年）長崎に旅した帰途、耶馬渓から峠を越え英彦山を登った尾張の商人菱屋平七（吉田重房）は道中日記『筑紫紀行』に「屏風を立てたる如きの一の岩の高さ三間計りなるに、鉄の鎖三筋下げたり。岩にも少しづつの足掛のあるを爪先にふみて、鎖に取りすがり登る」「中嶽に登る道、いとも嶮しき艱路にして、苦しさ又いはん方なし。かけはし所々にかけ渡して、登りかぬる程の坂路をあまた度登る…」とその難儀ぶりを描写している。

高さ約五・五メートルの垂直な岩場を鎖にすがって爪先でよじ登り、特に中岳への上りは険しく、ぬかるんだ坂道を登るのは苦しかった、というのだ。今も南岳の頂上下には鎖場はあるが、難所ほど整備されて登りやすくなっている今では当時の難路は想像もつかないのではなかろうか。

雲仙岳への道も険しかったらしく、一七八三年春、阿蘇登山のあと七月、雲仙岳を登った朝廷の医官・橘南谿は紀行『西遊記』で雲仙岳を「西国の名山」と呼び「高さ三里只一峯に秀でて甚だ見事なる山なり」としているが、「千々輪より山に登る道険しく、水なくして誠に難所な山なり」と辛かった印象を書き残している。ただ南谿は「ようよう昼過ぐるころ絶頂に登り付く。……それより沙弥案内して地獄めぐりす」とも記して、山旅の楽しかったことにも触れている。

吉田松陰が雲仙岳に登ったのはあまり語られていないが、一八五〇年（嘉永三年）十二月、異国に開かれた平戸、長崎を見たあと島原から登っている。紀行日記に「七日。晴。温泉岳ニ登ル…岳ニ登レバ寒気十倍ス。雪花飄々タリ。小地獄ニ至リ入湯ス」と書いている。

第7話 「西の芭蕉」

修行の旅に出た日向の大先達・野田泉光院は出羽三山はじめ約五〇山に登る。

多くの旅人が九州の山を楽しむ一方で九州から諸国を歩き、山に登る人もいた。諸国を歩き回る人を「回国者」と呼んだが、日向・佐土原の安宮寺住職・野田泉光院もその一人だった。山伏だから篠懸《すずかけ》を着け、笈《おい》を背負い錫杖を持った姿は当然だが、ホラ貝の音に送られて「九峰修行」に旅立ったのは五十六歳になった一八一二年（文化九年）九月だった。

「九峰」とは、英彦山（一二〇〇メートル）、羽黒山（四一四メートル）、湯殿山（一五〇〇メートル）、富士山（三七七六メートル）、金剛山（一一二五メートル）、熊野山（妙法山＝七四九メートル）、大峰山（山上ケ岳＝一七一九メートル）、箕面山（鉢伏山＝六〇四メートル）、石鎚山（一九八二メートル）を指すが、泉光院の旅の目的はそこで修行を積むことではなく、托鉢をしながら諸国を歩き、山中の寺院に登拝することだった。人が忙しく往来する街道は避け、農家が多くて托鉢のもらいが多い里道を歩き、峠を越え、一宿一飯の好意を受けながらの旅だった。途中で気に入った山があれば登った。

佐土原を出た泉光院はまず阿蘇中岳（一五〇六メートル）に「燃え出づる響き、大雷のごとし」と驚きながら登り、雪の雲仙普賢岳（一三五九メートル）、多良岳（九九六メートル）、宝満山（八二九メートル）、英彦山に登り、山陰道を歩いて伯耆大山（一七二九メートル）に登拝した。

泉光院はそれまでに大峰山の峰入り三六度、奥駈《おくがけ》（大峰山脈縦走の苦行）一七度と難行を重ねた「大先達」で、一日に山道六〇キロを歩く健脚ぶりだったが、途中、頼まれるままに加持祈祷をやり護摩の法を授け、聞かれれば旅や山登りの仕方を教えるうちに時が経ち、奥羽の出羽三山、鳥海山（二二三六メートル）に登って折り返し、関東、関西を経て帰り着くまで六年二ヵ月を要した。歩いた距離は二万キロを超し、登った山は「九峰」を含め約五〇山にのぼっている。その旅ぶりから「西の松尾芭蕉」と呼ばれた。

この間の様子を泉光院は日記（のちに清書して『九峯修行日記』とした）に書き残しているが、上野《こうずけ》・下野《しもつけ》國では赤城山（一八二八メートル）、榛名山（一四四九メートル）、浅間山（二五六八メートル）と、初夏の一ヵ月間に七山に登拝。立山（雄山＝三〇一五メートル）では山麓に着いたのは六月四日で同十日の「明き山」（山開き）までには間があったが、宿坊の人たちが「今年は早くやろう」と皆で翌日出発、六日に雪の山頂を踏んだ。しかし、山役（入山料）二三八文のほかに山開き最初の登山者ということで「初山料」三五〇文をとられている。

当時、霊山に登山するには「役銭」が必要なところが多かった。山での修行料、登拝料とでもいおうか、入山料、案内料の意味もあったようで、泉光院も加賀の白山（二七〇二メートル）では一二〇文、鳥海山では二〇〇文、出羽三山の月山（一九八四メートル）・湯殿山では宿坊で一汁五菜のご馳走も出るサービスだったが、一貫文（一〇〇〇文）を支払っている。今とは貨幣価値が違うので一概に換算、比較はできないが、この当時は米一升（約一・五キロ）が一二〇文、旅籠《はたご》賃が一泊二〇〇文ぐらいだったようだから、入山料も安くはなかったようだ。

世の中が泰平ムードだったこの江戸時代の中期、旅をしながら登山を楽しむ「近代登山」のパイオニアたちはもう何人もいた。明治時代に欧米の登山思想が入って急に「近代登山」が始まったのではなく、この江戸時代にはすでに山の風光、四季の自然美を楽しむ日本流の近代登山が徐々に広がったことが分かる。

それに火をつけたのは筑前福岡・黒田藩の儒学者・貝原益軒だったようで、一六四八年（慶安元年）藩命で江戸に赴いたのを最初として江戸へ一二度、京都へ二四度など諸国を旅する都度、道中の様子見聞した自然美や地理・歴史を情緒豊かな文章で「紀行」「旅日記」に綴った。それは、多くの人びとの旅行欲、探求心を刺激、山登りの心も誘うことになった。『諸国巡覧記』『熊野路記』『豊国紀行』『大和河内路の記』『京畿紀行』『日光名勝記』『岐蘇路記』…などがそれである。

第8話

採薬で登山の勧め

黒田藩臣貝原益軒に始まる薬草採り登山は後日、日本山岳会の「源流」になる。

江戸時代、諸国を巡る旅とともに山に登る人が増えた背景の一つには、西洋医薬が導入され始める一方で盛んになった「本草《ほんぞう》」の薬草採集があった。薬の本《もと》となる植物、ということで「本草」と言った。今でいう漢方の一つである。その先鞭をつけたのが、筑前福岡・黒田藩の貝原益軒だった。

益軒は藩命で京に二四度、江戸に一二度、長崎を五度往復した道中に見聞したことや山をめぐった情景を紀行にまとめている。それは多くの人たちの旅心をくすぐることになったが、山に登った目的は薬草の調査、研究とともに花を愛で、高みからの眺望を楽しむことだった。

益軒は儒学者として有名だが、父が藩医だったこともあって少年のころから医薬の書を読み、医師を志した時期もある。二十六歳だった一六五五年（明暦元年）、京に向かう途中で胆駒山（生駒山＝六四二メートル）に登っている。一六八〇年（延宝八年）には奈良の多武峰《とうのみね》（六七三メートル）、摂津の勝尾山（勝尾寺山＝四〇七メートル）に登山。一六八五年（貞享二年）にも、江戸の帰途、織田信長が薬園を開かせて以降「薬草の名産地」とされていた胆吹山（伊吹山＝一三七七メートル）と志津嶺（賤ケ岳＝四二一メートル）に登った。

九州でも一六七九年（延宝七年）英彦山（一二〇〇メートル）に、八八年（元禄元年）には宝満山（八二九メートル）、古処山（八六〇メートル）に登っている。

そうして山中で調査、採集された益軒の薬草研究はのちの一七〇八年（宝永五年）、それまで本草学の台本とされていた中国の『本草綱目』から日本にない植物は除き、日本特産の薬草種を加えた独自の本草解説書『大和《やまと》本草《ほんぞう》』十六巻となった。日本の本草学に初めて体系的な道をつけたもので、薬草採りの足を山へ誘うことになる。

本草学の大切さを知った薩摩藩主・島津重豪《しげひで》は城下の吉野台地に薬園を開いて「薩摩本草」の基礎を築くが、その重豪に招かれて仕えた本草学者・佐藤中陵は、採薬と天産物の調査のため開聞岳（九二二メートル）などを回り、一七九七年（寛永九年）には雲仙普賢岳（一三五九メートル）に登っている。「島原大変、肥後迷惑」（注1）の大爆発から五年後のことで、中陵はその惨状を「遠近の大樹の皮、皆綿の如く、数仞（注2）の岩石散て破裂して、路の過ぐべき処なし」と、紀行『中陵漫録』に記している。その帰途、阿蘇中岳（一五〇六メートル）、英彦山にも登った。

採薬登山が盛んになる中、江戸時代最後の本草学者といわれたのが島原藩領・豊後安心院の賀来飛霞《かくひか》で、初めて採薬の旅に出たのは一八四〇年（天保十一年）の由布岳（一五八三メートル）登山だった。地元塚原の案内人を伴って登り、採取した植物の呼び名、生態、形状を調べ、繊細なスケッチを添えた『由布嶽採薬記』を出した。

このころになると、登山の心得を持ち山岳採薬を得意とする本草学者も増えていたが、飛霞もまた探検家で、翌四一年には未踏地も多い日向の山野を巡った。四五年（弘化二年）には延岡藩から薬草調査の依頼を受けると、高千穂を足場に一〇〇〇メートルを超す山が連なる椎葉から市房山の九州山地に入り、踏査している。一〇〇〇種以上の薬草を採取したが、「嶮坂アリ、甚難処」「山路殊ニ嶮シ」（紀行『高千穂採薬記』）の連続だったようだ。

飛霞は島原藩の藩医を務めたあと上京して植物学者の牧野富太郎らと交流している。江戸時代の本草学は明治の近代植物学や博物学へと広がり、採薬登山は山水旅行の登山とも結びついて行く。登山史のうえで、日本山岳会結成（一九〇五年＝明治三十八年）へと動いた武田久吉《ひさよし》、高野鷹蔵らは日本博物学同志会の会員、城数馬は山草会の会員だったことを考えると、江戸時代の本草学者の採薬登山にこそ「本格登山の源流」がある、と言っていい。

（注1）一七九二年（寛政四年）旧暦四月一日、普賢岳が噴火、大地震とともに眉山が崩壊、麓・島原の人家や田畑を埋め尽くし、有明海に起きた津波は対岸の肥後地方にも大きな被害をもたらした。死者約一万五〇〇〇人にのぼった。
（注2）仞は八尺＝約二・四メートルをいう。

第9話

異人たちの山行

「日本の山」に最初に登った欧米人は、長崎の岩屋山に登ったF・シーボルト。

一八六〇年（万延元年）、海路で長崎に着いたイギリスの園芸学者ロバート・フォーチュンは港からそう遠くはない烏帽子山（四一三メートル）にピクニックに出かけた。旅行記『幕末日本探訪記』に「山頂に登り、壮麗な景観をほしいままにした」と書いている。その時フォーチュンは「烏帽子山の植物園の小屋の壁にはオランダ語、ドイツ語、ロシア語で書かれた落書きがあった」という。すでにこの以前から長崎・出島に居留する外国人たちの多くが「日本の山」の登山を楽しんでいたのだ。

現に一八二七年（文政十年）には出島・オランダ商館の医師だったF・シーボルトが烏帽子山に近い岩屋山（四七五メートル）に登っており、一八五九年（安政六年）には長崎港外・高島炭坑の技師チャーリー・ブラウンが雲仙岳（普賢岳＝一三五九メートル）に登山、山腹の温泉宿・上田屋に一泊している。ただ、この前の年には「安政の五カ国条約」が締結されて、外国人は居留地（長崎・横浜・神戸）から一〇里（三九キロ）四方以遠には旅行できなくなっており、雲仙岳もその〝枠〟の外だったが、ブラウンは単に監視の目に見つからなかったのか、あるいは高島炭坑が長崎警備を務める佐賀藩の藩坑で、そこの技師だったため目こぼしされたのか、いずれにしても禁を犯して登っている。

これは、これまでの登山史で「外国人の登山第一号」とされてきた一八六〇年の駐日イギリス公使ラザフォード・オルコットによる富士登山より以前の登山記録で、一六三六年（寛永十三年）出島が設けられて外国人が居留した長崎の周辺の山には早くから、外国人たちが親しんでいたことが分かる。

もっとも「安政の条約」後、オルコットの富士登山は公使の外交特権による例外で、長崎の外国人たちはブラウンの一例を除いては近場の山を楽しむことで我慢せざるを得なかった。一八六七年（慶応三年）、「一〇里」を超えて雲仙岳に登ったイギリス人二人は藩士に捕まり、長崎に護送されている。

しかし、明治に入るとこの規制も新政府の下で緩和され、長崎に近く、山の中腹には温泉もある雲仙岳は外国人で賑わい始める。一八七〇年（明治三年）にはアメリカ軍将校七人が通訳、料理人を伴って登山、続いて同年末には世界研究の旅で来日したドイツの地理学者フェルディナンド・フォン・リヒトホーフェンも雪と濃霧の中を登っている。

次第に外国人登山者向けに改装した山腹の宿も増え、「一八九二年（同二十五年）の雲仙岳登山者は温泉宿泊した者だけでも約一万六千三百人で、うち外国人は四百三十四人だった」と翌年発行の地元・南高来郡町村要覧は記している。一時はロシア語が山上の通用語になるほどロシア人登山者が多かったという。

そのころになると阿蘇山（中岳＝一五〇六メートル）を登る外国人も多く、一八七九年（同十二年）にはイギリス人鉱山学者ジョン・ミルンが熊本から大津を経て登っている。ミルンは来日途中、ロシアのサヤン山脈を越えるなど北部ヨーロッパ・アジアを横断してきたという冒険好きで、磐梯山（一八一九メートル）や鳥海山（二二三六メートル）など多くの山にも登っていたが、中岳山頂で目にした火口の大きさには仰天した。その強烈な印象を「九州阿蘇山の大火口」の一文に記し、イギリスの科学雑誌に送っている。一九〇三年（同三十六年）にはイギリスの写真家ハーバート・G・ポンティングも重い写真機材を人夫に担がせて登山、火口の景観を撮った。しかし写真は感光板が火口からの硫黄を含んだ蒸気でやられ、ダメだった。

霧島・高千穂峰（一五七四メートル）にもリヒトホーフェンが雲仙岳登山のあと「日本人の神聖なもの」（天の逆矛）を見たいと登った。これが同峰の外国人登山第一号だが、五年後の七五年（同八年）には日本文化の研究で知られるドイツ人のJ・ラインも登っている。

第10話 植物学者の代役

長崎の居留地から遠出できないマキシモウィッチを助けたのは助手の長之助。

須川長之助がロシヤの植物学者C・J・マキシモウィッチに従って長崎に海路、着いたのは一八六二年（文久二年）一月だった。四月にいったん横浜に戻るが、その年十二月に再びマキシモウィッチに伴われて長崎に来ると、約一年間の滞在の間に、植物採集のため雲仙岳（普賢岳＝一三五九メートル）、阿蘇山（高岳一五九二メートル）、霧島山（韓国岳＝一七〇〇メートル）と、登った。

マキシモウィッチは探検的な植物学者として知られ、日本の開国を待っていたように一八六〇年（万延元年）九月、箱館（函館）に来日した。しかし、当時の国内は攘夷運動が広がって治安は悪く、「安政の五カ国条約」で外国人は開港地から一〇里（約三九キロ）以遠の地には旅行禁止となっていた。しかもマキシモウィッチは日本語ができない。助手として雇われたのが南部（今の岩手県）出身の長之助だった。

だから長之助の役目はマキシモウィッチに代わり、その教えと指示に従って遠地に出向き、植物を採集してくることだったが、長之助の覚え込みは速かった。そのころ長崎滞在中だったオランダ商館医師P・F・シーボルトをマキシマウィッチに連れられ訪ねた時、見せてもらった標本資料の植物を的確に言い当て、その慧眼にシーボルトを驚かせたという。マキシモウィッチはそんな長之助を「チョウノスキー」と呼び、全幅の信頼を寄せていた。

マキシモウィッチがどうしても九州の植物を採集、調査したかったのは、ロシアにはない温帯、亜熱帯の植生、植物相を知りたかったからで、長崎にも「一〇里の壁」はあったが、長崎奉行所は「ロシア皇帝の命で植物採集に来日しているのだから」とできるだけの便宜を図ったらしい。はっきりした記録はないが雲仙岳、英彦山（一二〇〇メートル）までは「壁」を越えてマキシモウィッチ自身も足を延ばしたのではなかろうか。

しかし、多くは長之助がマキシモウィッチの指示を受け、独り植物採集に出かけた。六三年（文久三年）三月には長崎奉行大久保豊後守の許可を得て九州筋、とくに薩摩方面の植物採集に出かけている。

記録的なものは残っていないが、島原街道を雲仙岳に向かい、船で熊本に渡り、阿蘇山、さらに霧島山へ向かったと考えられる。薩摩・大隅地方での植物採集も望みだったが、その年七月にはイギリス艦船七隻が鹿児島湾に来て砲撃する薩英戦争が始まり、「危険だから」と薩摩・大隅地方には入らなかった。

その長之助の出で立ちといえば、上は半天、下は股引《ももひき》に脚絆、草鞋《わらじ》と〝登山スタイル〟に見えたが、背中に雨具の茣蓙《ござ》や採集した草木を包む菰《こも》を背負うと〝乞食侍〟にも見えたらしい。そんな男が野山に分け入り、草や木の枝葉を採って来るのだから怪しまれることもたびたびだったようだ。ロシア人学者の助手ということで「露探」（ロシアのスパイ）と疑われ、ある時は野荒らしの嫌疑をかけられたこともあったという。肥前大村から長崎に越える峠では山賊にも襲われた。

マキシモウィッチは一八六四年（元治元年）帰国するが、その後もマキシモウィッチからの指示で長之助は山をめぐり続け、採集した植物をロシアへ送った。八八年（明治二十一年）には七月二十日すぎ鹿児島に入って開聞岳（九二二メートル）に登頂、桜島（御岳一一一七メートル）、霧島山を経て九月九日には祖母山（一七五六メートル）に登った。十月五日には一二銭支払って案内人を立て、久住山（一七八七メートル）にも登った。このあと杖立から英彦山を抜けている。

長之助が山地の植物を多く採集したのは、高地には珍品種、希品種が多いということからのようだが、登れば登頂して自然の神秘に触れることを大事にしていたという。

なお、マキシモウィッチのこの植物分類研究がそれまでの本草学とは違う日本植物学の基礎を築いた。

第11話 新婚旅行第一号

手を取り合い高千穂峰に登った坂本龍馬とお龍は、頂でも大はしゃぎだった。

激動の幕末を駆けた坂本龍馬が、新妻のお龍《りょう》を伴って霧島の高千穂峰（一五七四㍍）を登ったのは一九六六年（慶応二年）三月二十九日である。

この年の一月二十三日、龍馬は京都・伏見の「寺田屋」で刺客に踏み込まれて両手指を負傷したあと、お龍と結婚。その新妻と薩摩藩蒸気船・三邦丸で鹿児島に着き、京都から同道した薩摩藩京都留守居役吉井幸輔の誘いもあって霧島山麓の塩浸《しおひたし》温泉で傷を癒した。三週間ばかりのその滞在中、龍馬とお龍は「天の逆矛を見たい」と高千穂岳登山を思い立つ。

降臨したニニギノミコトが突き刺したと神話が語る「天の逆矛」観察には旅行家で「名山論」を著した橘南谿が一七八二年（天明二年）「逆巻く霧と煙の中を登り」（紀行『西遊記』）、儒学者の新井白石ら何人もの旅の学者、文人墨客も登っているが、龍馬の場合は何といっても愛妻との楽しい登山だった。

その様子を龍馬は、国元・土佐の姉乙女へ宛てた手紙（同年十二月四日付）で、少し時間が経っても興奮気味につづっている。

「妻と両人づれニてはるばるのぼりしニ、立花氏（橘南谿のこと）の西遊記ほどニハなけれども、どふも道ひどく、女の足ニハむつかしけれども、とふとふ馬のせこへ（馬の背越え）までよじのぼり、此所にひとやすみして、又はるばるとのぼり、ついにいただきにのぼり、かの天のさかほこを見たり」としたため、同峰のイラストを添えた登路の説明では「山坂焼石ばかり。男子でも登りかねるほど…焼土さらさら、少し泣きそうになる。五丁も登れば着物が切れる（五〇〇メートル余も登れば火山砂岩で着物の裾が切れる、の意味）」「ここは、かの馬の背超え（越え）なり。なるほど、左右、目の及ばぬほど下がかすんでおる。あまり危なく手を引き行く」

二人が手をつなぎ、引っ張り合いながら危険な難路を登った姿が目に浮かぶ。そして頂上―。手紙はそこでも楽しかったことを続けている。

「やれやれとこしおたたいて（腰を叩いて）はるばるのぼりしニ、おもいもよらぬ天狗の面があり、大いにふたり笑いたり」と、ここでも天の逆矛のイラストを描いて「逆矛」の柄の部分が天狗の面に似ていておかしいと説明、「此サカホコ少シうごかして見たれば、よくうごくものなり…両人が両方よりはなおさえてエイヤと引き抜き候、時ハわずか。四五尺斗のものニて候間、又本の通り（元通りに）おさめたり」と、若い二人が楽しさのあまり山上で誰はばかることなく、はしゃいだ様子がよく分かる。

龍馬は「此所に来たれば実ニ高山なれバ目のとどくだけハ見え渡り、おもしろかりけれ…きり島つつじが一面にはへて実つくり立し如くきれいなり」とも書いている。山頂から錦江湾を見下ろし、桜島を望む眺めに「ええ眺めぜよ」を繰り返したに違いない。

三月末は今のグレゴリオ暦に換算すると五月半ば。二人は満開の霧島ツツジを愛でながら下山、塩浸温泉に戻ったあと六月初めには薩摩を後にしている。この旅が日本での新婚旅行の最初だとされるが、風雲急の中にあってしばし、龍馬とお龍にとっては心の安まる旅であり、登山であっただろう。

ずば抜けた国際感覚で「世界の中の日本へ」新しい時代を切り開こうとした龍馬だったが、そのころ海の向こうのヨーロッパではすでに、登攀不可能とされたマッターホルン（四四七八メートル）も登頂されて「アルプスの黄金時代」が終わり、「ヒマラヤ時代」が訪れようとしていたことなど、もちろん知るよしもなかった。そんな「近代登山」の話はまだ日本には伝わって来ていなかった。

「近代登山」の広がり

（1880年代〜1920年代）

十九世紀半ば、明治に入り西洋文明・文化が入り込む中で、西洋流の「近代登山」思想も伝わって来た。冒険心や探検心に基づく、スポーツ的な「楽しむ登山」である。それは、「登山の気風を興作すべし」と唱えた志賀重昂《しげたか》の『日本風景論』と、小島烏水《うすい》らによる「山岳会」設立が起爆剤になって、青年層を中心に広がった。

未知の山への挑戦心がそのころの日清・日露の戦勝、大陸への雄飛志向とも重なってうけたという時代的背景もあるが、それまでの信仰登山や薬草採集の山登りとはひと味違う自然美を求め、鋭気を養う趣味の登山は難なく定着した。

大正に入ると旧制高校に山岳部結成が相次ぎ、登山に目覚めた学生たちがやがて進学し、大学の山岳部では「より高く」「より困難」を求めて登るアルピニズムが新鮮に受け入れられた。外国からの登山技術導入も多くなり、登山は本格化へと向かう。

九州ではアルピニズムの芽生えという点では関東、関西に遅れるが、逍遙登山が盛んになり、大正に入ると公募型の「登山会」を踏み台に登山愛好者が広がった。一九一〇年代の大正初めには、地域に山岳会も発足した。

気象観測のため冬の富士山に登り、酷寒の山頂で82日間頑張った福岡出身の野中到・千代子夫妻。《第14話》（「日本女性登山史」から）

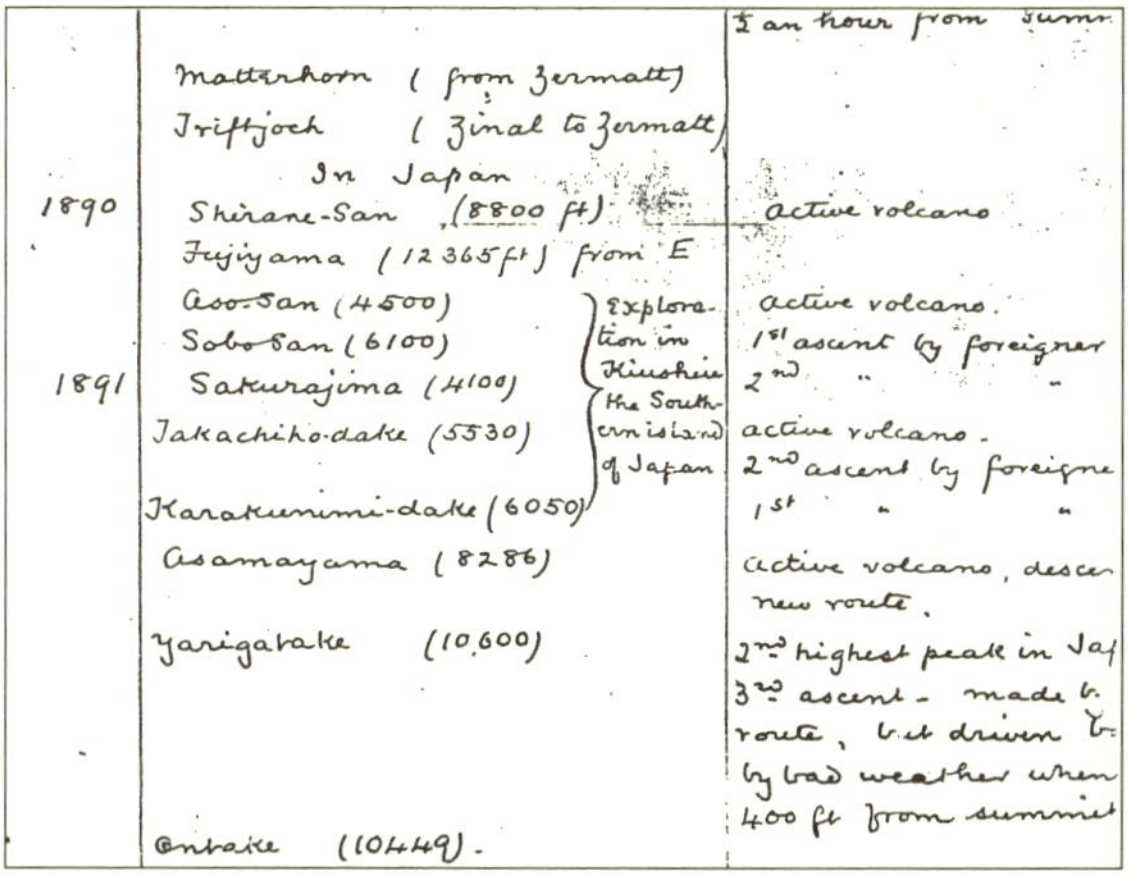

		½ an hour from summ
	Matterhorn (from Zermatt)	
	Triftjoch (Zinal to Zermatt)	
	In Japan	
1890	Shirane-San (8800 ft)	Active volcano
	Fujiyama (12365 ft) from E	
	Aso-San (4500) — Exploration in Kiushiu the Southern island of Japan	active volcano.
	Sobo-San (6100)	1st ascent by foreigner
1891	Sakurajima (4100)	2nd " "
	Takachiho-dake (5530)	active volcano. 2nd ascent by foreigne
	Karakunimi-dake (6050)	1st " "
	Asamayama (8286)	active volcano, descen new route.
	Yarigatake (10,600)	2nd highest peak in Jap 3rd ascent - made b route, but driven b by bad weather when 400 ft from summit
	Ontake (10449).	

ウェストンが1892年、アルパイン・クラブ（英国山岳会）に入会申し込みをする際に提出した登山歴表には、1890年から91年にかけて「九州踏査」した記録が書かれている。備考欄に「祖母山と韓国岳は外国人では初登、桜島と高千穂峰は外国人の第２登」とある。《第12話》（ウェストン研究家・三井嘉雄氏資料から）

富士山で記念写真に収まる九州登山会の富士山登山団一行。左上に「富士登山記念・大正８年７月24日」のスタンプがある。《第18話》（西日本新聞提供）

紅葉と霧氷見物を兼ね大船山に登山、頂上近くで記念撮影の登山者たち＝1918年（大正７年）10月ごろ。女性の姿も見える。《第18話》（工藤元平さんのアルバムから）

第12話 「まず九州の山」へ

W・ウェストンは母国から登山用具が届くとまず、阿蘇山、祖母山を登った。

日本に「近代登山」が幕明けたのは十九世紀末、明治二十年以降である。来日する欧米人によって冒険心や探検心による「楽しむための登山」思想が紹介されたことに始まるが、その中心となったのが一八八八年（明治二十一年）に英国国教会伝道教会宣教師として来日したイギリス人牧師ウォルター・ウェストンだった。

ウェストンは槍ケ岳（三一八〇メートル）に登ったことを共通の話題に親しくなった小島烏水《うすい》に山岳会設立を勧め、小島らの奔走で一九〇五年（同三十八年）には「山岳会」（日本山岳会の前身）が発足、それをきっかけに日本の近代登山は広がるのだが、「日本近代登山の父」と言われるウェストンが日本でそれより前、まず登ったのが一八九〇年（同二十三年）夏の日光白根山（二五七八メートル）、富士山（三七七六メートル）につぐ九州の山々だった。

そのころ横浜にいたウェストンは同年十一月四日、その二年前の熊本勤務時代に同僚だったJ・B・ブランドラムと連れだって熊本を旅立つと、途中一泊して阿蘇山（中岳＝一五〇六メートル）に登った。その足で高森をほとんど徒歩で越えて河内（今の宮崎県高千穂町内）に入り投宿。翌六日は祖母山（一七五六メートル）に登った。「三秀台」と呼ばれる祖母山麓・五ケ所高原（同）の庄屋・矢津田鷹太郎方に立ち寄って案内役を頼み、矢津田忠蔵の山道案内を得ている。そこから頂上までは登り約五時間、下りは約四時間半だったようだ。

この日の矢津田家の日誌には「六日晴天　英人ション・フランドラン君及神戸在留同国人ヱストン氏同道シテ祖母嶽登山往復共立寄ラル　―河内泊ノ由」とある。「フランドラン」とはブランドラムのこと、「ヱストン」はもちろんウェストンのことで、河内では宿屋「かじや」に泊まった。

ウェストンはその翌年初めにも九州を訪れ、桜島に渡って御岳（一一一七㍍）山頂を極め、麓の黒神で一泊のあと霧島の高千穂峰（一五七四㍍）と韓国岳（一七〇〇㍍）に登った。熊本の金峰山（六六五㍍）にも登っている。ウェストンを有名にする槍ケ峰登山はその翌年九二年のことで、ウェストンが最初に登った白根山は当時噴火直後で話題になっていた山であり、富士山は日本一の山だからとして、そのあと直ぐに遠い「九州の山」だったのは、なぜだったのだろうか。

ウェストンはのちにロンドンで出版した日本見聞録「知られざる日本を旅して」（原本は「A Wayfarer in Unfamiliar Japan」）で九州の風土、人情、山頂からの景観を書く中でもその理由には触れていないが、察するにウェストンが来日して最初に赴任した地が熊本であり、そこから毎日、阿蘇山を眺め、金峰山を仰ぎ、「登りたい」と心を熱くした思いが忘れられなかったのではなかろうか。

来日の前年、ウェストンはスイス・アルプスにも登って登山が面白くなっていた時期のはずだが、熊本で直ぐに阿蘇山へ向かわなかったのは当時、日本語がまだ不案内のうえ目がかなり悪かったからのようだ。しかし、熊本から横浜に移って目の治療も進み、本国から登山靴も届いて念願の九州の山へと向かったことは想像に難くない。

ウェストンは前後三度、通算一二年間日本に滞在、その間約六〇山に登り「日本アルプス」を世界に紹介する出版もしているが、帰国後年老いて熊本の登山家・北田正三に宛てた手紙（一九三〇年八月十七日付）には「私は日本の他の方面へも度々愉快なエキスペジション（探検旅行）を試みたが、そのうち最もよかったと思うのは九州におけるもので、阿蘇山は非常に興味があった」とある。ウェストンは生涯、九州の山が忘れられなかったようだ。

（注）「日本アルプス」を国際的に紹介したのはW・ウェストンが一八九六年（明治二十九年）、ロンドンのマレー社から出版した「Mountaineering and Explation in Japanese Alps」（訳本「日本アルプス—登山と探検」）が最初だが、「日本アルプス」の名称は一八八一年（同十四年）駐日イギリス公使アーネスト・サトーが編集・出版した「Hand book for Travellers in Central and Northern Japan」（訳本「中部及び北方日本旅行案内」）の中で、大阪造幣寮鋳金技師だったウィリアム・ガウランドが信州、飛騨の高峰について「これらの山は日本アルプスと称してよい」としたのが最初とされる。

第13話 地図で教えた登山道

熊本出身の神足勝記が地形測量で描いた地図は、登山者の道しるべとなった。

一八八七年（明治二十年）六月二日、熊本から南へ向かうグループがあった。そろいの脚絆に草鞋《わらじ》がけ、それぞれが測向羅盤など測量機材を担ぎ、距離を測る量程車を引いていた。一行は、この熊本に生家がある神足《こうたり》勝記測量官を〝班長〟とする農商務省地理局の地形測量班だった。

当時、明治政府は富国政策として日本列島の地下資源、農地開発や道路・鉄道建設の候補地を知るため、わが国では初めての地形・地質調査を急いでいた。日本地図は江戸時代の伊能忠敬による「伊能図」があったが、主に海岸線を歩いて描いた地図であり、地質調査の地形図作製には改めて綿密な地形測量が要求された。

熊本藩から選ばれて大学南校（東京大学の前身）に進み、ドイツ語と鉱山学を学んだ神足は一八七九年（同十二年）内務省に入ると、地理局地質課で地形測量を担当した。

地形測量は神奈川県から始まったが、まだ三角点などない時代。天体観測で経緯度値から位置を知り、水銀晴雨計で気圧を測り標高を推定した。測量は関東から甲信地方に延び、八一年（同十四年）に入ると地質課の組織は農商務省に移ったが、測量は引き続き越後から秩父、信州、さらに北陸へと続いた。

神足は「測量日誌」をつけている。それによると村から村、峠から山頂、谷から沢へ、厳しい測量登山を交えて一歩一歩測線を延ばす毎日。晴雨儀と望遠鏡を肩にかけ浅間山（二五六八メートル）に登り、三峰山（一九二一メートル）、富士山（三七七六メートル）に登り、金峰山（二五九五メートル）では鎖にすがって嶮しい坂を必死に登っている。山頂では遠くの山の見取り図を描いて山の前後と山脈の連なりを知る足掛かりにし、宿に着くと昼間に取ったデータの整理に夜を深めたという。翌八二年からはわが国初の鑷力《じりょく》観測（地磁気測量）が導入されている。

神足が九州での測量を命じられたのは八七年四月だった。

五月十一日、小倉に入り、豊後路から竹田を経て阿蘇山を越え、北麓を通って同二十四日、二〇年ぶりに生まれ故郷の熊本に入った。熊本からは八代、人吉、さらに開聞岳を回って鹿児島に出、宮崎、延岡を経て五家荘を越えた。再び熊本を通って久留米、福岡、佐賀、唐津にも足を運んで九月初めには長崎で九州での測量を完了している。

この間の「測量日記」は見つかっていないが、神足が後日したためた「回顧録」からその間に歩いたコースの大略をたどると、霧島岳（高千穂峰＝一五七四メートル）や阿蘇山（中岳＝一五〇六メートル）、祖母山（一七五六メートル）などに登って測量、地形図作成をしたようだ。神足は浅間山に登ったとき途中で天気が急変、同道者が「登っても山頂は雲と霧だ」と下山を促したが「私がここまで苦労して来たのは、頂上に立ちたいからだ」と、振り切って登頂したというエピソードも残っている。もともと山に登ることが好きだったようだ。

神足の地形測量巡回は「その技量は右に出る者はいない」と評価され、このあとも東海、東北、中国、四国と続いた。日本全国をほぼ網羅した「予察地質図」用（縮尺四十万分の一）と「地質図」用（二十万分の一）の地形図完成にメドがついた九一年（同二十四年）、神足は宮内省御料局へ転出となるが、一二年間情熱をかけた地形測量とその成果の地形図は測量史上、地図の空白部分を埋める重要な意味を残した。登山史上でも全国の山の位置、標高など新しい事実を記録、広がり始めた登山熱に拍車をかけた功績は大きい。

とくに都府や河川、道路を書き入れ、山には標高一〇〇メートルごとに等高線を入れた予察地形図は、登山者の「安全の道しるべ」となり、明治三十年代半ば陸軍省参謀本部陸地測量部（国土地理院の前身）の本格的な三角測量による五万分の一地図が出るまで、登山者の貴重な携帯品だった。

第14話　命をかけた山頂観測

冬の富士山頂で、酷寒と高山病に耐えながら気象観測した福岡出身・野中夫妻。

野中到《いたる》が厳冬の富士山（三七七六メートル）に単独登頂したのは一八九五年（明治二十八年）二月十六日だった。七合目からは氷雪の斜面にピッケル代用のツルハシ（鶴嘴）を打ち込みながらの登攀。情熱と執念の冬季初登だった。二十八歳の時である。

野中は福岡県早良郡鳥飼村（今の福岡市早良区）の生家を出て上京すると、大学予備校も中退して、富士山頂に気象観測所を建てようと考える。当時、高層観測所は世界でも南米・ペルーのミスティ山（五八四〇メートル）とフランスのモン・ブラン（四八〇七メートル）にしかなく、それも夏だけ。「夏も冬も富士山頂で観測できれば天気予報も当たるようになり、科学の道に光を当てることもできる。国威発揚にもなる」。野中はそう考えたのだ。

野中はその年の一月にも頂上を目指している。だが三合目を過ぎると「積雪益々凝固して最早雪と称すべきにあらず。山は全く硝子《がらす》の如き氷衣を被れり…」「氷堅くして鳶口《とびぐち》容易に立たず」（野中の手記「厳冬期富士登山」）。気温氷点下八度。「一歩も登ること能わざるにより…」（同）這うようにして下山していた。

だがそれは、とくに装備の点で大変な教訓を得た。鳶口をツルハシに代えた。滑らないよう靴底の釘も先を「⌐」に削り、その一〇本の歯を横向き、縦向きとジグザグに打ち込んだ。二月十六日の登攀ではこれが役立った。麓の太郎坊（今の御殿場口新五合目）から苦闘の連続ではあったが六時間半で登り、その日のうちに滑らずに下りた。このことは野中にとって大きな自信になった。

その年の夏、野中は何度も富士山頂を往復、私費で大工や石工を雇い山頂剣が峰に二〇平方㍍ばかりの木造小屋を建てると、観測機器とひと冬分の食料・薪炭を携えて九月三十日、その「野中観測所」に入った。十月一日から隔時観測を始める。

その野中を追って、妻の千代子が登ったのはその年の十月十二日。「夫の手助けをしたい」一心だった。千代子も福岡・警固の育ちで、気概と勇気と忍耐を持った〝明治の女〟だった。野中に知れると反対されると思い、内緒で福岡の実家に帰省して幼い子供を預けると、近くの脊振山（一〇五五㍍）に登って足腰を鍛えては来たのだが、雪煙が舞う七合目からは真綿入りの頭巾を被っても寒く、息苦しくて金剛杖にすがりながら登った。

が、冬に入った富士山頂での観測、そこでの二人の生活は苛烈を極めた。高所滞在が長引き、酷寒の厳しさが増すにつれ千代子は全身むくみ、高熱で倒れた。ついで野中も同じように倒れた。霧氷に包まれ、強風にさらされて水銀晴雨計が破損、風力計も動かなくなるが、野中は膝に草鞋《わらじ》を着け、雪の上を這いながら一時間おきに温度計を見に行った。

二人は死を覚悟する。が、たまたま激励に上がってきた麓の人によって十二月二十一日救出され、壮絶な富士山頂観測は八二日間で終わった。

だが、この死闘の観測で残されたものは大きかった。この間の観測で、一日の気温の最低は午前五時前後（十二月十四日は氷点下二七・八度）、最高は午後四時ごろで、その格差は平均で六度前後（十二月十五日の絶対格差は一五度）などなど、山の気象の変化、寒さ、風の強さ…初めて知らされる貴重なデータはその後、山に登ろうとする者にとって対処、対策を考える大事な教えとなった。

野中の志が受け継がれて富士山頂で中央気象台（今の気象庁）の常時有人観測が始まったのは一九三二年（昭和七年）になってからである。それも二〇〇四年（平成十六年）遠隔自動観測により無人化したが、その間の七二年間、交代する観測員たちには苦労の登山、下山が繰り返された。途中で、吹雪で動けなくなったり滑落で三人が殉死している。

第15話

「二百十日」阿蘇に登る

友人と阿蘇登山中、暴風雨にたたられた体験を基に小説で発表した夏目漱石。

旧制第五高等学校（熊本）で英語科教授をしていた夏目漱石（金之助）が、同僚の山川信次郎の送別旅行を兼ねて阿蘇山（中岳＝一五〇六メートル）に登ったのは一八九九年（明治三十二年）である。九月一日とみられる。

漱石は熊本から大津、立野を経て、まず阿蘇郡長陽村（今の南阿蘇村）の戸下《とした》温泉に一泊した。当時はまだ汽車（豊肥線）は走っておらず、あるところまでは馬車で、あとは徒歩だったとみられる。戸下温泉で泊まったは、戸下からは北向谷を越えて阿蘇山頂へ直接、登山道が通じていたからだろう。

だが翌日、漱石らは戸下を発つと山頂へは向かわず、阿蘇谷の内牧温泉へ足を延ばして泊まり、その翌日、宮地の阿蘇神社に参拝したあと中岳の火口を目指す。漱石らがわざわざ阿蘇谷へ遠回りしたのは、この半月前に襲った豪雨のため戸下の橋が流されており、登山道も崖崩れなどで通れなかったためだ。

この遠回りで一日遅れたことが、結果的に漱石らの登山を難渋なものにする。

漱石はこの登山旅行の様子を狂言調に仕立てて、短編小説「二百十日」を発表（一九〇六年十月号「中央公論」）している。その中では「…『今日は何日だっけかね』『今日は九月二日さ』『ことによると二百十日かも知れないね』…」という会話を書いているが、阿蘇神社の残る社務日記によると、八月三十日、三十一日は「美晴」で、九月二日は「強雨、午後美晴」とある（九月一日は天気不記）。小説に書かれている「午前十一時ごろ着いた阿蘇神社でぽつりと何やら額に落ちるものがあり、空模様が怪しくなってくる。阿蘇登山の途中、風が強くなり、雨も降り出す」という天気を考え合わせると、実際に登ったのは八月三十一日でも九月二日でもなく、同一日とみられる。

中岳山頂まで約一〇キロ。背高いススキの穂が強風でなびき、うねり、細い道が見え隠れするる中を漱石らは浴衣やもも引き、脚絆も噴煙の火山灰が交じった〝黒い雨〟に濡れながら登った。仙酔峡を前に見ながら進み、途中から右手にカーブをとりながら登ったのだろうと想像できる。

しかし、途中で二人は道に迷い、さまよううちに漱石が火砕流跡の善五郎谷に転落、深さ四メートル近いくぼみを這い上がってほうほうの体で引き返している。

漱石はこの山旅で二十九句と短歌二首を残している。

戸下温泉で　草山に馬放ちけり秋の空

内牧温泉で　北側は杉木立や秋の山

登山途中道に迷い　行けど萩行けど薄の原広し

小説「二百十日」は翌日、再度阿蘇登山に出かけようという会話で終わるが、風雨の中でも多くの作句があるのに、山頂や火口を見ての句は残されていない。実際には、再度の登山はしなかったようだ。

漱石のこの「二百十日」が発表された翌年の一九〇七年（同四十年）夏には、北原隆吉（白秋）、吉井勇、太田正雄（木下杢太郎）、平野久保（万里）ら歌人・詩人グループが与謝野鉄幹に連れられて阿蘇山に登っている。山麓の垂玉温泉に一泊した翌日、中岳の火口をのぞき感動したのだが、下山する途中に道を間違えて予定の湯ノ谷温泉ではない栃木温泉に着き、一軒しかない旅館が満員だったので向かいの散髪屋の二階で疲れた足を休めた。五人はそんなエピソードを阿蘇登山紀行「五足の靴」に書き残している。

詳しい地図もない当時、そうした阿蘇登山の人たちに道を教えようと阿蘇高森の甲斐有雄は石の道標を文久年間から建て続けている。だが、漱石も白秋らもこの道標には気づかなかったのだろう。

第16話

日本山岳会の発足

支えたのは発起人中の最年長、法律家、有識者で知られた久留米出身の城数馬。

「山に登山道を拓き、登山者の宿泊小屋も建て、全国の山岳案内書も出そう」―、「近代登山」が芽生える中で、わが国最初の山岳団体「山岳会」（日本山岳会の前身）が発足したのは一九〇五年（明治三十八年）だが、その中心になって動いたのが小島烏水《うすい》であり、まとめ役としてそれを支えたのは福岡県久留米出身の城数馬だった。

城はこの時、すでに東京弁護士会の副会長や東京市議会副議長を務めていたが、八ケ岳山系の横岳（二八二九メートル）で新種のツクモグサやウルップソウを見つけるなど、高山植物採集家としても活躍が知られていた。ツクモグサは祖父九十九《つくも》さんにちなんだ。

江戸後期からの本草《ほんそう》研究はこのころも盛んで、城も植物採集を通じて山草家の武田久吉《ひさよし》を知り、河田黙《しずか》や梅沢親光、蝶の研究家の高野鷹蔵とも知り合う。高野も祖父の代まで長崎にいた九州人の血を継ぐ人であった。そうした同じ趣味を持つ仲間で一九〇〇年（同三十三年）には日本博物学会（日本博物学同志会の前身）が発足していた。

一方そのころ、国内の若者の間で愛読されていたのが「登山の気風を興作すべし」とアドベンチュア精神を鼓舞した地理学者・志賀重昂《しげたか》の『日本風景論』で、熟読した銀行員で文筆家だった小島烏水も〇二年（同三十五年）には槍ケ岳（三一八〇メートル）に登る。間もなくして小島は、その六年前にロンドンで出版された「Mountaineering and Exploration in Japanese Alps」（訳本「日本アルプスの登山と探検」）の著者ウォルター・ウェストンが宣教師として横浜にいることを知り、訪ねて親しい仲になる。

そんな折、「すごい登山家がいるらしい」との噂を耳にした武田と高野が小島を訪ね、意気投合した小島も日本博物学同志会に入会、この新しい仲間はやがてウェストンから先進国の山岳界の動向を聞き、「日本でもイギリスにあるような山岳会組織をつくってはどうか」と勧められる。城もウェストンを訪ねている。

こうして〇五年の十月十四日、日本博物学同志会が催されたあと東京・飯田橋に近い料亭・富士見楼に小島、武田、高野、城、河田、梅沢と「日本山嶽志」の出版準備をしていた新潟の豪農主・高頭式（仁兵衛）の七人が集まり、「山岳会」創立の話がまとまった。

当面の運用費は高頭が引き受け、「会長」は置かずに当時四十一歳で最年長の城が総括役を務めることになり、会の事務所も日本橋・室町の城の家に置いた。初めて設立した山岳会が次第に軌道に乗る陰で、城の有識と知名士としての肩書きは社会的信用を高めるうえで極めて効果的だった。のちの二〇年（大正九年）に会員番号を付けたとき「第一番」には城が推されたのも、その「重さ」と功績からだった。

世界の山岳会で七番目に発足した「山岳会」は翌〇六年（明治三十九年）四月、会誌「山岳」を創刊して会員一一七人の名前を紹介するが、九州からの最初はその名簿二一番目の「高椋悌吉」（のち会員番号は一四番）で、福岡県柳川の博物学同志会員である。このほか〇六年末までの創期会員には佐賀県の中尾紫川、伊藤伊之十、熊本県の岩佐定一、丸尾守、真楽寺《しんぎょうじ》（住職・稲臣天真）、宮崎県の中原融、山本貞之助、鹿児島の七高生大西良吉、それに豊後森藩主の流れをくむ来留島通箇や日向飫肥の殿様の後裔、伊東祐弘らも入っていたが、いずれも二〇年までには退会している。

その会誌「山岳」で九州の登山が報告されたのは第二年第一号（〇七年三月発行）に掲載された手島漂泊の「霧島登山」が最初で、「登路の急傾斜、蕭殺《しょうさつ》（もの寂しいさま）たる行道、馬の背越の危険、何れの山が是に比せん…」と書かれている。

「山岳会」が「日本山岳会」に改称したのは、〇九年（同四十二年）六月である。

第17話 「檄」に集まる

「山で質実剛健を養おう」と集まった学生たちで旧制五高山岳部は発足した。

福岡の中学修猷館（旧制）から一高（旧制第一高等学校、現東京大）に進んだ日高信六郎が夏休みを待って独り、九州横断の登山旅行に親しんだのは一九一一年（明治四十四年）だった。中学二年の時に熟読した高頭式著『日本山嶽志』に刺激されて最年少の日本山岳会員（会員番号一四二番）になり、福岡近郊の脊振山（一〇五五㍍）や宝満山（八二九㍍）にも通った健脚の日高ではあったが、当時は大分―熊本間に鉄道はまだなく、乗り物といえばあっても〝ガタ馬車〟しかないころのこと。「毎日一山登っては次の山の山麓まで五里（約二〇㌔）以上の道を、夜をかけて独りテクった」。

日高は大分を振り出しに湯の平（大分県由布市内）から飯田高原の千町無田を通って九重山麓の寒の地獄に泊まり、星生山（一七六二㍍）、久住山（一七八七㍍）に登って翌日は竹田の神原《こうばる》から祖母山（一七五六㍍）に登り、その翌日は阿蘇の中岳（一五〇六㍍）から高岳（一五九二㍍）に登った。

その翌々年には、市房山（一七二一㍍）を登って人吉に歩き、霧島の韓国岳（一七〇〇㍍）、高千穂峰（一五七四㍍）の山頂を極めている。

そんな日高だったから、一高では中学からの先輩だった守島伍郎から「山岳会をつくろう」と声がかかった。日本の学校山岳部は一八九八年（同三十一年）旧制第四高等学校（現・金沢大）の遠足部発足に始まる。それを指導したのは晩年を福岡で過ごした林並木だが、大正に入ると各高等学校でその設立機運が高まっていた。守島や日高らの呼びかけで一高にそれが発足したのは一九一三年（大正二年）である。初めは陸上運動部の分会的立場だったが、翌年には独立して旅行部となり、日高が幹事に推された。

何かにつけて一高と張り合う三高（旧制第三高等学校、現京都大）に山岳会が生まれたのも一三年である。登山家小島烏水《うすい》の弟、小島栄が仲間を募った。

九州では一五年（同四年）に鹿児島の七高（旧制第七高等学校、現鹿児島大）に山岳会が誕生した。負けじと翌一六年には熊本の五高（旧制第五高等学校、現熊本大）にも五月一日、「本会は質実剛健の気性と一致協力の精神とを涵養《かんよう》し、自然に対する高尚な趣味を養う」とした山岳会結成への檄文が学生控室に張り出された。学校の許可を得て張ったのは三年生の佐々国雄と井田哲で、すでに阿蘇山や雲仙岳に独り足を運んでいた佐々は「山道をたどる独り登山にも自ら慕わしい情緒はあるが、高峻な山は決して単独登山を許してはくれない。団体的登山旅行には漂浪の旅とは違う懐かしい情調があり、共同的愉快味がある。山岳会の存在は決して無意味ではない」と呼びかけた。

早速、九六人の登山愛好者が集い、同月十四日にはうち一五人が山鹿近郊・八方ケ岳（一〇五二メートル）へ登山旅行して、山頂で山岳会発会式を挙げた。その年の九月には三一人で阿蘇山に登っている。愛好者の集まりだったこの山岳会が学校の「山岳部」になったのは二〇年（同九年）である。

二二年（同十一年）には北九州の明専（旧制明治専門学校、現九州工大）にも山岳会が生まれるが、当時は高等学校生の間で無銭旅行なども流行、漂浪の気持ちの意味で「ワンダーリング精神」なんていうこともよく言われたころだ。若者の自由闊達、進取、雄飛の叫びからだった。「山登り」もその延長線上にあった。

こうして山を登り始めた高等学校生たちにより高く、より険しくの近代アルピニズムが入ってくるのには、その後それほどの時間はかかっていない。二〇年代の時が進むとともに新しい登山ルートの開拓や岩場登攀の挑戦へ力が入る。

第18話 山へ誘った登山会

霧島や阿蘇山行の参加者を募り、登山愛好者を広げた九女創立者・釜瀬新平。

一九一四年（大正三年）の夏、旧制九州高等女学校（福岡市、現九州女子高校）の創立者で初代校長だった釜瀬新平は参加者を募って、九州で初めての登山会を霧島山（韓国岳＝一七〇〇メートル）と桜島（北岳＝一一一七メートル）で催した。今でいう登山ツアーだ。

釜瀬は立体型の地理模型製作者としても名が高く、地形を知るために方々の山に登ることが多かった。山頂からの眺望の素晴らしさ、登山の楽しさ、自然美をみんなにも知ってほしいと、誘いの登山会を思い立った。

当初は一〇〇人の募集予定だったが、霧島温泉の宿が改装工事中と分かって七〇人限定となった。すぐにいっぱいになった。「霧島に登りたくても一人では行けずにいた」という応募者も多く、福岡地区をはじめ熊本からの参加者もいた。

登山の記録が残されていないため、その様子は分からないが、募集要領などからみて参加者は草鞋《わらじ》か水足袋に脚絆、手には金剛杖、タコノバチ笠、ござを持ち、腰には水筒…の姿で登った。和服姿も多く、水筒も多くは瓢箪《ひょうたん》で、杖とござは出発の博多駅でも買えるよう準備されていたらしい。これが当時の共通した登山スタイルだったようだ。

釜瀬の登山会はその後も福岡近郊の宝満山（八二九メートル）から若杉山（六八一メートル）縦走コースなどでも催され、翌一五年夏の登山会は阿蘇・中岳（一五〇六メートル）、久住山（一七八七メートル）に登って別府に出る「九州横断旅行」を行った。その翌年の一六年夏には旧制福岡高等女学校（現福岡中央高校）教諭の安河内小太郎も手伝って「過去の蛮的生活に復し、文明の利器を忘れて心身を鍛える」をテーマに六泊七日で熊本から五家荘に上がり、人吉に出て球磨川を下る「肥後五箇荘球磨川跋渉《ばっしょう》」の旅を催している。

一方、この釜瀬の登山会とは別に、一五年（同四年）には九重の黒岳（一五八七メートル）、大船山（一七八六メートル）、久住山を舞台にした登山会も開かれた。釜瀬らが久住山を登る一週間前だが、こちらは地元・久住郵便局長の工藤元平が主宰する九州アルプス研究会が主催した。参加者たちは前人未踏とされた黒岳原生林の藪を金剛杖で払い、下駄や草鞋《わらじ》で踏みつけながら登った。

工藤の狙いは、登山会で多くの人に来てもらい「九重、祖母一帯の山地を九州アルプスとして」その素晴らしさを知ってもらうことだった。

工藤は翌一六年夏にも第二回目登山会を九重の同じコースで催した。約三〇人が久住警察署前を出発した。その模様を伝えるため特派された大分新聞（大分合同新聞の前身）の記者御手洗辰雄（のちに評論家）は「夏草が茂り、登攀すべき一条の道筋すら拓かれておらぬ山腹は斜度三〇度を超える傾斜で、そこを落石に苦しみながら登頂。再び枝をくぐり、岩を這い、石に乗って下山した」と書いた。

この登山会はその翌年も行われたが、この時は首藤チヨ子、辛島キミ子ら数人の女性も加わっている。九重山群や霧島連山、阿蘇山などにはこうした登山会が踏み台になって、夏山だけではなく紅葉の秋、ツツジの初夏にも男女登山者が次第に増えていった。

工藤が主宰した九州アルプス研究会はやがて「九州山岳会」に改称して、九州では一四年に発足した大分の「和楽路（草鞋）の会」（のちに「二豊山岳会に」改称）に次ぐ社会人山岳会として活動するが、登山愛好者が増えるにつれ、それぞれの地域や職場にその仲間のグループができた。二二年（同十一年）には長崎アルカウ会が発足、二六年（同十五年）には福岡山岳倶楽部が誕生した。二八年（昭和三年）には鉄道の直方車掌所に山岳部が発会した。

パイオニア・ワーク

（1910年代〜1930年代）

大正の年が進むに従い、「より高く」「より困難な山へ」のアルピニズム至上の目は、海外の峰へ向き始めた。一九一八年（大正七年）、ヒマラヤに初めて鹿子木員信《かのこぎかずのぶ》が入ってカンチェンジュンガを偵察、二一年（同十年）には槇有恒が未踏のアイガー東山稜初登攀に成功、欧米より約一〇〇年遅れて始まった「日本の近代登山」の実力はここにきて世界のレベルと肩を並べる。二五年（同十四年）には日本山岳会隊が初の海外遠征でカナダのアルバータ峰に初登頂を果たす。

それらに刺激されながら「岩と雪」への挑戦は国内でも一段と活発になり、北アルプス、中央、南アルプスを中心に登山は盛んになった。

九州でも、その歩みは遅いながらも昭和に入ると阿蘇の北田正三が阿蘇高岳・鷲ケ峰の登攀に成功、久住の工藤元平が雪の九重連山を登り、のちに福岡山の会を創設する竹内亮が九州脊梁の山々を、また筑紫山岳会の加藤数功《かずなり》が「空白」状態に残されていた祖母・傾山塊を探って登山の道を開拓した。その足跡を多くの登山者が追い、さらにパニオニアワークを繰り返した。九州の山々に登山のルートが拓かれ、登山の基礎が形作られたのはこの時期である。

日本人で初めてヒマラヤに入りカンチェンジュンガを偵察した鹿子木員信（右）＝左隣は槇有恒、1925年（大正14年）当時《第19話》（西日本新聞提供）

九州で雪の霧島・高千穂峰に登山、頂上の「天の逆矛」下で休息の秩父宮（左から２番目）＝1925年２月。《第21話》（西日本新聞提供）

1926年（大正15年）初めて雪の久住山に登り、ラッセルで進む九州山岳会の工藤元平さんら一行。《第23話》（工藤元平さんのアルバムから）

第19話 初めての「ヒマラヤ行」

カンチェンジュンガ山群に入り、素足で黒カブアの山頂に立った鹿子木員信。

熊本細川藩の家臣の家に生まれた鹿子《かのこ》木《ぎ》員信《かずのぶ》は一九一八年（大正七年）十月十七日、留学先のインド・ダージリンを出発、ヒマラヤで一番早く有名になったカンチェンジュンガ（八五八六メートル）がそびえるシッキム山地に入った。このころはまだ既製品の装備品はなく、高額を費やして特注したピッケルやロープ、日本から送ってもらった試作品の和紙テント…を十六人のポーターが担ぎ、従った。

ヒマラヤには、一九〇〇年（明治三十三年）チベットへ潜入する河口慧《え》海《かい》が越えるなど日本人も何人かが足を踏み入れていたが、「登山を目的」ではこの時の鹿子木が最初である。ヒマラヤ登山史では、イギリス人W・グレイアムによるシッキム地方無名峰（標高六〇〇〇メートル級）登山から三十五年が経っていたが、日本のそれはここからが始まりだった。

シッキム山地に踏み込んだ鹿子木を待っていたのは、寒さと吹雪だった。毎日、難儀のキャラバンが続いた。

鹿子木はこの七年前、ドイツ留学中に独り、健脚に委せてヨーロッパ・アルプスの高原を踏破した。この時アルプスにはすでに日本人も一八六八年（慶応三年）の栗本鋤雲《じょうん》をはじめ何人もが触れ、九州からも久留米出身の画家・吉田博がピラトゥス山（二一二二メートル）に登りマッターホルン（四四七六メートル）に登攀を試みた後だったが、鹿子木が特に注目されたのはアルプスの情景を感情のままに格調高くつづった著書『アルペン行』が登山を志す者を強く刺激したことだった。

その鹿子木が哲学研究でインドに留学すると、父親のつながりもあって目をかけてくれていた〝熊本の殿様〟第十六代当主・細川護立《もりたつ》がカンチェンジュンガの偵察を勧めた。細川も山への造詣が深く、当時ロンドンで刊行された探検登山家D・W・フレッシュフィールドの探検記録「Round Kanchenjunga（ラウンド・カンチェンジュンガ）」を取り寄せて読み、鹿子木に興味を伝えた。探査費用も援助した。

鹿子木はこうして世界第三の高峰カンチェンジュンガ偵察に旅立ったのだが、雪と険しさと高度に難渋の毎日。が、九日目、標高四九四〇メートルのゴーチャ・ラ（峠）に登り、オクタラン氷河、タルン氷河に覆い被さるように白くそそり立つカンチェンジュンガ東尾根を、流れる雲と雲の間にやっと見た。

「その氷の兜《かぶと》を雪雲をとおして照る鈍き夕陽の光に照らす崇高なる額に、いっさい人間の努力をあざけるがごとき誇りと、また近寄り難き尊厳を示している。しかもこのヒマラヤの誇りと、その尊厳は、終にこれを感ずるわが心の誇りとその尊厳にほかならぬ。実にこの故に、われはこれを望んで飽かず、これを眺めて涙こぼるるを禁じ得ないのである」。鹿子木はその時の情景と感動を著書『ヒマラヤ行』の中で、そう書いている。

目標にしたカンチェンジュンガ東尾根の登攀は一五日間の旅券が切れたため果たせなかったが、途中、鹿子木は黒カブア（四八一〇メートル）に登った。これが日本人としてヒマラヤのピークを攀じた最初の記録だが、それは南面の岩場を素足になり、頭に巻いていたターバンを解いてロープ代わりに使いながらよじ登り、さらに素足のまま痛さ冷たさをこらえながら絶壁の縁を登っての登頂だった。

鹿子木のこのヒマラヤ行では、同行したリエゾンオフィサー（政府連絡官）が鹿子木の唱えるインド独立論を密告。下山後間もなく、反英運動家とみなしたイギリス官憲に捕えられるということもあったが、鹿子木のこの記録と著書は、アルピニズムが芽吹き始めた日本の岳人たちの目をヒマラヤへ向けさせた。

鹿子木はこのあと、最初のドイツ留学から帰国後迎えられた慶応大で槇有恒らによる山岳部創設を指導したように、インドから帰国後勤めた九州大（法文学部長）でも旅行部（登山部の前身）を指導、学生たちの山への思いに火をつけた。

第20話　モン・ブランに立つ

日本人で初登頂した日高信六郎は山頂でシャンパンを抜き、ガイドと祝った。

少年の日に福岡で育ち、九州の山に親しんだ日高信六郎が日本人として初めてヨーロッパ・アルプスの最高峰モン・ブラン（四八〇七メートル）（注1）に登頂したのは、一九二一年（大正十年）八月七日だった。それは当時の日本人の最高到達記録ともなった。

東大を出て外務省に入り、在仏日本大使館（パリ）勤務になると夏休みになるのを待って、モン・ブランに向かった。同月六日、シャモニー谷からボッソン氷河に沿って側稜を登り、途中、標高三〇五〇メートルの巨岩にしがみついて建つグレン・ミューレの小屋に一泊して翌七日未明、頂上を目指した。

ルートは一七八六年に地元の医師M・G・パッカールとガイドのJ・バルマが初登した際に登ったのとほぼ同じ。ガイド二人に挟まってロープをつけ、今にものしかかって来そうな氷塔と無気味に開くクレバスの間を縫いながら歩を進めた。スノーブリッジを渡る時に明かりのランタンをクレバスに落としてしまい、星明かり、雪明かりが頼りの登攀――。

四〇〇〇メートルを超えると、靴下二枚の上にゲートルを巻いた足も、ピッケルをつく腕も急に重く、息苦しくなる。休み、休み、強風に煽られて雪煙を上げる稜線をたどり…苦闘約八時間。午前十時、頂上に立った。

そこには、かつて辻村伊助の『スウィス日記』や鹿子木《かのこぎ》員信《かずのぶ》の『アルペン行』を読んで思い描いていたとおりのアルプスの情景が広がっていた。遙かにはモンテ・ローザ（四六三四メートル）、マッターホルン（四四七四メートル）…、間近にはグランド・ジョラス（四二〇八㍍）やエギーユ・ヴェルト（四一二二㍍）の白い峰、峰。

「氷の塊の雄大さ、まわりの山の尖った中にゆう然と高くひかえている美しさ、ことに、その雪は他の山よりも際立って真っ白いので、ほんとにモン・ブランの名にふさわしい（注2）と思わせます。（モン・ブランの）登山は天気さえよければ何の危険もありません。ただいかにも骨の折れる山です」。日高は後日、先輩の木暮理太郎にモン・ブランの感想をそう書き送って（同年九月十三日付）いる。

その山頂で日高は、ガイドたちとシャンパンを回し飲みした。そして、あとから上がってきたフランス人紳士に誘われるままダンスにも興じた。

日高は著書『朝の山残照の山』の中で、その楽しかった思いをこうつづっている。

「紳士は握手を交わす間もなく『このいい天気の下で、この頂上に立って踊らぬということがあるものですか』と、私を抱え込むのであった。私は顔いっぱいに黄色い雪よけクリームをぬりたくり、彼は焼いたコルクをぬすくった真黒い顔に流れた汗のあとがついている。このみにくい二人の小さな男が、いずれも二人の頑丈な山男につながれたままで、万峯ひれふす絶頂の雪を踏みしめながらグルグル回るところとなった…満ち足りた、わが青春最良の日となった」。日高、二十八歳の時である。

この約一ヵ月後の九月十日、槇有恒が同じアルプスのアイガー（三九七〇㍍）東山稜登攀に初成功した。世界の登山家が挑戦し続けながら未踏だった難ルートだが、槇は寒風と時には雷鳴が響く中、地元のガイドと斜度八〇度近い逆層の岩壁を二日がかりで登り切った。日本の登山の実力を世界に示すものだった。

槇のこの記録が脚光を浴びるあまり日高のモン・ブラン登頂が語られることは少なかったが、槇の快挙が「岩壁の登攀」時代を招いたと同時に、日高の登頂は「雪山の登山」への目を開かせた。今日に至る「登山の姿」はこの記録が起爆剤になっている。

（注1）日高の最高到達記録は、一九〇九年遠藤章二が米国ワシントン州のレイニエ山（四三九二㍍）に登頂した記録を十二年ぶり更新したもので、一九三六年に立教大隊がナンダ・コート（六八六一㍍）に登頂するまで十五年間破られなかった。

（注2）フランス山名の「モン・ブラン」は「白い山」の意味。

第21話 宮さまの阿蘇スキー

雪の阿蘇中岳に登った秩父宮殿下は砂千里でスキーを楽しみ、大喜びだった。

「スキーがやりたいね」。積雪約一メートル、緩やかなスロープが続く山頂に立った秩父宮雍仁《やすひと》殿下は周囲の雄大な銀世界を見回しながらニコニコ顔で所望した。

秩父宮が九州旅行の途中、阿蘇中岳（一五〇六メートル）に登ったのは、一九二五年（大正十四年）二月二十三日である。阿蘇神社の参拝を終え、陸軍少尉の軍服を霜降りのバンド付きハーフコート、ハンチング、登山靴の登山スタイルに着替えると、随行のご当地〝熊本の殿様〟細川護立《もりたつ》や地元阿蘇出身で当時は宮内庁帝室編集官だった笹原助、それに九州山岳会主宰の工藤元平ら地元有志約一〇〇人が従い、頂上を目指した。

しかし、この年は雪が多く、登るにつれ積雪は二〇センチから三〇センチ、五〇センチと深くなって行く。登山道はあらかじめ消防団や在郷軍人が除雪していたのだが、続く降雪に膝までも埋まる苦心のラッセル。先導役の阿蘇高女校長高野忠太があえぐ間に、秩父宮は「愉快だ、愉快だ」と杖も持たずにさっさと先頭に立って頂上に着いた。

スキーの話はそこで出た。実は前日、雪と樹氷の雲仙・普賢岳に登った秩父宮がスキーを所望したという話が伝わっていた。雪の少ない九州ではスキーはまだ普及していないころのこと。急拠、熊本県が方々に手配、熊本市長高橋守雄がかつて新潟で勤めていたころ使っていたものや師範学校の教材用スキー道具を準備していたのが役立った。

秩父宮のスキーはドイツ留学から帰った鹿子木《かのこぎ》員信《かずのぶ》に単杖型で手ほどきを受け、スキー歴四年という腕前。随行の人たちが気温氷点下一二度、寒さに肩をすぼめて見守る中、早速、細川やお供の学習院教授の渡辺八郎らと一緒に火口そばに広がる砂千里の雪のスロープにシュプールを引いて見せた。

翌日の地元紙・九州日報はこう報じた。

「盛んにスキーを遊ばされるうち深い雪の中にご転落、大声を上げてお笑い遊ばされ、続いて細川侯が転落すると『やった、やった』とご相格《そうかく》を崩され、ご興趣《きょうしゅ》いとも深く拝され、約四十分にわたってスキーを試みられた」

秩父宮らは下山もそのまま滑って下りたが、九州日報によると「山辺別当を召されほとんど麓近くまでスキーを遊ばされつつご下山、ご先導の人やお付きの人々は常に遅れがちで、山辺別当のスキーが中途で折れたので宮様お一人でいともご熱心に、時としては冒険的な離れ業さえ演じられつつ間もなく宮地御着」だったという。

スキーは明治の末、札幌農学校のドイツ語講師ハンス・コラーが札幌の三角山で学生に手ほどきしたのが最初といわれるが、一九年（同八年）には慶応大の板倉勝宣がスキーで常念岳（二八五七メートル）を越え、二一年（同十年）には京大の松方三郎らが燕岳（二七六三メートル）にスキー登山するなど、広がり始めた積雪期登山の中にも取り入れられていた。

しかし、積雪の機会が少ない九州ではスキーへの関心も低かっただけに「宮さまスキー」は強烈な印象となった。これをきっかけに二八年（昭和三年）には地元で酒造業を営む栗林謙輔が推進役になって阿蘇スキークラブが発足、阿蘇神社にスキー一〇本を備えて貸しスキーもはじめた。筑紫山岳会を設立した加藤数功《かずなり》はこの年、九重の大船、三俣、星生山でスキーによる初登高を試みた。翌二九年二月には谷崎正生を誘って雪の福知山（九〇一メートル）に登り、滑り下りている。それはその後の阿蘇や九重、英彦山でのスキー普及に火をつけ、雪の冬山、ひいてはヒマラヤ登山の憧れへ拍車をかけることになる。

後日談―。秩父宮はイギリス留学から帰国後の三〇年（同五年）再び九州旅行をするが、豊肥線を走る汽車の車窓から見える阿蘇山を指差しながら、そばの妃殿下に五年前の「阿蘇スキー」が楽しかったことを盛んに話していたという。忘れられなかったのだろう。

第22話

殿さま登山隊

秩父宮のひと言から「熊本の殿様」細川護立が根子岳天狗峰に登ることになる。

第21話で話した一九二五年（大正十四年）二月の、秩父宮殿下の「阿蘇スキー」登山は、思いがけない方へ発展する。

秩父宮は中岳（一五〇六㍍）山頂からスキーで下山途中、右手の根子岳が目に入り、その岩峰群の中でも一番高くそそり立つ天狗峰（一四三三㍍）を指差しながら、そばにいたお供の〝熊本の殿様〟細川護立《もりたつ》に「どうだい、あれにも一度、登ってごらんよ。立山の後ろの劒岳に似ているね」と言った。

根子岳の頂上となるその天狗峰は、西巌殿寺の山伏の峰入りでも恐れて避けるという突っ立った岩峰。根子岳に登る人はみなこの岩峰下で引き返していた。秩父宮がどこまで冗談で、どこまで本気だったかは分からないが、いかに〝殿さま〟とはいえ〝宮さま〟の仰せとあれば「はは〜っ」とならざるを得なかったのだろう。

細川は美術・文化財に造詣が深かったことで知られるが、自家用車のナンバーにK２の標高「２８２５０（フィート）」をつけていたほどの大の山好き。一八年（同七年）に鹿子木員信《かのこぎかずのぶ》が日本人で初めてヒマラヤに入り、カンチェンジュンガ（八五六八㍍）を偵察したのも細川の勧めと支援からだったし、二五年日本から最初の海外遠征となる槇有恒ら日本山岳会隊によるカナディアン・ロッキー山脈・アルバータ（三六一九㍍）登山を発案、応援したのも細川だった。自らも新潟・赤倉の別荘を基地に妙高山（二四五四㍍）や火打山（二四六二㍍）になじんで登山には自信があった。秩父宮の言葉に「やってみましょう」と受けた。

といって、道もあまりない山に〝殿さま〟をすぐに行かせるわけにはいかない。話から一ヵ月後の三月二十三日、まず根子岳に詳しい熊本の高岡増弥、植山充朗、池辺勝馬、地元の栗林謙輔、栗林又平、寺川繁喜の六人が瀬踏みに登った。これが天狗峰の初登だったようだ。(注)

細川らが登ったのは、このあとの四月十五日。槇有恒、栗林謙輔のほか五高、熊本電気の山岳部員ら約三〇人がお供をした。この時、細川と槇は背広にソフト帽、肩にはリュック、足には秩父宮プレゼントの登山靴姿。この登山スタイルを地元の人たちはみな珍しがったという。

初め斜度二〇度ぐらいだった勾配は六合目あたりからは五〇度近い岩場の登り。同行した九州日日新聞(熊本日日新聞の前身)記者はルポ記事にこう書いている(同月十七日付)。

「一歩踏みはずすか摑んだ木でも折れようものなら命の助かりッこはない絶壁に、一行は用意して行ったロウプを下ろし、それにすがって漸く登り得るに…侯爵(細川のこと)らは此処でさえロウプにすがることもなく、巧みに岩から木、木から岩へと登って行くのがさも痛快とといわんばかりである」

「頂上といっても二三人を乗するに過ぎないほどの尖端、眼下を見るにも到底熟視するに堪えない戦慄を覚えるが、そこでも侯爵は蜜柑《みかん》などを摂《と》り、双眼鏡を手にして西にそびえる高岳の高峰等を眺望、…外輪山を隔てて祖母山、九重山等をカメラに収められる」

同新聞には槇の登山家としての感想も載っている。「(根子岳は)丁度木曽駒ケ岳の六七合目によく似ており、(登ってみて)さほど困難な山とは思わない。ごく変化に富んだ登りよい山です」

この「殿さま登山隊」を迎えるに当たり、登山口の屋形《やかた》ガ宇洞《うど》へ通じる麓の住民たちは登山道開拓に汗を流した。細川が登れば根子岳が広くに知れ渡り、登山者もやってくるといった期待も大きかった。

(注) 栗林謙輔記の「根子嶽に登るの記」(九州日日新聞1925年4月5日付)では「天狗峰には栗林又平がかつて山本十郎君と登った、とのこと…」と書いているが、山本は著書「阿蘇魂」(1969年刊)で「又平さんはそう言ったというが、それは又平さんの記憶違いで、又平さんと一緒に登ったのは天狗峰西方の第二の峰である」と、二五年三月以前の天狗峰登頂を打ち消している。

第23話

雪の九重連山

積雪の久住山に登り、翌日は吹雪をついて大船山にも登頂した工藤元平たち。

雪の九重連山に九州山岳会（「九州アルプス研究会」を改称）の工藤元平ら五人が登ったのは一九二六年（大正十五年）の正月だった。大分県宇佐の日本山岳会員・六鵜保も加わっていた。全国的にみれば、積雪期登山は二二年（同十一年）の慶応大による槍ヶ岳登頂をはじめすでに盛んに行われていたが、九州での本格的なそれは、これが初めだった。

一行はまず久住山（一七八七メートル）の南面にとりついたが、八合目あたりで積雪は膝まで達した。御池の西岸から山稜をたどり、山頂に着いた。気温氷点下二度。春にも夏にも、何度も登った道だったが、雪が積めば全く趣が異なった。山頂から見る冠雪の由布、鶴見の峰、高原の向こうの祖母山や阿蘇五岳…広がる眺めもまた、新しい姿に見えた。

翌日は天候が激変、五人は吹雪をついて大船山（一七八六メートル）を北面から登ったが「稜を這う嵐は大暴風雪と変じ」「雪中に立てば樹林と言わず、人と言わず、悉《ことごと》く霧氷をつけて玲瓏《れいろう》の如し」（工藤記「銀嶺の久住・大船踏破記」）。五人はロープを出してアンザイレン、風速四〇メートルの風から身を守りながら頂上に立った。

その翌々年、二八年（昭和三年）正月には、こんどは加藤数功《かずなり》、岩崎武夫、土谷盈が雪の久住山を登った。だが稲星山（一七七四メートル）の鞍部を越えるころから吹雪になり、風も一段と強まって、スキー板を担いでいた加藤は二度も吹き倒された。靴も手袋も凍りつき、膝が没する積雪をかき分けながらやっとの思いで賽の河原の石室に転がり込んだ。

初めの計画では、この石室に二、三日は寝起きしてスキーを練習、そのころ出回り始めた〝新兵器〟アイスピッケルの訓練も試みる予定だったが、もうその段じゃなかった。風の弱まるのを待って、深い雪の中を転げながら法華院に下った。

翌日は晴れたので、目に触れるものすべてが氷結した大船山に上がり、その翌日は積雪約一・五メートルの星生山（一七六二メートル）中腹を一巡して、再び雪氷の上を這いながら久住山に登った。気温氷点下一五度の頂上だった。

加藤にとっても初めての雪中九重登山だったが、この年岩崎と共著で出版した『九州山岳案内』に早速、記録と共に体験を基にした「冬山登山者への注意」を書いている。

「積雪期登山は夏山の二倍の時間がかかる」「防寒具は純毛のものがよい」「靴は氷点下七、八度ぐらいに下がると凍るから油を十分含ませることを忘れてはならない」…と。

しかし、同時に加藤は「冬の久住は法華院温泉を根拠地とするのがいい。四方の山が雪に覆われるころ浴客としてこの温泉で、或いはスキーに、或いは登攀に数日の籠城を為すことは信州の山小屋生活と同様の痛快さがある」とも書いて、冬の九重の楽しさを語ることも忘れなかった。

工藤も新聞に「久住高原の冬と雪の祖母久住登山」を投稿して「冬の登山は従来極めて危険のように思われていたが、冬季といえども相当の研究と準備 を怠らなければ危険はない」と、用心さえすれば安全な冬の九重への道を案内した。

雪山登山は九州でも次第に広がった。加藤は二九年（同四年）二月には谷崎正生と積雪の根子岳東尾根―天狗―鏡ドウを突破、三六年（同十一年）になると長崎山の会が雪の九重連山を縦走した。

この間、福岡県田川の中学生だった三日月《みかげ》直之は二七年（同二年）案内人に積雪登山を習いながら奥穂高岳（三一九〇メートル）に登頂。翌年は北穂高岳（三一九〇メートル）北壁で吹雪に遭ったがビバークしながら前穂高岳（三〇九〇メートル）、涸沢岳（三一一〇メートル）に登っている。

第24話 鷲ケ峰の岩登り

六年間の執念をかけ、阿蘇高岳北尾根の岩稜縦走登攀を成し遂げた北田正三。

一九二三年（大正十二年）春、阿蘇の北田正三は、阿蘇仙酔峡からよく見える高岳（一五九二メートル）北尾根の岩稜に取りついた。

ネコの耳のように立った虎ケ峰からいったん落ち込んだ稜線は、再びいくつかの突起を越したあと赤壁から鷲ケ峰へと突き上げ、最後は荒々しい岩場のナイフリッジを高岳東峰へ辿る北尾根縦走。北田は家業（醸造業）の蔵男で山の案内人も務める西村松彦を伴って何度もこの尾根に挑んだが、難ルートで手に負えない。二六年（同十五年）には赤壁まで進んだが追い返され、東に回ったが一枚岩に阻まれた。

日本での岩登りは〇四年（明治三十七年）、W・ウェストンが鳳凰山（二八四一メートル）地蔵仏の岩壁（高さ一八メートル）をよじ登ったのが最初とされるが、多くの人が「岩登り」を知ったのは一一年（同四十四年）雑誌「中学世界」六月号に「ロック・クライミング」の記事が掲載されてからだった。初めは「そんな危険なことを…」といった受け取りが大勢だったが、アルピニズムが志向される中で、実践への反応は早かった。

二〇年（大正九年）には未踏の槍ヶ岳北尾根に地元信濃山岳会の土橋荘三が初登攀した。だが本格的に岩登り新時代が開幕したのは、やはり二一年（同十年）に槇有恒がアイガー東山稜を初登攀成功してからだ。しかし九州での岩登りの機運は鈍く、その中で先鞭をつけたのが北田だった。北田は何度も鷲ケ峰を見上げ、何度も登攀を試みた。

六年間の執念を実らせたのは二九年（昭和四年）九月三日だった。北田と西村は新たに旧制五高（現熊本大）山岳部の佐方快之をパーティーに加え、北尾根下から虎ケ峰正面の岩崖を登って頂きに上がった。前面には「荘厳、雄大、凄絶、何れの言葉を以てしても表し得ない光景」（北田著『阿蘇』）があった。鷲ケ峰の岩峰である。

正確な記録は残されていないが、北田ら三人は虎ケ峰から切れ込んだ稜線を下って「一の窓」を左に巻き、ピナクル（岩の突起）を越え、鷲ケ峰は赤壁を登ったあと左側に巻いて東稜の泥と草つきの急斜面をよじ登り、やっと頂上に出た。さらに「二の窓」の深い切れ込みへアプザイレン（懸垂下降）で下り、稜線が尖ったナイフリッジを辿ってついに縦走を完成した。

この成功の裏にあったのは、この前の年、北田がカナダ山岳会のキャンプに参加してロッキーの雪と岩の峰を登り、帰国後には神戸・RCC（ロック・クライミング・クラブ）会員の西岡一雄らを誘って阿蘇根子岳（一四三三㍍）西尾根の岩場を初縦走、当時はまだあまり知られていなかったザイルの使い方、パーティーの組み方に知恵を借りたことが大きかったようだ。根子岳西尾根縦走の自信が、高岳北尾根縦走の成功に結びついた。

北田は著書の中で「（当時は）岩登りの機運も幼稚であった」と言っているが、九州での岩登りはこの北田らの成功が起爆剤になった。にわかに鷲ケ峰を中心とした高岳北尾根は岩登りのゲレンデとして脚光を浴び、刺激を受けた五高山岳部は早速、翌年には一三パーティーが高岳に向かい、うち七パーティーが北尾根北面をよじ登った。

高岳北尾根の主な岩稜ルートが次々に登られるにつれ、パイオニア・ワークの目は次には溶岩流の間に深く落ち込んだ北尾根の赤ガレ谷、松ケ尾谷、ツベツキ谷の岩場の遡行に移る。三一年（同六年）秋には、加藤数功《かずなり》、梅木茂喜、林田迪夫の筑紫山岳会組と戸畑山岳会の月原俊二が何度もの試登のあと赤ガレ谷を遡行して初めて登り切った。旧火口が崩壊した跡の地獄門から入り、谷を詰めて大滝の上部に達し、さらに谷を登って高岳へ抜けている。

《番外話》

ロッキー登山の謎

北田正三が「未踏峰に登り山名も付けた」という「Mｔ・キャムプ」とは?。

九州でも岩峰登攀への挑戦が始まる中、注目されたのは一九二八年（昭和三年）夏、阿蘇の北田正三が単身カナダに渡り、カナデアン・ロッキーの山に登ったことだった。

同年八月二十七日付の大阪朝日新聞は、カナダ・バンクーバー特派員発で「北田氏が当地で語ったところによると」として、北田のロッキー登山を伝えた。

「北田氏はカナダ・エドモントンのウォータス、スコットランドのパーカー教授、スイス人ガイドのエドワードとともに七月二十一日から三日間で無名の処女峰に登った。同氏の名誉のために頭文字をとりマウント・キャムプ（Mt. Kamp）と命名した。この山は一万一千六百フィート（三五三六メートル）の高峰。麓のアヌール・キャンプでは世界各地の山岳家、鉱物学者の講演が行われ、北田氏も日本の山岳について講演、日本アルプスの幻灯も公開した。…同氏は今回の成功の結果、カナディアン・アルパイン・クラブの名誉会員に加えられ、メダルが贈られた…」（要点）

次いで同月三十日には北田の出身地・大分の地元紙大分新聞（大分合同新聞の前身）も「米国滞在中の北田氏から大津同新聞社長宛に通信があった」と、その内容を報じた。それには「（七月）十九日から二十七日までの間、アルパインクラブの一行と三十八マイル（約六十二キロメートル）山に入り、十里（約三十九キロメートル）氷河を渡り、二十五日に目的の処女峰を征服、マウント・キャムプと命名した」とあった。

北田は、その二年前の二六年（大正十五年）には台湾最高峰の玉山主峰（当時は新高山＝三九五二メートル）に登頂、続けて未踏峰だった玉山東峰（三八六九メートル）に初登頂していた。それに重ねてのロッキー登山。この三年前の槇有恒ら日本山岳会隊による未踏峰アルバータ（三六一九メートル）初登につぐカナディアン・ロッキー登山だけに、話題も呼んだ。

ただ不思議なことには、北田のこの「処女峰マウント・キャムプ初登頂」の記録が見あたらない。

カナダ山岳会の会報「カナディアン・アルパイン・ジャーナル」によると、二八年には同山岳会主催の第二十三回キャンプが七月十七日から一五日間、ブリティッシュ・コロンビア州のコロンビア川支流・ホースシーフ渓谷一帯の山域（パセール山群）に登山家や鉱植物学者ら一六八人が集まって開かれ、日本からただ一人参加した北田は「同月二十三日、ブルース山(注)（一一〇九〇フィート＝三三八一メートル）に登頂。同山岳会が一万フィート以上の山の登頂者に与える〝活動会員〟の資格が与えられた」と記録されている。

北田はこのキャンプ中に催されたキャンプファイヤーの場でゲストとして講演、「日本山岳界の状況」を話している。同会報が各国からのゲスト名を列挙する最初に「北田」の名前を挙げ、講演の講師に招かれたのも、槇らのアルバータ初登で日本岳人への関心が高まり、北田は〝注目の存在〟だったことが想像できるが、その北田が「処女峰に登りマウント・キャムプと命名」の記録が残されていないのはなぜだろうか。

カナダ山岳会によると、同会の名誉会員名簿に「北田」の名前はないという。キャンプが催された山域に現在「マウント・キャムプ」と呼ばれる山はなく、標高一万一六〇〇フィートの高峰も地図にはない。

北田は玉山登山では登高記を日本山岳会会誌「山岳」（二八年版）で発表、のちにも九州脊梁山地の踏査報告や中国東北部（当時は満洲）からの山行通信など筆はこまめで、『九州の山々』などの著書や山岳誌への提稿も多いが、ロッキー登山についてのものは見あたらない。何か、事情があったのだろうか。

（注）現在は「アイブロウ・ピーク」の山名で呼ばれており、カナディアン・アルパイン・ジャーナルによると、一九一五年にオーストリア人ガイドのコンラッド・ケインが初登したという。

第25話 市房から国見へ

九州脊梁山地を踏査した竹内亮の記録は山旅報告だけでなく、民俗資料にも。

登山熱が高まるに従って、昔からの修験と信仰登山の対象からはずれていた山への足も盛んになった。まず注目されたのは、熊本・宮崎県境に連なる「九州の屋根」脊梁山地だった。

一九一五年（大正四年）には、日本山岳会員の吉岡八二郎が向坂山（一六八四メートル）から霧立越を縦走しているが、二四年（同十三年）四月から五月にかけては、九大助手（植物学）に赴任したばかりの竹内亮《まこと》（のちに福岡山の会創設・会長）が雨の市房山（一七二一メートル）に登ったあと、湯山、古屋敷から石楠越（一三九一メートル）を越えて五家荘に入り、尾根伝いに国見岳（一七三九メートル）に上がって内大臣の谷へ抜けた。

市房山では、中腹の市房神社から上への道がなく、裏に回ってようやく暗い樹林の間の獣道を見つけて登り、尾根の濡れたスズタケをかき分けて進む。古屋敷へ向かう道は、急な杉造林地の間を登り、はしごのような急峻な坂を下り、球磨川に沿って登った。

五家荘の久連子に着いた竹内は、区長宅で泊めてもらえると聞いて訪ねる。しかし先客がおり、区長の世話で他の家で泊めてもらうことになった。後で分かったことは、五家荘では旅人の世話から村人の死亡証明書交付まで万事区長の仕事になっていた。竹内は雨のためこの五家荘で一日滞在するが、「泊めてくれた家ではとっておきの米がなくなり、翌日はヒエ飯に、菜もミツバを刻み込んだ塩汁とワサビの葉の漬け物だけになった」（竹内の報告書）という。

竹内はこの滞在の間に、この「山の人」たちの生活を見聞することになるが、村人たちの仕事は春から夏にかけては「コバ」と呼ぶ焼畑農業と極わずかな水田耕作で、冬は雪が浅いうちは狩猟に出るが、雪が深くなれば居食いをするだけで、退屈だからばくちを打つことになる。常食はアワ、ヒエ、トウモロコシ、ソバモチ、サツマイモで、岩魚を釣り上げて来ればご馳走の方。ランプをともす家は少なく、大抵は松の枝を燃して明かりにしていた。

竹内はこの八日間の山旅の記録を「球磨川より緑川へ」として、同年の日本山岳会会誌「山岳」で報告した。文献の少ない当時としては貴重な踏査記録となったが、竹内はこの中で五家荘の人たちについてこんなことも書いている。「金銭は壺の中に入れて床下に隠しておくそうで、従って紙幣は腐るからと余りよろこばないということであった」「この辺の人は汽車とか電車とかいったものは見た者は少ないのだが、ただ一つ飛行機は大部分の人が見たということであった」。飛行機は恐らく上空を飛んでいるのを見たのだろう。今から約八十年前の話である。

昭和に入ると熊本の吉村毅も繰り返し脊梁山地に入り、国見岳、五勇山（一六六二メートル）、烏帽子岳（一六九二メートル）が連なる向霧立越を巡っている。二七年（昭和二年）には山口規一と脊梁を縦走した。標高一五〇〇〜一七〇〇メートルの山が連なる険しい脊梁の山地も尾根を結べばアップダウンの少ない道になるわけで、その昔には尾根伝いの道が発達、山人も斜面が緩やかな尾根近くに暮らしていたという。

しかし、尾根道が残る山より厳しい登山を求める吉村の足は次第に市房山に向かい、三三年（同八年）には筑紫山岳会の角範次、福原喜代男と一緒に市房山の東面、椎葉と米良との境界線の谷筋に入り、登山者として初めて光をあてた。

吉村は市房山の特色は谷筋にあると言い「これら谷の調査は、地理的に便利な熊本にいる者の使命だ」と登山生涯を脊梁の山にかけたが、そのきっかけになったのは一も二もなくパイオニア・ワークの足跡をつけた竹内の山旅だった。

第26話

祖母の東側

原生林と藪をかき分けながら傾山、五葉山へ探検登山を繰り返した加藤数功。

九州脊梁の山々の踏査が進む一方で、昭和に入っても「未踏査の山塊」が残されていた。「祖母の東」である。その山塊の探査を目指し、加藤数功《かずなり》が祖母山の東北側に延びる障子岩尾根に上がったのは一九二八年（昭和三年）夏だった。

祖母山（一七五六㍍）そのものはW・ウェストンが登ったように早くから知られていたが、その東側の大分・宮崎県境の山塊は「空白」に近かった。昭和の初めまでには鉄道の日豊線も全線で開通していたが、延岡から奥にはまだ目が届かず、知る人も岩と密林に覆われた標高一〇〇〇㍍を超える山と深い谷が重なる山地は近寄り難かったのだろう。九州一円を管轄する熊本営林局が二六年（大正十五年）にまとめた山岳概況『九州之山水』でも祖母山の東側山域は語られていない。

加藤は「祖母の東」に入ったのは、慶応大を卒業したばかりの時。旧制東筑中からずっとテニスと水泳の選手だった加藤だが、在学中に同大山岳部の部誌「登高行」（二五年刊）に掲載された大島亮吉の「荒船と神津牧場付近」を読んで激しく感動、北アルプスにも登って「登山」の魅力にとりつかれていた。

加藤は同夏八月二日、神原《こうばる》（宮崎県高千穂町）から今でいう八丁越を登った。

まず障子岩尾根をたどって、三つの岩峰がかたまった岩塊を越え、尾根の先端の岩峰に達した。それぞれの岩峰が麓から見える所の人たちは、前者の岩塊を「ミソガ岩」、後者の岩峰は「障子岩」と呼んでいたが見えない所の人は全く知らず、加藤は後日、筑紫山岳会会誌「山行」第一号で、北側から祖母山に向かって見た場合、手前にある障子岩を「前障子」、奥の岩塊のミソガ岩を「大障子」と呼んで発表した。今もその名前が定着している。

祖母山頂でビバークした加藤は、翌日は主尾根をたどって天狗岩を越え、障子岳（一七〇三メートル）を経て古祖母山（一六三三メートル）に着いた。ほとんどがスズタケとウツギの猛烈な藪。障子岳から古祖母山を見下ろした時は「三十分もあれば…」と思ったが、道はなく三時間を費やした。次の日も藪こぎに苦労しながら古祖母山から尾平越へ向かい、いったん中野内に下りて休養のあと、本谷山（一六四三メートル）―笠松山（一五二二メートル）を縦走。同月十三日まで傾山（一六〇二メートル）、五葉山（一五二二メートル）一帯の山稜と谷を登っては下りた。道もない原生林の間を縫っての登山だった。

加藤は休む間もなくその年の十一月には、この夏の探査の続きを、と地元の猟師小野種吉を伴って祝子《ほうり》川を遡行、ここでもしつこいスズタケとブナ林の藪にうんざりしながら大崩山頂（一六四三メートル）北の石塚―モチダ谷―鹿納岳（一五四八メートル）、さらに翌日は鹿納岳から鹿の道伝いで五葉山に達した。

翌二九年夏には祖母山頂から障子岩尾根側のウルワシ谷を下降。秋には人夫太田安太郎と尾平から黒金山谷―烏帽子岩（一五六〇メートル）―障子岳―アラレ谷へ原生林を進んだ。

加藤はこのパイオニア・ワークで得た山の状況を詳細に会誌「山行」で報告、空白状態だった「祖母の東」に初めて光をあてた。それはこの山塊に足を向ける人たちへの貴重な資料となったが、加藤がこの探査に入る二年前の二六年（大正十五年）夏、田川の中学生三日月《みかげ》直之が祖母山から本谷山、傾山への縦走を計画して入っている。だが、本谷山から先は竹が密集して進めないことを知り断念、祖母山、古祖母山に登って下りたという。この時、双眼鏡を通して本谷山の八合目付近を動くツキノワグマを見つけている。

三一年（同六年）からは五高山岳部も精力的にこの山塊に入って登山ルートを開拓、パイオニア・ワークを繰り返した。ダイナミックな秘境が、次第に多くの登山者に知れ渡った。

戦前の活動期

（1920年代末〜1945年）

一九三〇年代、「雪と岩」の時代の活動は、穂高岳、槍ヶ岳を中心にした積雪期の登頂、縦走からさらに大学山岳部・社会人山岳会が競ってバリエーション・ルート開拓へ進んだ。三六年（昭和十一年）の立教大ヒマラヤ登山隊によるナンダ・コート登頂をきっかけにヒマラヤ時代が幕を開け、国内でも海外の高峰遠征に備えた極地法登山訓練が盛んになっていった。

雪が少ない九州では、「雪と岩」がすぐに結びつくことはなかったが、そうした中央の活動からの刺激は強く、社会人山岳会が相次ぎ発足（三〇〜三六年で約四〇団体）、祖母・大崩山系、脊梁山塊を中心にしたパイオニア・ワークが一段と進んだ。阿蘇高岳・鷲ケ峰では門鉄小倉工場山岳部によって西稜、北稜、北壁につぎつぎと登攀ルートが拓かれた。昭和初期の三〇年代は、戦前で最も登山が花開いた時期だ。

だが、時代は三七年に始まった日中戦争をきっかけに戦時体制が強まり、四一年、太平洋戦争に突入すると、登山活動は大日本体育会行軍山岳部会に統括され、登山は戦技となり、山はその錬成の場となった。九重連山でも英彦山でも、「前へ進め」の号令で行軍登山が繰り返された。

1934年（昭和９年）雪の屋久島・宮之浦岳へ登る筑紫山岳会の加藤数功さん。この写真は加藤さんが福岡日日新聞に送稿、「宮浦岳を征服、積雪を冒して成功」の見出しと共に紙面を飾った。《第28話》（福岡日日新聞1934年３月３日付紙面から）

燕岳から槍ケ岳を経て穂高岳へ縦走、上高地に下りてきた米山千代子さん＝1933年７月。《第34話》（西日本新聞提供）

霧島・高千穂峰の御鉢馬の背で記念撮影に収まる旧制筑紫高女山岳部員たち＝1932年７月22日。《第34話》（部員だった藤内美さんのアルバムから）

第27話 九州最高峰を登る

宮之浦岳、永田岳に初めて本格登山、屋久島の山の探査を続けた五高山岳部。

山への愛着は、積極的にパイオニア・ワークへと向かった。九州では昭和に入ると、九州最高峰の宮之浦岳（一九三五メートル）をはじめ標高一八〇〇メートルを超える山が連なる屋久島が注目されてくる。旧制五高（現熊本大）山岳部が初めて屋久島へ渡ったのは一九二八年（昭和三年）三月だった。

屋久島では一九二〇年（大正九年）から熊本営林局による屋久杉保護と伐採も始まって営林道も開かれ、二六年（同十五年）刊行の南九州山岳会（七高山岳部ＯＢ会）編『楠郷山誌』の宮之浦岳登路案内を見ても、それ以前の試登がうかがえる。だが、何と言っても離島で不便。本格的登山の記録が残されたのは、この五高山岳部が最初である。当時、阿蘇高岳北尾根の登攀に情熱を燃やしていた佐方快之をリーダーに、前川、高木、宮村たちだった。

まず安房川に沿って小杉谷に上がった。地元猟師の案内を受けながら杉の切り出しのため設けられたトロッコの軌道を伝い、山岳信仰「岳参り」や杉の調査のためについた踏み跡をたどる。小杉谷から花之江河《はなのえごう》を経て黒味岳（一八三一メートル）山腹を巻き、宮之浦岳山頂に達した。永田岳（一八八六メートル）にも足を延ばした。

同山岳部の探検登山は翌年夏にも坂本篤実ら三人が入った。三〇年（同五年）夏にも清水健介ら五人が、さらに三一年夏は角範次が入って太忠岳（一四九七メートル）、七五岳（一四八八メートル）、本富岳（モッチョム岳＝九四〇メートル）へと踏査を広げた。三二年（同七年）の夏に入った塩田昭、池田剛らは、こんどは宮之浦側からのルートで永田岳に上がった。途中、縄文杉に出会った。永田岳北尾根（障子尾根）のVI峰（一六八〇メートル）から永田岳を経て宮之浦岳にも登った。同山岳部内では「新しい意識の行動だ」と高い評価を受けた。

その意欲的な刺激は翌三三年（同八年）夏の一〇日間におよぶ同山岳部集中登山、踏査へとつながった。「永田岳の北側山塊」の踏査、宮之浦川と永田川からの遡行登攀を目標に参加の一二人が四つの班に分かれ、安房、宮之浦、永田の三方から入山した。

雨の多い屋久島らしく、雨と風に苦しみ、湿地ではヒル（蛭）に悩まされながら登った。林田正恒らの「永田班」は普段、猟師が使う岩屋をベースにしてシラケン沢を上がり、支尾根を登って坪切岳（一四〇九メートル）から矢筈岳（一一五七メートル）、吉田岳（一一六五メートル）に登頂した。守島正太郎らの「宮之浦班」は餅小屋から吉田岳と営林岳（九七四メートル）を結ぶ尾根に上がり、営林岳に登った。が、障子岳（一五五〇メートル）の岩小屋でビバークに入った築山俊昭らは豪雨による谷の増水で、緊急下山する目に遭う。吉田岳を目指した志熊平治郎らは尾根を伝ううち、持っていた地図と実際にある道や山の地形が違い、山中をさまよってしまう。

この踏査は雨と未知の山地にとまどううち用意した食料が底をつき、目標を全部達成することはできなかったが、得られた体験と残された教訓は多く、その後の登山者に貴重な資料となった。報告書には実地に踏まねば分からない教えがいくつも書かれた。

同山岳部によるこの屋久島への踏査はその後も毎年続き、三七年（同十二年）には障子岳から永田岳までの永田岳北尾根十峰を初めて完全縦走もしたが、その踏査挑戦も四一年（同十六年）で中断した。

その間の二九パーティーにおよぶ記録と成果をまとめようと準備に入ったが、それも憲兵隊ににらまれ中止になった。要塞化する南の島の入山や詳細な記録は軍部にとって気になるところだったのだ。四二年十二月刊の同山岳部誌「こだま」は「十三年間一年も欠けたことのないこの遠征の記録こそ五高山岳部の誇りであり、先輩の真摯な登山の足跡である。だが今、われわれがその伝統を破らざるを得ないことは誠に遺憾」と無念さを訴えている。

第28話　名づけの親

屋久島・黒味岳に登頂、宮之浦岳との間に連なる三山に命名した筑紫山岳会。

熊本の旧制五高（現熊本大）山岳部が屋久島山塊のパイオニア・ワークに情熱を燃やす一方で、筑紫山岳会の加藤数功《かずなり》も屋久島に渡った。「祖母の東」の山塊の探査に一応のメドをつけた一九三〇年（昭和五年）十二月だった。五高山岳部が春休み、夏休みの間に限って入山するのに対して、加藤は冬季の踏査、登山を試みようと考えた。

加藤は小杉谷を経て花之江河《はなのえごう》に入った。そして、ここの小屋を拠点に翌年二月まで約五〇日間滞在。雪の宮之浦岳（一九三五メートル）、永田岳（一八八六メートル）、黒味岳（一八三一メートル）、高盤《こうばん》岳（一七一一メートル）と、たて続けに登った。千尋滝から鯛之川を遡行、本富岳（モッチョム岳＝九四〇メートル）—耳岳（一二〇二メートル）、さらに石塚山（一五八九メートル）—太忠岳（一四九七メートル）を縦走した。

南の島といっても、屋久島の冬は西高東低の冬型気圧配置の南の端にあたるため寒く、北アルプスにも負けないぐらいの積雪量と強い風になることが多い。加藤の登山は積雪二〜三メートルの中、難儀の連続。宮之浦岳に上がった二月のその日は、山頂の気温は氷点下一五度という寒さだった。

この体験を踏まえて加藤が再度、屋久島踏査に渡ったのは三四年（同九年）の二月だった。こんどはスキーやワカンジキも携行、同じ筑紫山岳会の福原喜代男、園田寛、立石敏雄、それに鹿児島山岳会の富川、平川、長崎アルカウ会から坂井も加わった。この年は雪が多く同月二十日、安房から「いざ入山」となったが、山の地理に詳しい案内人たちも雪には不慣れなため集まらず、各人が二〇キロを超える装備、食料を担いで安房川沿いに登った。

　小杉谷小屋で荷物を減らし、鹿の足跡をたどりながら雪渓を登り花之江河に向かうが、三メートル近く積もった軟らかい雪のラッセルに歩は進まず、ついに杉林の中でビバーク。ようやく雪に埋もれた花之江河小屋を見つけてひと休み、そこから近い黒味岳に登ったのは同二十二日だった。尾根に上がると雪原はクラスト化していて、アイゼンが小気味よく利いた。

　加藤らは三月末まで今回も長期滞在。雪の宮之浦岳、永田岳、障子岳（一五五〇メートル）に登り、宮之浦川源流地点から小杉谷に下降、宮之浦岳と黒味岳の間に連なる無名峰三山にも初めて登り、宮之浦岳に近い方から順に「翁岳」（一八六〇メートル）、「安房岳」（一八四七メートル）、「筑紫岳」（一八三〇メートル）と名づけた。「翁岳」は地元の益救《やく》（夜久）神社に祀る塩土老翁《しおつつのおじ》にちなんで「翁」を山名の冠にし、「安房岳」はこの山の西側が安房川の水源になっていることから山の名前とした、また「筑紫岳」は九州の古名である「筑紫」を冠にした山名が九州のどこにもないことや初登した筑紫山岳会にちなんで山名にした。筑紫岳はその後、投石の上にある山ということから「投石岳」と呼ばれている。

　加藤はこの滞在中、宮之浦岳などで撮った写真を登山記とともに福岡日日新聞（西日本新聞の前身）に送稿、三月三、四日付で「憧れの九州最高峰、屋久島宮之浦岳を征服、筑紫山岳会の遠征隊が積雪を冒して成功」の記事が写真も添えて社会面トップで掲載された。その中で加藤は「長い長い急斜の雪面に綺麗なジグザグを切って九時半、遂に黒味岳一八三一米に登頂。強烈なる陽光に煽られて一面文字通りの白銀の殿堂と化し、永田、宮浦、翁等の長大な山稜は素晴らしい盛飾を凝らし、かつて何人にも見せた事のない姿を吾々《われわれ》の眼界に現していた」と山の感激を紹介した。それはまた、多くの人の山への関心を誘うことになった。

　三九年（同十四年）十二月宮之浦岳に登った深田久弥も積雪約三〇センチをラッセルしながら頂上に立っている。

第29話 悲しみからの教訓

久住山初の遭難事故は登山図を書き写す際、石室の場所を間違えたことから。

登山の楽しい話題が広がる一方で、九州の山から悲報が届き始めたのは一九三〇年（昭和五年）からである。同年八月、久住山（一七八七㍍）で初めての遭難事故が起きた。

久住山麓の法華院に滞在していた筑紫山岳会の加藤数功《かずなり》が、山を下りてきた人の話で事故を知ったのは台風が過ぎ去った同月十四日だった。「二人やられている」「二、三日前の嵐でやられたんだろう」…。加藤は地元の弘蔵孟夫と現場に急いだ。

遺体が見つかったのは久住山の標高約一六〇〇㍍付近、御池の火口壁の西側、窪地になっている所だった。ツツジの枝を掴んだ姿だった。リュックサックにあった身分証明書から九大医学部一年・広崎秀雄と分かった。もう一人、少し離れた御池の西外壁の急斜面にうつぶせになって死んでいたのは東筑中学（旧制）からずっと広崎と親友の渡辺邦彦だった。

死亡はいずれも十一日深夜と推定できた。折からの暴風の中で避難の場所も見つからないまま、疲れと寒さと空腹で相呼び合う力も尽きたとみられた。

二人は夏休みを利用して阿蘇・九重の山旅を計画。同月六日、誘い合わせて福岡県木屋瀬（現北九州市八幡西区）の家を出ていた。添田、耶馬渓を越え、日田に足を延ばし、竹田を経て十一日朝には久住町（今は竹田市内）に入った。途中、出会った竹田中学生に久住までの距離などをたずねているが、竹田中学生は初めのうち二人連れとは思わなかったという。広崎がかなり遅れていたからだ。疲れていたのだろうか。

それでも二人は久住登山案内所（工藤元平方）に立ち寄って杖に記念の焼き印を押し、種畜場を経て展望台付近を通過したのが午後五時ごろだった。コースを樹林帯にとったため風雨をさほど感じなかったのだろう。しかし、森林帯を出ると風雨の激しさに驚き、一気に上がって御池そばの石室に逃げ込もうとしたに違いない。

二人のリュックサックの中には二日分の食料と、加藤らが著した『九州山岳案内』の資料や久住登山を紹介した新聞の切り抜きが入っており、それなりに下調べと準備をした跡がうかがえた。だが、その中でうっかり犯したミスが思わぬ〝命取り〟になってしまった。『九州山岳案内』に挿入されていた地図を書き写す際、同書では向かって右側にあると説明していた石室を、誤って左側に書いていた。

結果的には、広崎らは石室のそば約七㍍のところを通りながら石室に気づかず、暗黒の斜面をさまよい、力尽きる最悪の事態を招いてしまった。山ではうっかりした、ちょっとしたミスが重大な結果につながる。登山はいかに用意周到な準備と正確な資料の整理が大事かを、若い命の犠牲は教えた。

それからひと月も経たない九月七日、こんどは阿蘇山でも初めての登山事故が起きた。この日、熊本・中学済々黌（旧制）の有働格ら三人は根子岳天狗峰（一四三三㍍）を目指し、日の尾峠側から急傾斜の岩場に取りついた。だが、あと四〜五㍍でスカイラインに上がるという所でトップにいた有働が足を滑らせ、約五〇㍍下の谷に落ちた。即死だった。

有働らは登るうち、取りつきの道を間違えていることに気づいた。だが、天狗峰に並ぶ西峰に上がり、天狗峰へ縦走すればいいと考えたようだ。しかし、有働が墜落したのはツベツキ谷で、その地点から見て登攀していたのは高岳北尾根の岩場。有働らは地理不案内のまま道を大きく間違えていたのだ。そして難しい初めての岩場を登る結果になった。

「近い阿蘇だからと甘くみたり、十分な用意・準備を怠り冒険心だけで登山すれば、とんだことになる」。現場に駆けつけた担任の教諭は肩を落とした。

第30話

九重の自然を守る

高層湿原「坊がつる」に計画された発電ダム建設をくい止めた九州山岳連盟。

一九三一年（昭和六年）五月二十四日、戸畑市（現北九州市戸畑区）・九軌（西鉄の前身）終点の共進亭で北九州山岳連盟の発会式が開かれた。

筑紫山岳会を主宰する加藤数功《かずなり》の呼びかけに戸畑、八幡、直方、筑紫、田川、二豊各山岳会と明専（旧制明治専門学校＝現九州工大）、小倉郵便局両山岳部、福岡暁星クラブの九団体が賛同したもので、翌二十五日の福岡日日新聞（西日本新聞の前身）は雑報面のトップ記事でこの発会を伝えた。九州で初めての山岳会の「横の組織化」が注目されたわけだが、実はこの背景には九重・坊がつるをダム建設から守る、自然環境保護運動のネットワークづくりの狙いがあった。

坊がつるは大船山（一七八六メートル）、平治岳《ひいじ》（一六四三メートル）、三俣山（一七四五メートル）、久住山（一七八七メートル）に囲まれた標高約一二〇〇メートルの、九州では珍しい高層湿原だが、二七年（同二年）正月、九重の山を登った加藤は地元の弘蔵孟夫から「この坊がつるに九州水力電気会社（九州電力の前身）が水力発電のダムを計画している。すでに系列の杖立水力電気が予備調査を始めている」話を聞かされる。

驚いた加藤はその計画を調べた。計画では、坊がつるを流れる鳴子川（筑後川の上流の一つ）に平治岳西麓と上湯沢東面を結んで長さ三〇〇メートル、高さ五五メートルの堰堤を築くという。もしこれが実現すれば九重の山の原始風景が損なわれるだけでなく、満水時面積が四三万平方メートルということは坊がつるが水没してしまうことになる。加藤は危機感を募らせた。「何としてもダム建設をやめさせたい」

北九州山岳連盟の結成は、岳人連帯の訴えを結集する場づくりだったのだ。当時、全国的にも尾瀬原の水電ダム建設反対運動が盛り上がっており、九州でも五ヶ瀬川上流蘇陽峡での水電設置に伴う風致保護の運動が進んでいた。それだけに「坊がつるを守ろう」への理解は早かった。全会一致で「ダム建設反対」を決め、内務、逓信両大臣、国立公園協会へ陳情書を送った。訴えをさらに広げるため、その年の十二月には「九州山岳連盟」に改称。三三年（同八年）までにはさらに一六団体が加わって、山岳会相互間の交流と共に自然保護運動の輪は広がった。

この間、加藤は三一年六月、福岡日日新聞に坊がつるの自然美とダム反対の理由を投稿。筑紫山岳会が三二年（同七年）八月に刊行した会誌「山行《やまゆき》・第一号」にも坊がつるダム建設反対の主張が多く乗せられた。加藤の筆はもちろん、九大の植物学者だった竹内亮《まこと》、北大スキー部出身の宇都宮崇も稿を寄せ、坊がつるの自然の大切さを説いた。

竹内のそれは、坊がつるの「つる」は山間盆地を意味する古語であり、ミズゴケなどが昔から分布する貴重な湿原であることを強調。宇都宮は、水力発電による経済的利益より今のままの風景的価値の方が利益が大きいことを論じるものだった。

一方で、これに呼応するように大分・上津江村（現日田市内）出身で福岡鉱山監督局長を務め、のちに代議士、商工政務次官にもなる田島勝太郎がダム建設反対に動いた。三二年一月、田島が福岡日日新聞に寄稿した「西の山々―福岡から」「東の山々―福岡から」（計一二回連載）は直接は坊がつる問題には触れなかったが、自然環境の素晴らしさ、山の楽しさを語り続けるものだった。援護射撃に十分だった。

筑後川系の水力発電ダムはその後、夜明、千倉（いずれも日田市）に建設されるが、「坊がつるダム」は加藤をはじめ岳人たちの訴えに加え、知識人たちの同調と官界、政界の力添えもあって建設は中止になった。坊がつるの自然は危機一髪で救われたのである。

第31話

幻のカムチャッカ遠征

クリュチェフスカヤ登山を考えたが、ソ連の許可が下りなかった筑紫山岳会。

昭和も年を重ねて登山の技量も高まり、「より困難な山」を求めるアルピニズムが広がるにつれ目を向ける先は海外の山だった。日本から登山隊として初めて海外遠征したのは一九二五年（大正十四年）の慶応大植有恒らによるカナダ・アルバータ峰（三六一九㍍）遠征だが、その初登成功にだれもが「後に続きたい」と憧れた。九州では加藤数功《かずなり》が主宰する筑紫山岳会もその夢を膨らませていた。

だが夢は膨らんでも、昭和の初めからの金融恐慌は世界に広がり、長引く経済不況の中でヨーロッパ・アルプスまでは手が届かない。加藤をはじめ福原喜代男や三日月《みかげ》直之、梅本茂喜ら同山岳会会員がそのころ〝集まり場所〟にしていた福岡県木屋瀬町（今は北九州八幡西区）の醤油醸造「油屋」（梅本の家）の二階に集まっては「どこか遠征したい」「恒雪があり、氷河を登れる最も近い山はソ連のカムチャッカ半島だろう」…夜を徹して語り合っていた。

そんな時だった。三二年（昭和七年）である。同山岳会会員の中村治四郎（のちに九州産業大創立者）が耳寄りな情報を持ってきた。「下関の日本漁網という会社がカムチャッカ半島沖のカニ漁船団に漁網を提供するため船を出している。カムチャッカ最高峰のクリュチェフスカヤ（四七五〇㍍）も見えるらしい。夏の操業の期間中は停泊するので、その間に登山するなら連れて行ってもいい意向のようだ」

願ってもない話である。九州の山にこだわる「九州モンロー」の加藤も海外の山は別で、手を打って心を躍らせた。

加藤を総括に、福原が装備、梅本が資金調達と渡航手続き、三日月が食料と気象を担当することを決め、実現へ向け準備はどんどん進んだ。「ソ連に行くんだからソ連風の名前も必要だ」と、加藤は香月（北九州市八幡西区）の畑《はた》の出身だから「ハタナーヤ」、福原は「フクハーラ」、梅本は醸造元「油屋」の倅だから「アブラヤンムスコンスキー」、三日月はそのころ新田原《しんでんばる》（行橋市）に住んでいたので「シンデンバリスト」と名づけて、お互いに呼び合い、気分はもうカムチャッカだった。

現地の様子を詳しく聴こう、と加藤、福原、三日月で下関の日本漁網に城山社長を訪ねもした。「沖から望遠鏡で見る限りは、高峰は堂々として雪に覆われ、谷の渓谷は氷河のようだ」「山の上部は氷結しているのか青白く見える日がある」「クマは生息していると思われる。猟銃は許可を受け携行した方がよい」などなど、初めて知ることも多かった。だが、念を押されたことは「ご希望なら船でお連れもするが、いくら純粋なスポーツの登山であっても、スパイの嫌疑をもたれ捕らえられたら漁業界全体へ迷惑もかかる。外交ルートを通じソ連政府発行の上陸、登山許可を取ることが先です」ということだった。

早速、三日月が上京して福岡出身の代議士・勝正憲に事情を話し、外務省を通じソ連大使館の意向を確かめてもらった。だが、返ってきた答えは「カムチャッカ半島の主要都市ペトロパブロフスク港上陸だけなら許可するが、登山はダメだ」だった。

この前の年の三一年（同六年）には、日本軍が中国東北部で戦火をしかけた満洲事変が起こり、その満洲と国境を接したソ連、とくにシベリア方面軍にとっては当時、極度の対日警戒感を強めている時だった。いくら「本当に登山だけだ」といっても、見通しが利く場所に登ることはスパイの疑いをかけられかねなかった。

九州で初めて心を弾ませた海外遠征の計画はこれで断念、幻に終わった。満洲事変に始まった日本の戦火はやがて日中戦争、太平洋戦争へと広がり、登山の海外遠征は途絶える。

第32話　相次ぐ山岳会発足

登山ブーム到来。門司山岳会、大分山岳会についで福岡山の会も活動始める。

一九三二年（昭和七年）八月十三日、福岡・東中洲の福岡園に九大の植物学者・竹内亮《まこと》、福岡中学教諭の山田光男、九大外科医師の山前速雄、福岡荒陵会主宰の柴藤俊輔、筑紫山岳会の吉田太三郎、それに野村理一、吉村好兵衛、今村嘉蔵、光安賢次郎、内山芳郎の一〇人が集まり、福岡山の会が産声を上げた。

その二年前の三〇年夏、福岡市郊外の三郡山（九三六㍍）と若杉山（六八一㍍）を舞台に竹内と阿蘇の北田正三が講師を務め、福岡県体協主催で登山講習会が開かれたことがある。約二〇人が出席したが、講習会のあと竹内は「また時々は集まろう」と提案、福岡山岳談話会をつくった。月に一回集まっては「九重山のこと」「北九州の山地地形」といった講話を聴いた。毎回、二〇～三〇人の集まりだったが、「実際に山へ登ろう」となり、同市近郊の井原山（九八三㍍）や脊振山（一〇五五㍍）に出かけるようになる。

三二年五月、その五回目の山行で金山（九七六㍍）に登ったとき、山頂の懇談で「お互いの山を語り合う会を開こう」となり、毎月第一水曜日をその定例日に決めた。六月の会は約二〇人だったが、七月は四〇人近くが集まり、それぞれの山への思いを語るうちに「この仲間で山岳会を設立しよう」と話は広がった。

初めは「福岡山岳会」としたかったのだが、その名はすでに別のグループがいた。竹内や山田、野村、山前、柴藤の準備会は、会の名前を考えるのに徹夜して二日かかった。竹内が「何も山に登るばかりではない。植物や昆虫、いろいろ山の研究も必要」と「山の会」に落ち着いた。こうして発足した「福岡山の会」は第一回山行を九月十一日に宝満山（八二九㍍）で行い、台風で西側斜面が崩れていたため「新岩道」の処女コースを参加者四〇余人が登った。そのあと九月末には会員は五〇人にふくれ、十月末には七〇人を超えた。二回目山行は翌年一月十五日、井原山（九八三㍍）・雷山（九五五㍍）に集中登山した。

二三年（大正十二年）、街の山岳愛好者グループ「東京野歩路会」が誕生したのをきっかけに関東や関西で多くの街の山岳会が発足した時期からすると、九州のその波はやや遅れるが、各地で街の山岳愛好者、職域グループによる山岳会が相次ぎ生まれた。三一年（昭和六年）には門司山岳会、大分山岳会、鹿児島山岳会など一〇団体が発足、福岡山の会と同じ三二年には小倉山岳会や安川電機山岳部など九団体、翌三三年にも柳河山岳会、熊本アルカウ会など五団体が後に続いた。

すでに九州の中心的存在だった福岡の筑紫山岳会（二八年結成）も熊本、中津などで支部的活動を広げた。

この時期、登山ブームを呼んだ背景の一つには九州にも登山靴やリュックサックといった装備品が出回り始めたこともあるが、もう一つは相次ぐ山岳図書の発刊で若者たちの山への意識が高まったことだった。三〇年（同五年）だけでも大島亮吉の『山』、藤木九三《くぞう》の『岩・雪・アルプス』、辻村伊助の『ハイランド』などに加え、この年五月には初めての山岳雑誌「山と渓谷」も創刊された。山岳雑誌はこのあとも翌年には「アルピニズム」、「山小屋」が、三三年には「ケルン」が創刊されて広く読まれる。

九州での山岳図書は、二五年（大正十四年）の百渓禄郎太著『祖母嶽』に始まるが、翌二六年には『楠郷山誌』（七高山岳部OB組織の南九州山岳会編）と『九州乃山水』（熊本営林局編）、『久住山案内』（工藤元平主宰の九州山岳会編）が出版され、二八年（昭和三年）には筑紫山岳会の加藤数功《かずなり》と岩崎武夫による『九州山岳案内』、三〇年には花岡伊三郎の『阿蘇案内』、三二年には北田正三の『九州の山々』、と案内書が次々に出された。

この間、三一年（同六年）には五高山岳部・蘇友会の会報「こだま」が創刊され、翌年には筑紫山岳会の会誌「山行《やまゆき》」、福岡山の会の会報「せふり」も発行されて、各山岳会の活躍にお互いの登山意識を刺激し合いながら層を厚くした。

第33話 バリエーション・ルート

阿蘇北岳・鷲ケ峰西稜、北稜の未踏ルートを登攀成功した門鉄小倉工場山岳部。

阿蘇・高岳北尾根の岩場に人気が集まり、赤ガレ谷をはじめ東側のツベツキ谷、その間の急峻な松ケ尾谷が拓かれる中、それら谷の遡行から鷲ケ峰の岩壁をよじ登るバリエーション・ルートの開拓が先鋭的登山者の挑戦心をかきたてていた。門鉄小倉工場山岳部の折元秀穂（成翁）と中根稔が挑戦したのは三三年（昭和八年）三月十九日だった。折元は身長一七〇センチ超、中根は一六〇センチ足らず。「凸凹コンビ」と呼ばれていた。

折元と中根は、その二年前に筑紫山岳会の加藤数功《かずなり》らが大滝から天窓に抜けた赤ガレ谷遡行のルートと、二九年に北田正三らが鷲ケ峰を西稜から登攀成功したルートのハイライト部分を組み合わす形で新しいコースは取れないか、と考えた。

折元らはまず、雪解けで増水した赤ガレ谷の大滝を越え、岩壁の基部に上がった。このころから折元は右足が痙攣し始めた。直立の壁を前にして折元は山靴を脱ぎ、右へのトラバースにかかった。毛糸の靴下は岩壁に張り付いた霜のため湿気を含み、足を動かす度にずるずるっと抜け落ちそうになる。一歩誤ると、数一〇〇メートル下の赤ガレ谷だ。

右へ回り込むのを断念、左へトラバースして活路は開けた。が、その頭上はクラック（岩の割れ目）を挟んで岩壁が左右に外開き状態になったジェードルが待っていた。

当時、神戸のＲＣＣ（ロック・クライミング・クラブ）など先鋭的な登攀グループではもう「三つ道具」（カラビナ、ハーケン、ハンマー）を輸入して使っていたが、九州では関心がやっと高まり始めたばかりのころで、まだ「三つ道具の使用は登山にあらず」「ザイルを使うのは邪道」といった風潮も残っていた。折元らもこの時はまだ持っておらず、靴を脱いだまま溶岩壁のジェードルの間を両足で踏ん張り、尺取り虫のようにずり上がって、ようやく岩稜の肩に出た。鷲ケ峰の頭はすぐだった。

このコースは今「西稜Ⅰ」と呼ばれ、ハーケンがべた打ちされて鷲ケ峰へのノーマル・ルートになっているが、ザイルもハーケンも持たない折元らは〝安全確保〟の策もないまま苦闘の連続だった。折元は後日、著書の中で「上がりながら、心のどこかで激しく自問自答の火花が散る。命をかけてこの岩壁を上がって、それが一体何になるというのか。いや、何でもよい。上がらねば気がすまないのだ…じりじりと、手を、足を運ぶ。もし、ここでスリップしたら最後、私の体は音もなく数百メートル下方の赤ガレ谷に落ちるのだ（と思った）」と、この時の心の葛藤に触れている。

折元と中根の〝凸凹コンビ〟はこの年の十一月三日には、やはり未踏だった鷲ケ峰北稜にも挑んだ。この時は同小倉工場山岳部の部長田代計蔵や仲間の長尾政行、徳久鶴夫、秋山通も加わった。ジャンダルム（前衛峰）の一四～一五メートルの垂壁を登り、約二〇メートルの赤壁のもろい岩壁を攀じり、北稜に取りついた。

トップの折元はオーバーハングを左に巻き、寒さでかじかんだ手の指と靴底の一本の鋲に体重を預けながらトラバース、さらに直立した岩面に二七～二八メートル続く細い岩の裂け目をわずかな手懸かりによじ登った。「長い登高に疲れた手足は恐怖心も加わってふるえ、三〇メートル登るのに一時間かかった」と折元は言った。この時はザイルを持っていた。テラスに上がると後続を次々に引き上げた。

ケルンを積み、キャラメルの箱の裏に名前と初登攀のコースタイムを書いてその中に埋めた。西稜初登攀の時も、折元は鷲ケ峰頂上で空いたサイダーびんに名前と登攀記録を書いた紙を入れているが、当時は登頂して人と会えば名刺を交換し、だれもいなければその場に記録を残しておくのが習わしだった。折元はそのために名刺を作っていた。

第34話 強かった女性たち

女性の登山が盛んになる中、北アルプスを縦走した飯塚の医師・米山千代子。

「南岳に近く路《みち》ようやく険《けん》なり。昨夜、肩の小屋に泊まり合わせた中年夫婦並びに書生とも覚しき三人連れのパーティーが吾等と相前後して行く。…妻君のほうがなかなか強い。男装してズボンばき、登山靴という扮装。夫君より先にズンズン登る。勇敢な女性だ。本日、穂高登りのただひとりの女性なり」。一九三三年（昭和八年）七月、北アルプスの南岳から穂高連峰に向かった足利山岳会（栃木県）の丸山茂平は日記にそう書きとどめていた。

「ズンズン登った」女性は、福岡県飯塚の医師・米山千代子である。夫の米山達雄に連れられて同月十七日から五日間をかけ、中房から燕岳（二七六三メートル）に上がり、大天井岳（二九二二メートル）、槍ヶ岳（三一八〇メートル）へ縦走、さらに北穂高岳（三一〇六メートル）、奥穂高岳（三一九〇メートル）を縦走して上高地に下りた。槍ヶ岳では鎌のように鋭くそぎ立った東尾根をよじ登っている。

達雄は九大医学部の医師で、学生の時から登山に親しみ、福岡山の会の会員でもあった。千代子は達雄から登山の手ほどきを受け、後をついて宝満山（八二九メートル）を登り、久住山（一七八七メートル）、阿蘇・高岳（一五九二メートル）に通ううち山での足運びを身につけた。女性の北アルプス縦走は登山家・村井米子が二三年（大正十二年）穂高岳から槍ヶ岳へ踏破したのが最初とされるが、九州の女性では千代子のこの記録が一番古い。

当時は女性の登山の多くはまだ着物に袴かスカート姿が普通で、ズボンをはいた小柄な千代子の登山ぶりは丸山の目に〝勇敢な女性〟と映ったことだろう。

日本で女性の登山は一八三二年（天保三年）、江戸の豪農の娘・高山辰《たつ》が女人禁制を破り、男装で初冬の富士山（三七七六メートル）に登ったのが最初とされるが、九州では女人禁制も厳しくはなかったらしいものの信仰登山以外の記録は見あたらない。

九州で記録に残る早い時期の登山は、一九一七年（大正六年）夏、九州アルプス研究会が主催した久住登山会に首藤チヨ子、辛島キミ子が参加している。このころから女性の登山は珍しくなくなり、大正の末になると「婦人の山登りは曲線美を作る」と、新聞などでも女性の登山を盛んに奨励した。

福岡女専（今の福岡女子大）に山岳部が生まれたのは二七年（昭和二年）。九州の女学校に山岳部ができたのは三〇年（同五年）の筑紫高女（筑紫女学園）が最初で、教諭林健一らの指導で脊振山（一〇五五メートル）登山から始まった。翌年は古処山（八六〇メートル）から英彦山（一二〇〇メートル）、宝満山・三郡山（九三六メートル）を縦走している。制服のセーラー服に平底のズック靴か草鞋《わらじ》、手にはコウモリ傘を持つことが多かった。傘は雨具にも杖にもなったという。

女性たちの登山熱に応えるように福岡山の会は三四年（同九年）、九州では初めての婦人登山講習会を開き、米山千代子が「私の経験」をテーマに、登山の楽しさ、健康づくりの効用を話している。宝満山での実地講習には約二〇人が登ったが、同山の会は講習会の度に女性の入会者が増えたので三七年（同十二年）には婦人部会を設けた。中津市黎明婦人会では三四年、同婦人会の中に「山の会」を発足させている。

このころ「女流登山家」と言えば村井米子のほか東京の黒田初子、今井喜美子らが有名だったが、九州にも「昭和五年以後では阿蘇・高岳北尾根の虎ケ峰から鷲ケ峰を往復した熊本の篠原美恵、加賀山志佳がおり、虎ケ峰から鷲ケ峰を経て高岳へ婦人で初縦走した松田カネもいる。また鷲ケ峰主稜や米良谷に足跡をしるした久留米の山下春野、富安峯子や福岡の有隅志賀もおり、北ア縦走の米山達雄夫人（千代子）がいる…」と筑紫山岳会の三日月《みかげ》直之は三六年（同十一年）にまとめた『九州山岳』の中で書いている。

第35話 「岩の鬼」

「登攀不可能」とされた阿蘇北岳・鷲ケ峰北壁に執念をかけ登攀した折元秀穂。

一九三〇年代（昭和五年〜）に入り、九州の岳人たちの関心は次第に岩登りに集中、阿蘇・高岳北尾根をはじめ宝満山、耶馬渓、福岡近郊・野北などの岩場には登攀者が集まった。高岳北尾根の鷲ケ峰西稜と北稜の登攀に初めて成功した門鉄小倉工場山岳部の折元秀穂が、その稜の間に削り取られたようにそそり立つ北壁に取りついたのは、北稜登攀すぐ後の三三年（同八年）末からだった。

この時代、「岩場」に人気が集中したのは、一つには三〇年の小川登喜男らによる谷川岳一の倉沢奥壁の登攀や、翌三一年の田口二郎らによる北穂高岳滝谷登攀など、国内岩壁での先鋭的な登攀がカッコよく見えた。もう一つはこのころ各地で上映された「死の銀嶺」や「モン・ブランの嵐」（いずれもアーノルド・ファンク監督）、「銀嶺征服」（フランツ・ウェンツラー監督）などドイツの山岳映画による刺激だった。

「銀嶺征服」は三三年末には小倉山岳会と門鉄小倉工場山岳部の共催で、小倉（北九州市）・喜楽館でも上映された。この映画は三一年、マッターホルン北壁初登攀に成功したドイツのクライマー、シュミット兄弟をモデルにしたものだったが、二重ザイルによる岩場でのつり上げ技術やハンマー、ハーケン、カラビナを自在に使って岩壁を登る場面に、詰めかけた観衆は皆かたずをのんで見入った。もち論、折元らもその一場面ごとの身のこなしを頭にたたきつけたに違いない。

高岳北壁に挑んだのはその直後からである。「登攀不可能」とだれも手をつけていなかった。折元は何度も偵察に訪れた。が、その都度、手を掛ける場所も見あたらず、基部から約一〇〇メートルの黒い岩壁を見上げてはため息をついていた。

この垂壁の中央から頂上下まで、斜めにわずかだがクラックがあるのを見つけたのは四回目の偵察の時だったか、五回目の時だったか。「このクラックで何とかなる」と折元は思った。仲間の中根稔、山口建次とともに赤ガレ谷第一支谷の尾根を越え、赤壁からの谷をひたすら遡行して北壁に取りついたのは三五年（同十年）十月二十日だった。

実は、この年の七月、同山岳部の中根と福永一郎、光延光吉が〝斜めのクラック〟を伝って登ったが、トップの中根が不覚にもスリップして宙に浮き、頭を岩壁で打って登攀を中止した。その後の九月には折元が単身アタックしようとしたが、赤壁でアクシデントに見舞われていた。

それだけに「今度こそは―」、三人は燃えていた。赤ガレ谷を遡行、北壁は中根をトップに折元、山口と続いてまず斜めに走る岩稜とクラックを右肩へ向かって登った。大きなオーバーハングを左に避け、トラバースして岩壁中央のクラックを頼りに上がった。

「ハーケンを使わなければ一メートルも上がるのは難しい。クラックは何分にも狭く、直立に近い。しかも北面は日差しがなく寒く、指先が凍って自由にならない。時折、落石が唸りを生じて落ちて行く」。折元は手記にそう書いている。

中根が前回スリップした〝最後の難関〟も、中根の捨て身の挑戦で乗り越えると後は思いのほか楽な登攀だった。狭く小さなテラスで三人は肩を寄せ合い、手を握り合った。苦闘二時間五〇分。執念はやっと実った。「お互い差し伸べた手のひらはマメがいっぱいで、ずきずき痛んだ。その痛みは新鮮な喜びだった」と、折元は言った。

この北壁では翌三六年の六月、八幡山岳会の藤崎定雄が北稜側寄りにバリエーションルートを開いて初登攀した。現在「匂坂《さきさか》ルート」と呼ばれている最も難しいコースである。

第36話　悲劇となった卒業登山

阿蘇北岳・鷲ケ峰の北壁を登ろうとして滑落、岩場に消えた五高生匂坂正道。

旧制五高（現熊本大）山岳部の匂坂《さきさか》正道が阿蘇・高岳北尾根の鷲ケ峰北稜から北壁へ登攀しようとしたのは一九三七年（昭和十二年）十一月十四日だった。この日は同山岳部の卒業生送別登山で、部員一四人が参加。五パーティーに分かれて赤ガレ谷や赤壁を上がったあと鷲ケ峰を西稜から、北稜からと放射状に登攀して、頂上で合流する計画だった。

匂坂はこの前の月も相川哲二ら同山岳部の仲間四人と鷲ケ峰を登り、相川とは「次は北稜をやろう」と約束していた。〝送別される側〟の匂坂と相川は当然のようにパーティーを組み、一年下の鳥居亮を加え、北稜登攀を望んだ。

「頑張れよ」「用心しろよ」と声をかけ合いながら各パーティーに分かれると、匂坂たちは真っ先に赤壁をよじ登り、リーダーの匂坂をトップに、相川、鳥居が続いて斜度八〇度の北稜に取りついた。

約五〇㍍登った。オーバーハングを避けて左にトラバース（横断）して岩稜を上がるのが予定の北稜ルートだったが、匂坂は突然「偵察をやってみるぞっ」と下方で確保のザイルを握る相川に笑顔を向けると、そこから右側の北壁に移った。

同山岳部ではそれまで困難な北壁に手をかけた者はいない。同山岳部初の北壁挑戦に、仲間たちが赤壁や西稜から見守る中での登攀となった。

匂坂は五メートル右上に残置されていたハーケンにカラビナをかけ、さらに約七メートルトラバース気味に登り、残置ハーケンを利用して自己確保した。頂上まであと約四〇メートルの垂壁。匂坂は真上の壁を仰いで盛んにルートを探っていたが、自信がもてないのか、右側の西稜Ｉルートから見守っていた田中龍男にルートの教示を求めた。が、田中も約七〇メートル離れていて細かいホールドは分からない。「危ないからもう引き返せ」。田中は叫び返した。たが匂坂は、さらに約二メートル右上の残置ハーケンを使って上がり、約一メートル上に今度は自分が持っていたハーケンを打ち込んでずり上がった。だが、次のホールドが分からない。

しばらく壁を仰いでいた匂坂もあきらめた。アンザイレンした下方の相川にザイルでの確保を確認すると、自分が打ったハーケンを引き抜き、下降を始めた。その瞬間だった。岩角に降ろした匂坂の足がスリップした。「あっ」と声を上げた匂坂はずり落ちたまま、抜けたハーケンが岩に当たりながら落ちる金属音と共に約二〇〇メートル下の赤ガレ谷に消えた。

ずり落ちた匂坂の重みで確保のザイルをかけていた残置ハーケンが抜け、次に確保するはずのハーケンとの間で太さ一一ミリの、そう古くはないその大麻ザイルは切れたのだ。

二〇年代（大正九年〜）初めから始まった同北尾根岩場登攀での初の犠牲だった。

匂坂がたどったルートはその前の年、八幡山岳会の藤崎定雄が開いたバリエーションルートで、残置していたハーケンはその時のものと思われた。匂坂は計画した北稜を登るうち、オーバーハング下で北壁のこの残置ハーケンを目にし、「未知の困難なルート」への誘惑と挑戦心に駆られたのに違いない。実は、匂坂はその何カ月か前、ツベツキ谷を遡行中に大滝で残置ハーケンと捨て綱を使い、登攀に成功していた。そのことが却って残置ハーケン使用への用心を甘くしたのかも知れない。

同山岳部の「遭難報告」は「ハーケン確保に費やされた体力と終日日陰の北壁であり、寒気のため多少疲労しているように見えた」と書いている。ザイルがなぜ切れたか、については後日、東京理研の黒田正夫博士らが鑑定したが、分からないまま過ぎた。

第37話 書けなかった登頂記

東南アジアの山々を日本人初登した三日月直之だが、戦時下で記録は残せず。

今は人気の海外登山スポットになっている赤道直下、カリマンタン（ボルネオ）島北部のキナバル山主峰・ロウズピーク（四一〇一㍍）に日本人で初めて、三日月《みかげ》直之が登頂したのは一九三九年（昭和十四年）四月だった。

福岡・筑紫山岳会のリーダーの一人でもあった三日月だが、三六年末からは南方農工業開発の国策会社として創設された台湾拓殖に勤めていた。その時代、若者たちの海外雄飛の熱は高く、二十五歳になった三日月もその一人だったのだが、台湾に赴いてまず気になったのはやはり、富士山より高い玉山（三九五二㍍＝当時は新高山）山塊の山々だった。

ありがたいことに三日月は仕事上、山地にも自由に出入りできる許可証を台湾総督府からもらっており、早速、高地密林調査を名目に独りで小雪の舞う玉山主峰に登頂した。翌三八年一月には強風と雪の大覇尖山（三四九〇㍍）―雪山（三八八四㍍＝当時は次高山）を五日間かけて、積雪期では初めての単独縦走した。次の年、三九年二月には農業開発調査で出張したインドネシア・ジャワ島でウンガラン山（二〇五〇㍍）に単独登頂、マラン高原からアルジュノ山（三三四三㍍）に登った。

キナバル山に登ったのも同調査の途中、カリマンタン島に立ち寄った間の六日間だった。

当時、キナバル山がある「北ボルネオ」はイギリス領（現在はマレーシア）だったため、二四年にイギリスの

R・H・F・エバンス隊が初登したのをはじめ、何隊かのイギリス隊が南面ルートから登っていた。

しかし「稲作推進のためキナバル山北面の水源調査」の名目で現地の英国政庁から入山許可をもらった三日月としては北面にルートを開くしかない。過去のイギリス隊で二回登頂したというポーター二人を雇うと、道もあまりない北面から直登にかかった。先頭のポーターは密林で山刀を振るい、茂る籐や下草をなぎ倒しながら進んだ。三日月は虎の出現に備えて短銃を懐に入れていた。一日目は標高一八〇〇メートルまで上がった。この高さまで一気に登ったのは、毒蛇を避けるためだった。

二日目。上部の雨による鉄砲水を警戒して谷筋は避け、岩尾根の高みを登る。森林帯を抜け、高度計の三八〇〇メートルでテントを張る。三日目は朝からみぞれ混じりの雨のため休み、四日目は夜明け前に出発して一気に山頂を目指した。厚い雲の中で視界が悪く、下山の際の目印になるよう石灰粉を濡れた岩にすりつけながら登った。雲の間から一瞬、頂上らしい岩が見え、その三〇分後、岩塊を積み上げたようなルートを登って、三人はその岩の上に立った。

三日月は名刺に万年筆で「日本人吾、今此山頂に立つ」と年月日を添えて書き、たばこの空き缶に入れると岩の間に押し込んだ。強風が吹けば飛び散ることは分かっていたが、何か登頂の喜びを残しておきたかった。

このあとジャワ島に引き返した三日月は、今度は単独で島の中央部の火山・メラピー山（二九一一メートル）に北側大岩壁から初登攀。四二年には綿花試作場建設のため向かったベトナム（当時はフランス領）でモン・ランビアン（二一六三メートル）に登頂した。メラピー山の岩壁は標高差八〇〇メートル、ボロボロの岩肌をただ独りで苦闘一一時間の登攀だった。

戦火が中国から東南アジアに広がる中、その地域で三日月のキナバル山をはじめ南方の山々の登山は珍しいことだった。執筆すれば貴重な記録として残っただろうが、三日月は書かなかった。勤め先だった台湾拓殖の加藤恭平社長は三日月の登山についてはすべて、社長だけへの口頭報告にとどめさせていたからだ。山岳調査はスパイと見なされる恐れがあった。緊迫する国際情勢の中で、政治的配慮が必要な時代だった。

第38話 山は「錬成の場」

戦時中、山は強兵策の「道場」となり、久住山にも隊列を組み号令一下登る。

一九三七年（昭和十二年）日中戦争が起き、翌年には国民総動員法が公布されると時代は一気に軍国化、四一年（同十六年）の太平洋戦争突入へと歩んだ。登山界もその波にのみ込まれて行く。

四一年一月、初めて全国の山岳会を結んでネット化した日本山岳連盟が結成されると、その常任理事に就いた藤木九三《くぞう》はその記念講演で「山は修練道場であり、我々は打てば響く身体をもって、山を通じ皇国に奉公せねばならない」と言い切った。もはや「自然を楽しむ山」は戦争へ向けた「鍛錬の場」になった。

その年の十一月には日本岳連と福岡岳連共催の登山指導者訓練会が英彦山山系で行われた。九州各山岳会の代表者約八〇人は国民服にゲートルを巻き、戦闘帽姿。露営地の彦山国民学校で国歌斉唱、東方遙拝のあと「前へ進め」の号令で出発したのは早朝五時半だった。豊前坊から薬師峠を経て鷹ノ巣山（九七九㍍）の尾根伝いに野峠に出、狭い尾根を上下しながら犬ケ岳（一一三一㍍）山頂に達した。さらに求菩提山麓を巻きながら日豊線宇ノ島駅まで約九時間の山岳行軍だったが、参加した福岡山の会の平原信孝は「登山人がこのような統制ある規律的行動のもとに錬成登山をすることは必要だ」と感想を記した。

その直後に発行された同山の会会報「ＦＹＫ通信」は、「皇国民には皇国民の山岳道が存在する。我々は登山によって錬成し得たたくましき心身をもって聖旨に副い奉るべく心がけ、同時に国民皆錬成を期して超非常時に対処せねばならない」と檄をとばしている。

翌四二年（同十七年）五月にも、日本岳連から藤木九三が総隊長で乗り込み、九重連山でも九州登山指導者特別錬成会が開かれている。九州各地から集まった山岳会リーダーたち約一五〇人は竹田市・広瀬神社から鍋割峠を経て坊がつるに入り、露営。翌日は起床ラッパで起き、隊列を組んで白口谷から久住山（一七八七メートル）に行軍登山。途中、各中隊選出のパーティーが岩登りの訓練をした。その翌日は強い風が吹く中、未明の大船山（一七八六メートル）にも登った。

こうした指導者錬成会の参加者たちはそれぞれの山岳会に戻ってまた、行軍登山、飯盒《はんごう》炊さん、岩登りの錬成会を開いた。それは登山技術向上というより軍隊調の団体行動、山岳戦に備えての戦技訓練だった。福岡山の会では錬成登山を兼ねた大根地山（六五二メートル）への戦勝祈願登山をやり、雷山（九五五メートル）で耐寒訓練をやり、福岡岳連でも若杉山（六八一メートル）—宝満山（八二九メートル）縦走の夜間行軍登山をしている。

全国にネットワークを広げた日本岳連も四二年末には、総理大臣（当時）東条英機大将が会長を務める大日本体育会組織に「行軍山岳部会」の名で組み込まれ、その名前通りの色彩を濃くしていく。九州では四三年（同十八年）二月、福岡に「行軍山岳部会九州事務局」が置かれ、中央に呼応した。しかし、その指導者たちも応召で外地へ出る者も多くなった。門鉄小倉工場山岳部の折元秀穂はすでに三七年（同十二年）から軍属で満洲（中国東北部）に出ていたが、戸畑山岳会の月原俊二が召集でフィリピンへ、福岡山の会の加藤秀木もビルマ（今のミャンマー）戦線へ赴いた。

山そのものも本土決戦へ向け要塞化され、登れる山も少なくなった。四三年からは空襲が度重なり、もはや「登山」どころではなかった。太平洋戦争が始まったころには広がっていた「日本軍の侵攻でインドを英国の支配から解いた時こそ、エベレストに日章旗が揚げられる。ヒマラヤと限らず中央アジア、ニューギニアの山へ遠征できる日も近づく…」（「FYK通信」四二年三月号）の甘い夢も、日本の敗色が濃くなるにつれてしぼんでいった。

第39話　チベット高原縦断

日中戦争の中、対中工作と情報収集のためラマ僧に化け潜行した木村肥佐夫。

一九四三年（昭和十八年）から二年半をかけ、「地球の屋根」—中国・チベット高原二〇〇〇キロを徒歩とラクダで縦断、さらにヒマラヤを越えたのは木村肥佐夫である。

第二次大戦が終わるまでにチベットに密かに入った日本人は一〇人いるが、そのほとんどは一九〇〇年（明治三十三年）の河口慧《え》海《かい》や三九年（昭和十四年）の野元甚蔵のようにネパールやインドからの潜入だった。野元は鹿児島出身で、雪と岩のヒマラヤを越えた最初の九州人である。

木村はそれとは逆に、初めて北の蒙古から平均標高四〇〇〇メートルのチベット高原を越えた。佐世保で生まれ熊本で育ち、当時は中国の蒙古・張家口の在蒙日本大使館調査課に勤めていた。時は日中戦争の最中。日本軍部は対中工作のために中国奥地の情報が必要だった。

木村が黄一色のラマ服を着てラマ僧に化け、名も「ダワ・サンボ」と変えて張家口を出たのは四三年十月だった。厳しい警戒の目を逃れて雪の夜中に狼山の渓谷を越え、テングリ砂漠を抜け、チベットの首都ラサへ向かう隊商のキャラバンにまぎれ込んでボルハン・ボータイ山（約五〇〇〇メートル）の岩道を登った。山頂から東南にアムネ・マチン（六二八二メートル）を見た。さらに赤茶けた岩山のグフシリ峠（約五〇〇〇メートル）を越え、雪に覆われたドンブレ峠（同）を越え、道中で一番高い標高約五五〇〇メートルのタンラ峠を越えた。最後は屏風のような山（約四二〇〇メートル）の急斜面を、ヤクの背中にしがみついて登った。ラサに着いた時は四五年（同二十年）九月になっていた。

戦争は終わっていた。

対中工作の情報収集も必要なくなった木村は、六年前に野元が「急勾配の岩壁を岩角や木の根につかのってよじ登った」というヒマラヤを、野元とは逆コースで越えた。「チベット・インド国境のゼブラ峠（約四八〇〇メートル）に立つと、風が頬を刺す中、カンチェンジュンガ（八五八六メートル）が迫っていた」という。

木村はインド・ダージリンに近いカリンポンの町で偶然、同僚の西川一三に出会う。西川も福岡・中学修猷館（旧制）を出たあと在蒙日本大使館に勤め、木村と相前後して対中工作の情報収集のためチベット高原を縦断、ヒマラヤを越えていた。

木村と西川は再びヒマラヤを越えてチベットへ戻り、今度は念青唐古拉《ニンチェンタングラ》山脈に沿うようにチベット高原を東に向かい、唐古拉《タングラ》山脈の白い峰をぬってラサに帰った。東チベットに日本人が探査目的で入ったのはこれが初めてだったが、西川は「山また山、河また河、山また河、そして風雨雪のあらゆる自然の障害、食料の窮乏、来る夜も来る夜も突きを仰いでの野宿、盗賊の襲来、九死に一生の旅だった」と言った。

西川は五〇年に帰国するまでに七度、ヒマラヤを越えている。「一歩踏みはずせば止まることを知らぬ谷底まで転がり落ちるような斜面にかかり、這うようにして登って行かねばならなかった。激しく吐き出す一息一息、牛のようにのろい一歩一歩、頬を伝う一滴一滴の汗、生き抜こうとする燃えるような気力で、私はついに標高六七〇〇メートルのザリーラに立った。さっと吹きつけてきた涼風は、その瞬間すべての過去の苦悩を吹き飛ばし、私は明るい夢の幕で包まれた。…ヒマラヤはそれほど壮絶であり、神秘で、美しかった。…（苦しい旅は）すべてこのヒマラヤの頂きに立つためだったように私には思える」。西川は後日、著書（『秘境西域八年の潜行』中央公論社）にそう書いている。

木村と西川の辛苦の旅はいずれも「登山目的」ではなかったが、その秘境で得た体験は貴重だった。帰国後に筆した紀行出版は八〇年の中国開放後チベット高原、ヒマラヤの東、天山山脈に向かう登山者への貴重な資料となった。

戦後の復活

（1945年〜1950年代）

戦後の混乱と窮乏の中で、人びとは山に帰った。終戦から半年後の一九四六年一月、慶大が雪の八ケ岳に入ったのをはじめ、まず各大学が穂高岳、鹿島槍ヶ岳で復活の烽火《のろし》を上げた。

九州でも復活の動きは早く、九州山岳連盟を再編すると四七年三月には積雪期の屋久島遠征を実現した。とくに久住山頂に全国の岳人約五〇〇人が集った四八年秋の「福岡国体」山岳競技開催は九州山岳界発展への土台となった。九州の岳人たちが全国の岳人たちから得た刺激は大きく、組織的にもこれを機に各県岳連が整備され、また全国に「九州の山」を知ってもらうきっかけになった。

四九年には「ヒマラヤの国」ネパールが鎖国を解いて開国、翌五〇年にはフランス隊が人類初の八〇〇〇メートル峰登頂をアンナプルナで果たすと世界の目はヒマラヤへ。五一年には日本にとって「戦後第一号」のヒマラヤ登山許可が福岡山の会に届く。翌年計画されたその遠征は印パ国境紛争のため実現しなかったが、戦後いち早く「岩と雪」に取り組み、ヒマラヤを目指した同山の会の意欲は全国の岳人の心を大きく揺さぶった。日本山岳会登山隊がマナスルに向かったのはそのあと、五三年（登頂は五六年の第三次隊）である。

戦後初の九州山岳連盟主催・登山指導者養成講習会で霧島連山に向かう参加者たち。先頭は左から藤木久三さんと橋本三八さん＝1946年10月。《第40話》（三日月直之さん著『窓の山稜』から）

冬山訓練で鹿島槍ケ岳天狗尾根を登る福岡山の会の会員たち＝1953年1月。《第41話》（福岡山の会「冬山44年の歩み」から）

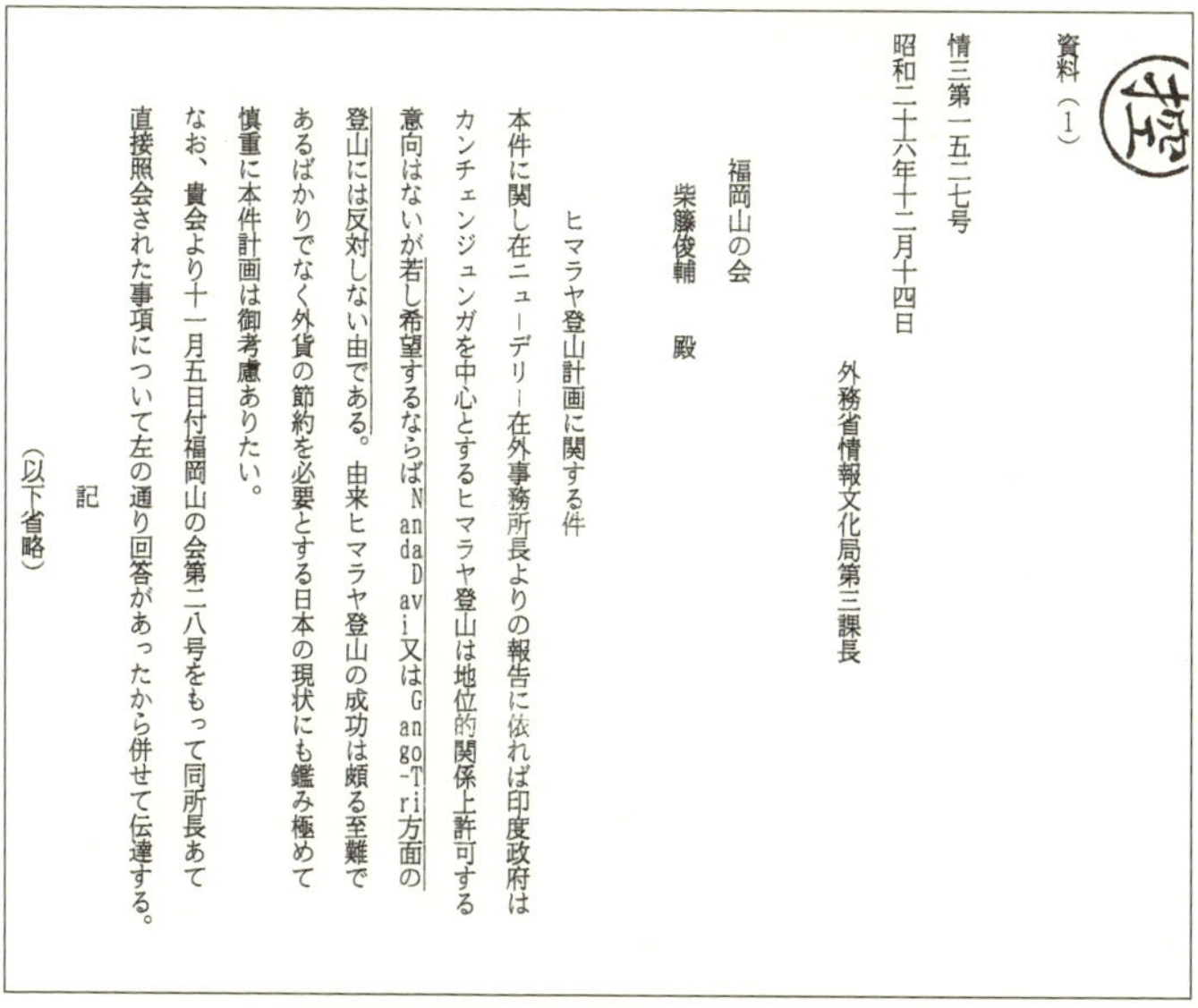

資料（1）

情三第一五二七号
昭和二十六年十二月十四日

外務省情報文化局第三課長

福岡山の会
柴藤俊輔　殿

ヒマラヤ登山計画に関する件

本件に関し在ニューデリー在外事務所長よりの報告に依れば印度政府はカンチェンジュンガを中心とするヒマラヤ登山は地位的関係上許可する意向はないが若し希望するならばNanda Davi又はGango-Tri方面の登山には反対しない由である。由来ヒマラヤ登山の成功は頗る至難であるばかりでなく外貨の節約を必要とする日本の現状にも鑑み極めて慎重に本件計画は御考慮ありたい。
なお、貴会より十一月五日付福岡山の会第二八号をもって同所長あて直接照会された事項について左の通り回答があったから併せて伝達する。

記

（以下省略）

1951年末、インド政府から外務省を通じ届いた「戦後第一号」のヒマラヤ登山許可の通知。「ナンダ・ディビィまたはカンゴトリ峰の登山には反対しない」と書かれている。《第45話》（加藤秀木さん所蔵）

第40話

岳人よ山へ帰れ

九州での本格登山再開は全国でもいち早く、冬の「屋久島遠征」から始まる。

戦後、九州で本格的な「登山」の第一歩は一九四七年（昭和二十二年）三月、九州山岳連盟が総力をあげた積雪期の「屋久島遠征」だった。

敗戦から一年半―。戦地からの復員、焼土と化した都市の復興…日本国内にも立ち上がりの兆しが見え始めていた。前の年の四六年六月、日本山岳会は初代会長だった小島烏水《うすい》が会報「山」を通じて「山へ帰ろう」と呼びかけた。九州ではそのひと月前、朝日新聞西部本社の「復興の活力は登山で…」の働きかけに復員したばかりの三日月《みかげ》直之らが九州山岳連盟を再編成、屋久島遠征はその連盟再発足を記念した山行だった。あえて「遠征」と呼んだところに「山が戻ってきた」喜びと意気込みと、夢が秘められていた。

筑紫山岳会の加藤数功《かずなり》は「日本国内ではあるが、海を渡って山へ行こう。ヒマラヤなど直ちにかなえられる望みではないが、これが第一歩だ」と言った。

遠征隊は二月二十八日、鹿児島を出発する予定だったが、戦後の混乱の中で船便は予定どおりには運航されず、屋久島に渡ったのは三月五日だった。

加藤を隊長に、橋本三八（八幡製鉄山岳会＝以下「山岳会」略）、藤崎定雄（同）、小林義明（同）、月原俊二（戸畑）、末松大助（岳人社）、松田辰雄（同）、恵良美年（中津）、権藤太郎（筑紫）、小野庸（福岡山の会）、荒川鉄朗（鹿児島県岳連）、末吉秀吉（同）、平川市三（同）の一三人が参加。一行には鹿児島県庁調査員の安田与吉と朝日新聞から記者とカメラマンが同行した。

同月六日、小杉谷に上がった。積雪約一メートル。翌七日は登るにつれ積雪は硬くてワカンジキも利かなくなり、約一一キロの雪の道をラッセルしながら歩くのに一三時間を費やして花之江河《はなのえごう》小屋に集結。そこをベースキャンプに八日、加藤ら一二人が宮之浦岳（一九三五メートル）に登頂した。雪が降りやんだ十日には、新雪を踏んで安房岳（一八四七メートル）と黒味岳（一八三一メートル）に分かれて登った。

十一日には宮之浦岳から永田岳（一八八六メートル）へ縦走した。実はこの遠征の目標の一つに、永田岳山頂から永田岳北尾根の岩峰群を踏破して障子岳（一五五〇メートル）に縦走するパイオニア・ワーク計画があった。このため永田岳山頂から引き返す本隊と分かれた加藤、権藤、小野は永田岳小屋に下りてビバークしたあと翌日、再び永田岳頂上に上がって北尾根をたどった。が、日中の気温が上がるに従い雪面はグサグサに緩み、アイゼンも役立にたない。目の前の岩に行くまでにも雪稜にステップを刻みながら進まねばならなかった。

ようやく北尾根の末端まできた。切れた稜線の向こうに障子岳の岩峰はそそり立っている。だがその岩肌は手足をかける所もなさそうな岩壁が立っている。うまくいっても五〜六時間はかかりそうだ。夕闇も迫っている。断念した三人はラッセルして来た足跡をたどりながら引き返した。

十四日までに全員が下山、「遠征」は終わった。副隊長だった橋本は行動日誌の報告文の後に、こう書き添えている。

「船便が予定通り発着せぬため日数を浪費した。人夫が雪に不慣れで隊の行動に支障を来した。山上はブッシュが多く、雪質不良で、スキーを担ぐことが多かった。今後に残された興味は夏冬を問わず、永田岳を中心とする谷の遡行である。九州地方の最高峰登高は多少遠征気分が出るが、船便不良で気安く行かれない。…」

しかし、新聞が「敗戦の荒廃の中、日本の登山者に海外遠征の夢を与えた」と報じたこの「屋久島遠征」は、九州の岳人たちの「再び山へ」の思いに、一気に火をつけた。

第41話

冬の北アルプス

鹿島槍ケ岳での福岡山の会の雪山合宿は「ヒマラヤへの道」を拓くものだった。

戦前は九州山岳界の牽引的存在だった福岡の筑紫山岳会が、戦争と終戦を境に山行活動をやめた。一九四九年（昭和二十四年）にはそのメンバーを中心に九州山小屋の会が設立されるが、それも内部での意見対立から分裂してしまう。(注) 代わって戦後の九州山岳界の先頭にたったのが、三二年（同七年）の発足当時から地道な活動を続けていた福岡山の会だった。

福岡山の会が戦後の九州でいち早く例会登山を始めたのは、終戦の日から三ヵ月後の四五年十一月十七日。ビルマ（現ミャンマー）から復員したばかりの加藤秀木ら一二人が福岡近郊・糸島の浮岳（八〇五メートル）に登った。旧軍服に形の崩れた軍靴、蒸した細いサツマイモが弁当だったが、青い秋空と青い玄界灘を見渡し、好きな山に登り、「平和」を満喫した。翌月十五日にも一二人が宝満山（八二九メートル）に登った。

月と年を重ねるごとに同山の会の活動は軌道にのる。阿蘇・高岳北尾根の鷲ケ峰で「岩場登攀」の実力をつけた加藤ら一二人の同山の会隊が鹿島槍ヶ岳（二八八九メートル）東尾根に入ったのは四八年の暮れである。九州の山岳会が「冬の北アルプス」合宿に出かけたのは、これが初めてだった。

それは易から難へ、岩から雪と氷へのアルピニズムの発展であり、同時に、九州のなだらかな山々、または頂上までブッシュに覆われた山々を歩き、阿蘇・高岳の岩場を登攀すれば一流登山家のように称されてきた九州岳人の質的脱皮でもあった。そして何よりも、その雪の冬山登山こそがヒマラヤへの道だった。

加藤らは鹿島槍ケ岳・東尾根の末端から上がった。全員がBC入りしたのは先発隊と本隊が合流した後の、年を越した一月四日になっていた。ヒマラヤ登山を想定して上部キャンプを次々設けて上がる「極地法」様式を採用、翌日には断続的な吹雪の中を一の沢頭のC1に荷上げをし、二の沢頭のC2への偵察を進めた。

極地法による登山は戦前の三一年（同六年）、京都大が富士山で遠征訓練の際試みたのを最初とするが、戦後のこのころになるとヒマラヤ遠征を見据えて大学山岳部を中心に盛んに試行されていた。

加藤らは風雪の合間をぬって胸まで埋まる雪をラッセル、足場を踏み固め、二本のピッケルで体重を支えながら急斜面を登った。なにせ初めての冬山、しかも一〇数日にわたる氷点下二〇度の雪中生活…心身ともに疲労し、登ろうとする情熱だけが体を動かした。

慣れない雪の中の登高にアイゼンを流す者もおり、全員での登頂はあきらめ、登頂隊は上岡謙一、緒方道彦、梅崎久三、稲富昭の四人にしぼられた。四人は第二岩峰下でビバーク、翌日、雪庇を踏み崩して転びながらも北峰、南峰に登頂した。厳冬期に東尾根末端から極地法による鹿島槍ケ岳の初完登だった。四人は北峰頂上で、ワインで乾杯した。

そのワインは、第二岩峰取りつきまで登りながら登頂隊からはずれ、下山したサブリーダーの森田万石が「頂上で、みんなで乾杯しようと持っていたが、僕は先に下りる。君らが頂上で僕の分まで乾杯してくれ」と、手渡してくれていたものだった。森田はその直後の下山中、滑落、遭難した。第六次捜索で遺体が発見されたのはその年の九月だった。

「亡き友を思えば思うほど、氷雪の山に登り、故人の希望であったヒマラヤに近づかねばならない」。同山の会の雪山登山は悲しみを越え、冬山の反省と事故の教訓を胸に、翌五〇年正月と五一年正月には前穂高岳（三〇九〇メートル）東壁に挑み、五二年初めには雪の富士山（三七七六メートル）で…と毎年続いた。

（注）「山岳会は登山を主体にすべきだ」派と「山の植物、地質、民俗調査にも時間をかけるべき」派で意見対立、分裂した。後者派の立石敏雄らは一九五四年「新筑紫山岳会」（後に「しんつくし山岳会」）を設立した。

第42話 久住山頂に国体旗

福岡国体から正式種目になった登山競技で、全国の岳人たちが久住山に登る。


一九四八年（昭和二十三年）十一月一日、快晴の久住山頂（一七八七㍍）はかつてない登山者の歓声にわいた。翌日、地元の大分合同新聞の記事は弾んでいた。

「おお、久住山頂に聖炎の国体旗がひるがえる。九州アルプスの朝風にへんぽんとしてひるがえるこの旗こそ、若い力と意気の象徴だ。全国から集まった山のエキスパート五百名が絶叫する万歳のあらしは山から谷へ、谷から高原、そして遠く北海道のはてまでも響けとばかりこだまして行く。この感激、この歓喜…」


この年開かれた第三回国民体育大会の主催県は福岡だったが、この回から正式種目（この年はオープン競技となった登山競技に限っては「九州を代表する山で」と、大分県内の久住山が会場となった。

十月二十九日、新設の福岡市・平和台陸上競技場での開会式にザックを背負った〝登山スタイル〟で入場行進した二十六都道府県からの登山競技参加者四九〇人は、翌々三十一日には主催県・福岡の橋本三八、藤崎定雄、吉永孝行、末松大助をリーダーに四つの班に分かれ、それぞれ九重連山を目指した。

A班は宝泉寺駅から天ケ谷を経て筋湯温泉、B班は豊後中村駅から九酔渓・長者原を経て星生温泉、C班は南由布駅から千町無田を経て法華院温泉、D班は豊後竹田駅から久住の町を経て七里田温泉へと歩き、各班そこで一泊したが、当時はまだ戦後の食糧難のころ。参加者たちはそれぞれに持参した少々の米かイモ、あるいは特配用の外食券を差し出した。

翌十一月一日は快晴の中、四つのコースから久住山を登った。日本山岳会理事の藤島敏男や女性登山家草分けの一人である村井米子、穂高岳・屏風岩の登攀で知られる伊藤洋平らの顔もあり、戦後初めての「全国規模の登山会」となったが、参加者たちの多くはゲートル巻きに旧軍靴か地下足袋の登山スタイル。中には古い郵便行嚢《こうのう》を改造して手作りしたキスリングザックを背負う者もいた。

午前九時半少し前、坊がつるから登った福岡、大分、山口各県勢のC班を先頭に、同十一時までには全員が元気に登頂した。

目の前には紅葉に彩られた大船山（一七八六メートル）、星生山（一七六二メートル）、稲星山（一七七四メートル）がうねり、遠望する阿蘇五岳、祖母・傾山の山並み…「九州の山」に、だれもが感嘆した。遠来の参加者のほとんどがこの時、久住山も九重連山も、祖母山も初めて知った。伊藤洋平は「日本アルプスとは違ったよさがある。素晴らしい」と感嘆した。村井米子も「眺めもよく由布岳の姿もよく、田《た》能《の》村《むら》竹《ちく》田《でん》（江戸時代の南画家）を思わせます。この山は女性の方にも一日がかりのコースとしてお勧めしたい」と絶賛した。

それは九州の山々へ全国からの登山者が増えるきっかけになった。と、同時に、多くの岳人たちが全国から集まったことは、九州の山岳界を大きく刺激することになった。とくに九州各県から多くの岳人が参加したことは、その後の「九州の登山」活発化の点火剤となった。

組織的にも、鹿児島や佐賀ではすでに四六年に県山岳連盟が結成されていたが、熊本では四七年、福岡、大分、宮崎ではこの国体参加に備えて四八年初めに県岳連を結成して、県体育協会に加盟した。全国的にも、この国体期間中に九大講堂で開かれた全国代表者会議での意見集約が、翌年の全日本山岳連盟（日本山岳協会の前身）結成につながった意義は大きかった。

地域で、職域で、学園で、山岳会や山岳部が「戦後改めて」活動し始めた多くはそれからである。戦後の混乱、困窮はまだ残っていたが、脱出の光が見え始めた時期であった。

第43話　厳冬の「前穂東壁」

初登攀した福岡山の会・上岡謙一と稲富昭の頑張りは、岳人たちを目覚めさす。

前穂高岳（三〇九〇㍍）頂上から約二〇〇㍍大きく切れ落ちている東壁は東を向いているので、冬も季節風にさらされることは少ないが、多量の雪が垂壁にこびりつく。その岩壁を厳冬期に初めて登攀したのは福岡山の会の上岡謙一と稲富昭だった。一九五一年（昭和二十六年）一月八日のことである。

先発隊、本隊と分かれて入山した福岡山の会の冬山隊一一人が麓の徳沢からの荷上げの後、全員が奥又白池のBCに入ったのは同月六日昼だった。空の晴れ具合、雲と風の調子から天候好転の兆しが読めた。直ちに行動に移った。

同山の会はこの前の年も冬山合宿をこの前穂高岳でやり、雪の東壁登攀を目指したが、連日の吹雪。A沢を登って登頂は果たしたが、東壁には取りつけないままで終わっていた。それだけに、天候のいいうちに東壁を登りきりたい―みなの願いだった。

アタック隊の上岡と稲富が本沢に入り、一番右側の沢を登って東壁登攀にかかったのは七日午前九時半をまわっていた。取りつき点には同六時には着いたのだが、アタック装備などを持ってくれているサポート隊が入る沢を間違えて手前の沢に入り、引き返して登っくるのに時間がかかった。上岡らも深い雪をラッセルして登る沢の中ほどで表層雪崩に巻き込まれ、約一〇〇㍍流された稲富がピッケルを失ったため、サポート隊から借りる必要もあり、待っていた。

上岡、稲富とも雪崩に遭いながらケガがなかったのは幸運だった。上岡トップでDフェースとのコンタクトを上がった。出発が遅れたため日が上がって気温が上がり、積雪は緩み始めていた。そのためできるだけ雪のない岩場に足をかけ、岩が張り出したオーバーハングは二人が担ぎ合いながらショルダーでずり上がった。が、その上の岩稜には上岡がザイル操作のため足を置く確保点がなかなかなく、長さ三〇メートルのザイルが延びきってしまった。

計画では岩棚になった第2テラスまで上がってビバークする予定だった。だが、夕方が迫ったことや二人の疲労を考えると、そこまでは無理だった。手前の小さなテラスを見つけビバークとなった。テラスといっても足が少し置ける程度。二人はそれぞれに頭上に打ったハーケンに結んだザイルを体に巻き付け、立ったまま岩にもたれかかって〝眠った〟。そのころはツエルトなんて洒落た物は持っておらず、上岡はアイゼンの歯が当たって裂けた重い防水シートを被って寒さをしのいだ。稲富はノートに「せめてアイゼンのひもを緩めたいが、それもできない」と書き残している。

翌八日は稲富トップで登った。オーバーハングにハーケンがなかなか打ち込めず、約二時間を費やし体が宙に浮きながらやっと乗り越えた。Aフェースに向かった。上岡は前の年の夏には下見に登って完登していたが、雪と氷のついた垂壁は様子が違った。時間がかかりそうなため途中で引き返し、Aフェースを左に巻いて急なV字状雪渓を登り、頂上に出た。

上岡と稲富のこの頑張りは、戦後の冬山登山を盛り上げる刺激剤となった。『日本岩壁登攀史』（斉藤一男著）は「（上岡と稲富の前穂東壁厳冬期初登に）これまで冬眠をむさぼっていた社会人山岳会の人たちは、びっくりして目を覚ました。冬山とは学校山岳部の極地法登山だけで、自分たちには縁のないことときめつけていたが、さあ、出番と聞いて一斉に奮い立った」と書いている。

井上靖が長編小説「氷壁」でモデルとした「ナイロンザイル切断事件」がこの前穂高岳東壁Aフェースで実際に起きたのは、その四年後の五五年一月である。

第44話 谷と岩壁の開拓

滝が連なる阿蘇・楢尾岳北面に偵察と試登を繰り返し初登攀した熊本RCC。

戦後の混乱が落ち着くにつれ、九州の山岳界も活発さを取り戻した。一九五〇年（昭和二十五年）ごろからは、戦前に残されていたバリエーション・ルートの開拓に戦後の新しいメンバーたちが果敢に挑み始めた。中でも先鋭的岳人たちが競うように取り組んだのが「より困難な」谷筋を遡行するルートの開拓だった。その一つ。阿蘇・楢尾岳（一三三一メートル《メートル》）北面の大谷《うーたに》を熊本RCC（ロック・クライミング・クラブ）が遡行、初登攀に成功したのは五一年九月二十三日だった。

楢尾岳は高岳と仙酔峡の谷ひとつ隔てた所にあり、鷲ケ峰を訪れる登山者はいつも横目で見ていながら注目することはなかった。というより、深く食い込む尾根や谷は見ただけで近寄り難かった。とくに大谷はジャンダルム（前衛峰）の東北尾根と西北尾根の間に狭く食い入り、落差が大きい滝がいくつも重なっている。何度か登攀を試みた地元の登山家・北田正三も「登攀不可能」とさじを投げていた。四八年の会発足当時から挑戦した同RCCのメンバーたちも、取りついては何度も跳ね返された。

同RCCにとってこの日は、五度目のアタックだった。古原和美をリーダーにした七人（住田、高橋、溝口、高見、中山、近藤、尾崎）は楢見平から大谷に入り、両岸が狭く切れ込んだゴルジュを何カ所も越えて落差約八メートル《メートル》の第一の滝を攀じた。垂直な岩がツルツルして手をかける所もなく「登攀不可能」と言われてきたところだが、古原らは中央に落ち口までかすかに走る岩の割れ目を見つけ、それを頼りに登った。

続く落差約一〇㍍の第二の滝も中央の落ち口はオーバーハングで、左右両壁もほとんど垂直。手をかけるホールドもスタンスの足場もほとんどなかったが、苦闘の末に何とか乗り越えた。約五〇㍍登ると落差約二〇㍍の第三の滝が待っていた。だが、この日はもう夕方も迫っていて、第三の滝の本流を突き上げるには時間がない。左側の支流へ迂回して再び本流中央の谷を詰め、ジャンダルム右肩から上がった。苦闘七時間、とりあえず大谷遡行からの初登頂を果たしたのは日没に近かった。七人は灯火、食料もないまま谷の間でビバーク、翌朝、仙酔峡に戻った。

同RCCが第一の滝からこの第三の滝をも登攀して本流壁遡行に成功、大谷遡行を完登したのはその後四回の偵察、試登を繰り返した後の翌五二年二月十日だった。古原と吉田、善行、諏訪がハーケン三一本を打って頑張った。

古原ら同RCCは五五年五月には、同じように大きな滝が重なる楢尾岳天狗谷の遡行・初登攀にも成功、西尾根第一峰に上がった。大谷遡行は五四年十一月には九州電電山岳部（電電九州山岳部の前身）もハーケン二三本使って完登した。

その九州電電山岳部の善行久親、本田誠也、前田辰男、高山栄二、太田章雄、塚原司、小笠原時信は五五年十一月には、阿蘇高岳南面・館川《やかたがわ》の遡行登攀を六回の試登のうえ三日がかりで完成させた。

阿蘇の岩場といえば高岳の鷲ケ峰に代表される北尾根に人気が集中、馬蹄形の断崖が連なる南面の登攀は「難しかバイ」と、だれも手を出さなかった。善行らは屛風滝右手の岩壁にハーケン九本を打って突破、約四〇㍍切れ落ちたバットレスではハーケン一四本を使い、振り子トラバースやつり上げ登攀などの登山技術を駆使して登った。

報告書には「屛風滝からバットレスまでは急な斜面に加えて周囲を五〇〜一〇〇㍍の壮大なバットレスで囲まれ、赤黒い巨大な溶岩がつまり、まさに死の谷…」と書いている。

第45話 ヒマラヤ登山許可

日本への「戦後第一号」が福岡山の会に届く。「ナンダ・デヴィは反対しない」。

戦後、日本のヒマラヤ登山の道は、福岡山の会に届いた「回答」から始まった。

一九五一年（昭和二十六年）の師走も押し迫った日、当時、同山の会会長だった柴藤俊輔のもとに一通の文書が届いた。外務省からだった。

「ヒマラヤ登山計画に関する件…印度政府はカンジェンジュンガを中心とするヒマラヤ登山は地位的関係上許可する意向はないが、もし希望するならばナンダ・デヴィまたはガンゴトリ方向の登山には反対しない由である」

同山の会がその約二ヵ月前、外務省の在ニューデリー在外事務所を通じてインド政府に出していた「登山申請」に対する回答だった。これが戦後、日本に届いた海外登山の許可第一号である。

四九年にはネパールが一世紀におよぶ鎖国を解いて開国。翌五〇年三月には満を持していたフランス隊がアンナプルナ（八〇九一メートル）に登頂した。この人類初の八〇〇〇メートル峰登頂は、世界の岳人の目をヒマラヤに向けさせていた。もちろん戦後の混乱から立ち直りつつある日本の岳人たちの夢もそこにあった。

戦後早くから冬山訓練を積んでいた福岡山の会は五一年五月、「山をやるからにはヒマラヤへ」が持論の加藤秀木が剱岳合宿で「未踏峰のトゥインズ（七三五〇メートル）に登り、カンチェンジュンガ（八五八六メートル）の偵察をやろう」と提案。取り巻く全員が笑顔で大きくうなずいて、事は始まった。

とはいえ、当時の日本はまだまだ物はなく〝発展途上国〟。装備はどうする?、食料は?……。だが「許可」の到来で、準備は五二年に入り一気に進んだ。目標をインド政府の意向に沿って変更したナンダ・デヴィ主峰(七八一六㍍)周辺の状況も、加藤の手紙作戦にフランス山岳会やダージリン・ヒマラヤンクラブから地図を添えて回答が寄せられた。

約三四〇万円の遠征費も含めて西日本新聞が全面的に後援することも決まり、後援会長には福岡出身で朝日新聞副社長や国務大臣を務めた緒方竹虎が胸をたたいた。隊員になる緒方道彦の叔父という関係もあったが、何よりも山男たちのひたむきな情熱に心を動かされていた。

七月初めには政府の外貨割り当て許可も下り、隊員六人(加藤、緒方、川北幸男、稲冨昭、内野宏昭、諸岡久四郎)と同行記者二人に旅券も発給された。装備や食料の梱包一〇六個(計約四㌧)も神戸港に集約され、あとは出発の日を待つばかりだった。

が、八月に入り、柴藤に外務省から連絡があった。「印度国の方針により登山許可は与えない旨である」。辺境周辺の情勢悪化のため急拠、山岳地域の立ち入りが禁止になったというのが趣旨だった。中国は五一年にチベットを解放したが、中印国境は不穏な状況になりつつあった。

「それなら…」と、同山の会はパキスタン政府にティリチ・ミール東峰(七六九一㍍)の登山許可を働きかけて、翌五三年の登山許可を取得。前の年準備していた麻製ザイルを新しいナイロン・ザイルに取り替えて装備を整えた。隊員も内定した。しかし、出発を目の前にした六月末、北部九州を襲った集中豪雨による水害は死者一〇〇〇余名にのぼり、「山に行く」どころではなくなった。

九州からヒマラヤへ—。何度も道を拓きながら、実現は遠かった。だが、同山の会のこの行動は全国の岳人たちを刺激し、ヒマラヤへの距離を縮めた。

戦後初のヒマラヤ遠征隊として日本山岳会の第一次マナスル登山隊が出たのはそのあと、五三年である(登頂は五六年の第三次隊)。

第46話 山の天気と春の空

阿蘇で天候急変、吹雪になり、高岳を登山中の東洋高圧山岳部員四人が凍死。

阿蘇・高岳（一五六三メートル）で登山中の東洋高圧（大牟田市）山岳部員四人が遭難死したのは一九五二年（昭和二十七年）三月二十二日だった。阿蘇登山史上最大の悲劇となった。

この日、東洋高圧のメンバー九人を迎えてくれたのは暖かい陽光だった。高岳ではこの五ヵ月前、登山した熊本・済々黌高生北里正雄が水汲谷上部で遭難、凍死していたが、春の光の中ではだれもが〝二の舞〟の心配などはしなかっただろう。

一行は一人をベース・キャンプの仙酔峡に残して午前九時半、北尾根に取りついた。シャツ一枚でも肌に汗がにじんだ。午後一時半、鷲ケ峰下まで登った。そのころから空は急に厚い雲が覆い、雪が舞い始めた。同四時半、鷲ケ峰の頭に上がったころには気温は氷点下に下がり、風も強まっていた。

計画では「午後五時、下山」となっていた。「しかし」だったか、「だから」なのか、一行は吹雪の中、山頂へのナイフリッジの登攀を急いだ。雪が足を奪った。地下足袋だから余計滑った。必死に登るから汗をかき、それが冷えて余計寒さが増した。

同七時すぎ、暗くなった天狗の舞台に達した。「下りよう」の声に、みんなうなずき合った。だが、吹雪とガスで視界はほとんどなく、仙酔尾根への下り口が分からない。うろつく間に梅崎誠治が「腹が減った」と言い出した。塚崎増生がドロップスを口に入れてやったが、すぐにポロリと落とした。「眠い」と横になろうとする。

名前を呼び、顔を叩いて目を覚まさせようとしたが、リーダーの太田新一が抱きかかえた腕の中で重くなった。河野博之、太田博美、浦河渺之は「救助を求めに行こう」と、アンザイレンして暗い吹雪の中を下山にかかった。残る四人は避難小屋を探した。間もなく約五〇㍍先で小屋が見つかったのは幸運だった。

魔の夜が明けた二十三日、だが吹雪は続く。河野らが急を知らせたはずなのに、救助の反応は何もない。塚脇が単身、高岳―乗越のルートで仙酔峡に下りた。そこに居合わせて塚脇の話を聞いた福岡山の会員らが宮地署（現一の宮署）へ走った。河野ら三人は着いていなかった。

同署や地元消防団に登山家の北田正三も加わって、救助・捜索隊が吹雪の中を登ったのは同日昼すぎになっていた。小屋にいた四人の救出はその日のうちにできたが、河野ら三人の捜索と梅崎の遺体搬出は悪天と寒さのため難航した。

河野ら三人の悲しい姿が仙酔尾根に近いツバメの浄土上部で見つかったのは、二十五日午後だった。積雪の間にザイルを見つけたのがきっかけだったが、太田は岩陰にうつぶせ、浦河は約二〇〇㍍下がった所で、岩角を両手で摑んでいた。そのそばで河野は膝を曲げ頭を両手で抱え込んでいた。吹雪とガスと暗黒の中で行く手の方向を失ったのだろう。

それにしても職域山岳部としてリーダーもおり、ある程度の登山知識・技術も身につけ、みんな二十歳代の部員たちがなぜ遭難したのか―。「天候悪化ですぐ下山すべきだった」「危険な岩場の下山を急ぐより、上に上がって安全な別ルートを下りようとした判断は理解できる」…後で評価は分かれたが、いずれにしても急変することの多い山の天気、とくに変わりやすい春の空を甘く見た「油断」が招いた悲劇だった。五ヵ月前の北里の死が残した「教訓」は生かされないまま悲しみは重なった。

北里はその前の年の十一月二十五日、独りで高岳北尾根を登って天狗の舞台に上がったが、ミゾレになり気温が急降下。水汲谷のテラスに避難したものの、疲労と寒さと空腹に耐えるうち睡魔に襲われたらしい。凍死だった。

広がる登山熱

（1950年代～1960年代）

一九五〇年のアンナプルナ初登頂に始まった〝八〇〇〇メートル峰初登オリンピック〟は五三年の英国隊によるエベレスト初登頂で、世界の目をヒマラヤに集めた。日本でも高度経済成長、外貨持ち出しの自由化、余暇の増大を背景に広がり始めた登山熱は、五六年に日本山岳会隊がマナスル頂上に「日の丸」を掲げると一気に高まった。

九州からも五九年、福岡大探査隊が「地方」から初めてヒマラヤへ向かう。ガウリサンカル、ギャチュン・カンを偵察、カトマンズの東側にも入ってエベレストへの道も探った。六三年には電電九州山岳会隊が、単一職域隊としては初めて遠征した。

しかし、その「ヒマラヤ・ブーム」も六五年、中印・印パの国境紛争からネパール・ヒマラヤ、カラコルムが相ついで入山禁止になり、しばし休止を余儀なくされる。だが、それでも〝熱い思い〟を募らせる岳人たちはヒマラヤの西、ヒンズー・クシュ山脈に集まった。日本からその一番手はコー・イ・モンディを目指した大分ヒマラヤ研究会隊だった。

登山ブームとなり「三人寄れば山岳会」といわれた時代。地域、職域、学園に多くの山岳会、同好会が誕生、その組織整備とともに「山」への関心はさらに高まったが、その大衆化は一方で無謀登山にもつながった。六二年正月、久住山で最大の悲劇が起きた。

九州から最初の探査隊としてヒマラヤを踏み、ガウリサンカル偵察へ深雪のハディンギ峠（5485m）にさしかかる福岡大探査隊＝1959年10月。《第50話》（隊員だった尾石光治さん保存）

木崎甲子郎さんら第４次南極越冬隊（1960年）が初踏査した南極大陸の大和山脈。中央寄り、雪を被ったピークが初登した同山脈最高峰の福島岳。《第53話》（木崎越冬隊員写す）（木崎さん保存）

ヒンズー・クシュのコ・イ・バンダガーを東稜から登る長崎大学士山岳隊の隊員たち＝1970年８月。《第57話》（報告書「アフガニスタン山と人」から）

大分ヒマラヤ研究会隊が日本隊初の中部ヒンズー･クシュに入り、コー･イ･モンディ主峰に登頂。頂上に立つ西諒隊員（右）と江藤幸夫隊員。《第57話》（梅木秀徳隊員写す）（西日本新聞社提供）

第47話　奥祖母の探査登攀

アルプス的岩場や谷筋を求め、傾山、大崩山を集中遡行した九州山小屋の会。

一九五二年（昭和二十七年）ごろから祖母・傾山群、大崩山群に新しい登山ルートが拓かれる。集中的に通い、それまで踏まれていない谷に登路を開拓したのは九州山小屋の会だった。

九州山小屋の会は九重・坊がつるに「あせび小屋」を建てた筑紫山岳会が活動をやめたあと、残ったメンバーたちが同小屋を拠点に活動を復活、四九年改めて結成したグループである。立石敏雄（会長）、吉田太三郎、加藤数功《かずなり》、溝口岳人、それに若手の松本徰夫や梅木秀徳らが中心だった。

このころには奥祖母の山域にも通常登山道ができ、ようやく登山者にも注目されつつあったが、幾筋もの渓谷とそれを隠すように茂った原生林のため地形図にも記入がない所があちこちにあった。その山域の探査を思い立った立石をリーダーに松本、梅木、草野一人、柴田智子、森田豊子が傾山（一六〇二メートル）麓の九折《つづら》から山手谷に入ったのは五二年八月二十日だった。

いくつもの支谷の流れを集めた水勢で削られた谷床を遡行、倒木を乗り越え、何度も滝を巻いて岩壁を攀じた。登山靴を地下足袋に履き替えていたが、濡れた岩は滑った。

「…本谷を遡る。行くに従い谷は愈々《いよいよ》狭くなり無気味に暗くなる。水源付近は稍《やや》平らになっているが、そこからは胸を突く程急峻になる。ライトを照らして藪こぎ、八時半縦走路に出る」と、柴田は同会の会誌「山小屋」で報告している。この山手谷遡行は戦前に筑紫山岳会が試みているが、水源の上まで完遡したのはこの山小屋の会が初めてだった。
翌日は九折小屋を出て傾山と後傾山との間の谷を下り、傾山の南壁を試登した。高さ五〇メートル～一〇〇メートルの岩壁。正面中央を直登するのはルンゼの個所がかなり厳しい。その個所は左に迂回してなんとか上がれた。が、そのあと左側のクラック状の岩場を伝うが、完登できなかった。阿蘇高岳の鷲ケ峰など北尾根の岩場が火山岩のためボロボロなのに比べて傾山のそれは硬い石だが、浮き石が多かった。

立石ら六人は、このあと大崩山群の五葉岳（一五七〇メートル）を踏査、日隠山（一五八〇メートル）にも入った。日隠山はこの山域で一番大きな山容なのに、谷が急峻で滝が多く、山頂近くはスズタケが続くため敬遠されていた。立石らは五葉岩屋からナメラ谷（日隠山北尾根から鹿納谷へ下っている谷）を遡って尾根にあがり、頂上に達した。新しい登路の開拓だった。

森田は会誌「山小屋」に書いている。「河原を遡り日隠から来た狭い谷に入る。険悪な谷をすぎると、今度はヤブ漕ぎである。背丈の二倍もあろうスズ竹が密集し、一寸先もわからず、ただ無我夢中でついて行く。尾根に着いたのが十一時。…又もや猛烈なスズ藪を泳ぐ事更に二時間半、日隠の頂は木が生えて眺望は悪く虫も多かったが、登頂した喜びで胸がいっぱいだった」

同山小屋の会は翌五三年の正月を挟んで市房山（一七二一メートル）から傾山への九州脊梁山脈―奥祖母を縦走、傾山北壁も偵察登攀した。

しかし、そうしたパイオニア・ワークの活動を続けた九州山小屋の会だったが、「登山に植物、地質、民俗など調査に時間をかけるのは本筋でない」とする吉田らの意見と、それに反発する立石たちの主張とが違い、進む道を違えた。立石、松本らは五四年二月には「新筑紫山岳会」（のち五七年「しんつくし山岳会」に改めた）を名乗り、奥祖母の探査、開拓を続けた。

探査で得た資料は五九年、加藤、立石が中心になってまとめ、『祖母大崩山群』のタイトルで出版した。同書の案内により奥祖母はさらに登山者が増え、谷筋や岩場が注目されることになってゆく。

第48話 「氷壁」

ナイロンザイル切断事件を扱った小説のモデルになった直方出身・石原國利。

　福岡県直方市で育ち、福知山（九〇一メートル）で山の楽しさを知った石原國利が若山五朗、沢田栄介と共に、厳冬期の前穂高岳（三〇九〇メートル）東壁に取りついたのは一九五五年（昭和三十年）元日の朝だった。

　当時、先鋭的グループで知られた岩稜会（三重県）の冬季合宿は、奥又白をベースキャンプに各ルートに分かれて登攀訓練をしていた。石原らのパーティーもその一つだった。

　三人は日没が迫って、頂上直下のAフェースの岩棚でビバーク。極寒に耐えて明けた翌一月二日、あと約四〇メートル登れば頂上という所で完全に氷化した垂壁に苦闘する。

　トップの石原は岩の割れ目を登って突出した岩に八ミリザイル（ナイロン製）をひっかけ、往復した二本のザイルを握ってずり上がろうと考えた。三度試みる。しかし、うまく行かない。若山がトップを交代する。若山は真っ直ぐ突出岩の方へは登らず、右手の壁に取りつこうと三メートル登った。

　この時だった。若山は左足を滑らせ五〇センチずり落ちた。「あっ」と言ったその瞬間、若山は石原の腿に触れるようにして下方へ落ち、見えなくなった。ザイルが突出した岩の角（約九〇度）で切断されたのである（若山の遺体は同年七月、東壁下の雪渓で発見された）。

　岩壁にへばりついたままの石原たちも疲労と氷雪の壁に進退窮まる。必死のコールを聞きつけた同僚たちが救助に向かうが吹雪と日没で近づけない。石原らは絶望感の中で再びビバーク。翌日、頂上から懸垂下降した救助隊によって助けられた。沢田は両手足に、石原は右手指と両耳に凍傷を負っていた。

それにしても「軽くて使いやすい」「切れにくい」と、それまでのマニラ麻ロープに代わって五一年ごろから登攀用に普及し始めたナイロンザイルが、なぜ切れたのか──。疑問は岳人だけでなく推理や疑惑、批判を交え、マスコミを通じ社会問題化して広がった。

この遭難事故をモデルにして書かれたのが井上靖の長編小説「氷壁」である。五六年十一月から朝日新聞で連載され、六三年には単行本化されて八六刷を重ねた。だが、小説の主人公・魚津恭太（事故の状況は石原がモデル）をめぐる男の友情と冒険、恋愛のドラマチックさとはかけ離れて、現実の「ナイロンザイル事件」は企業や権威者の身勝手さ、醜さで進む。石原は社会の「大きな壁」と闘わねばならなかった。

若山の実兄で、岩稜会主宰者でもあった石岡繁雄は独自の実験から「ナイロンザイルは岩角に弱い（岩角で切れる）」ことを突き止め問題提起するが、メーカーの東京製綱は日本山岳会関西支部長で大阪大工学部教授・篠田軍治指導による公開実験で岩角では切れない〝ナイロンザイルの安全性〟を示して見せた。

当然、世間の目は「事故は人為ミス」に傾き、石原は窮地に追い込まれる。が、公開実験で使われた岩角には丸味をもたせ「切れないように」仕組まれていたことが分かった。

石原や石岡らが再三、ザイルの性能見直しと「安全対策」を求めたのに対し、同製鋼がナイロンザイルの弱点を認めたのは事故から四年後、五九年になってからだった。七五年には通産省（現経済産業省）が安全基準を設けてメーカーに性能表示を義務づけ、日本山岳会も会報「山日記」（五六年）に掲載していた篠田論文「ナイロンザイルは安全」の内容を七六年になってようやく取り消し、岩稜会の真相究明と石原の名誉回復は二一年間もかかってやっと実った。

その結論を待たずに小説『氷壁』は書き上げられたが、井上は「ザイル切断の真相がさだかでない以上、第三者的に描くしかないと思っていた。しかし石原に会い、その目に少しの濁りがないのを見て〝ザイルは切れたのだ〟と確信して書いた」と言った。

第49話 マナスル登頂効果

街にも職場にも「山岳会」ができ、九重山系の登山者は三年間で二・五倍に。

「九州にも日本山岳会の支部をつくろう」。橋本三八（八幡製鉄山岳部）や末松大助（八幡岳人社）、北田正三（阿蘇・登山家）ら戦前からの日本山岳会会員たちの間でそんな声が高まったのは一九五六年（昭和三十一年）夏ごろからだった。その一年後、北部九州支部と熊本支部が誕生した。

時は、五六年五月に日本山岳会隊がマナスル（八一六一㍍）に初登頂、日本中で歓喜とともに「登山」への関心が高まっていた。戦後の混乱期を抜け、高度経済成長へ向かう社会的背景もあったが、五九年の熊本国体を控え（東京都開催の挿入で熊本県は六〇年開催）、その山岳競技の実施主体が日本体育協会加盟の日本山岳会であることから、地元での同山岳会組織強化と整備を図る必要もあった。

その当時は、九州全体でも日本山岳会会員は三〇人余り。「九州で一支部」の意見もあったが、その後の会員拡大に期待を込めて北部九州支部（福岡、佐賀、長崎、大分）と熊本支部（熊本、宮崎、鹿児島）を設けることになった。

北部九州支部は五七年七月二日、戸畑（北九州市）・西日本工業クラブに橋本、末松や村上巌、三日月《みかげ》直之、吉村健児ら二〇数人が顔をそろえて全国一二番目の支部として発足した。千島列島の探検・研究家で同列島最高峰のアライド山（二三三九㍍）に初登した長崎大教授の岡田喜一を初代支部長に推した。

この発会式にはマナスル登頂の隊長を務め、当時〝時の人〟だった槇有恒が日本山岳会から参列、祝辞を述べた。槙は周囲の「登頂おめでとう」の声に「マナスル登頂によって、登山が世間をアッといわせることだと思う人が出てくることを恐れる。登山は自然を楽しむもので、マナスルも征服したのではなく、登ることができたのです」と話した。

熊本支部の発足はその一〇日後、同月十三日だった。北田を支部長に三谷孝一、西沢健一、玉名金助らが名を連ね、翌日には発会式に参集した九人で阿蘇・楢尾岳（一三三一㍍）に記念登山した。熊本には古くからの会員で、戦前には朝鮮・金剛山の集仙峰を中心にパイオニア・ワークを続けた奥野正亥もいた。

北部九州支部（六一年に福岡支部に改称）の会員は三年後の六〇年には五〇人を超え、その年八月には大分勢が分かれて大分支部を結成した。二豊山岳会を母体に、「山の知事」細田徳寿大分県知事の後押しもあった。前穂高岳の松島ルンゼ登攀で鳴らした野口秋人もいた。のちに宮崎からの入会者が増えたため六五年、大分支部から「東九州支部」に改称した。宮崎勢の魚本定良ら二三人が分離独立して宮崎支部を設けてたのはその後、八五年のことだ。

「マナスル登頂」に触発された登山ブーム現象はもちろん、時を同じくして各地域、職場に「山岳会」「山の会」を生んだ。六一年には柏田恵ら八代高校山岳部出身メンバーを中心に、岩と谷にアルピニズムを求める八代ドッペル登高会が発足。六二年には伯耆大山の元谷同人会を母体にカラコルム遠征をもくろむ新貝勲らの福岡登高会やヒマラヤ登山を目指す大分ヒマラヤ研究会、「働く仲間の権利としての山登り」を主張する福岡勤労者山岳会…などが次々に結成された。

福岡勤労者山岳会は六六年には大川山人会、大牟田勤労者山岳会、北九州マップの会、田川勤労者山岳会とともに福岡県勤労者山岳連盟（当時約二〇〇人）を組織する。

登山の大衆化は波紋状に広がり、九重山系だけでも五九年の年間登山者が約八万人だったのが、六〇年には約一〇万人、六一年には約二〇万人になった。「岩よ雪よわれらが宿り」で始まる西堀栄三郎作詞の「雪山賛歌」が流行ったのもこのころである。

第50話　ヒマラヤ踏んだ一番手

日本人未踏のガウリサンカルなどを偵察「雪男」の声も聞いた福岡大探査隊。

九州からパーティーを組んでヒマラヤを踏んだ一番手は、一九五九年（昭和三十四年）の福岡大探査隊である。同大ＯＢの加藤秀木と阿部盛明、それに学生の尾石光治の三人がネパールへ向かった。

この時ヒマラヤは、すでにエベレスト（八八四八メートル）がその六年前に英国隊によって登頂され、日本勢も日本山岳会隊が三年前にマナスル（八一五六メートル）山頂を三度の挑戦で踏んでいた。九州からの出足は、正直に言って遅れていた。といっても、戦前の立教大ナンダ・コット登山隊を除いてそれまでにヒマラヤを踏んだ七隊は日本山岳会か京都大関係に限られており、地方からはこの年、ジュガール・ランタン山群に向かった飯田山岳会（長野）と共にこの福大隊が初めてだった。日本山岳連盟（日本山岳協会の前身）を通して海外登山向けの外貨割当て（注）を獲得した第一号の海外遠征でもあった。

加藤らが目標にガウリサンカル（七一三四メートル）とギャチュン・カン（七九五二メートル）を選んだのには理由があった。「ありきたりの山には行きたくない」「日本隊のどこもが踏んでいない山域で、九州の実力を見せてやる」―そんな思いと意地があった。

それまでの日本隊はネパールの首都カトマンズより西に行っている。「じゃぁ、東へ行こう。ガウリサンカルとギャチュン・カン、二つの巨峰に登路を見つけ、日本人として初めてエベレストを間近に見てやろうじゃないか」―そんな意気込みもあった。

入国許可の届くのが遅れ、入国手続きも手間取って、加藤らが荷物を担いだポーター約六〇人と共にカトマンズを出たのは九月十七日になっていた。

北へ、さらに東へ進む。冷たい雨に悩みながら峠を越え、荒れた氷河を渡り、二五日間のアプローチ。ベースキャンプを置いたメンルン・ポカリ（四九四〇メートル）上部の尾根からガウリサンカルを偵察する。東側には、アイス・フォールの奥に大きな岩壁が見えた。東面、東北稜は手に負えそうにない。

五四年に偵察したフランスのR・ランベールが「登れるかも知れない」と言った北西稜を調べるため、メンルンツェ（七一七五メートル）にも上がってみる。しかし、そこはチベット国境が近く（当時中国・チベットは入国禁止）、中共軍（中国軍）の目を気にしながらの偵察だつた。出した結論は「北西尾根の末端からの登攀は可能。だが、そこはチベット領だから今は中国かソ連の登山隊しか登れない」だった。

加藤らはさらに、ギャチュン・カン偵察へ急ぐ。十一月二十三日、ゴジュンバ氷河の岩峰（五四〇〇メートル）に立った。正面にギャチュン・カン、左にチョウ・オユー（八二〇一メートル）が迫る。右に少し離れてエベレスト、ローツェ（八五一六メートル）が光っていた。

「ジャイアンツを近くに眺め、山に登る者の幸福を一身に集めたような気がした。ギャチュン・カンのルートが手強そうなのには驚いた」と、加藤は言った。

同探査隊は約二ヵ月半の偵察を終え、日本人で初めて〝シェルパの里〟ナムチェ・バザールを通って帰途についたが、持ち帰ったカトマンズより東の山々、とくにエベレスト周辺の山々を撮った写真はその後、同エリアに向かう登山隊の貴重な資料となった。

なかでも加藤らがガウリサンカル偵察途中に、メンルン氷河の上でイエティ（雪男）の足跡とおぼしきものを見つけた話題は後日、世界のイエティ論争に火をつけた。加藤は「私たちは『キョーン、キョーン』という（イエティらしい）声も聞いた。深みのある人間の赤ん坊のような声だった」と話した。

（注）戦後ドル不足から、日本人が海外に出る場合は政府が外貨持ち出しの枠を設けて割り当てた。山岳関係は当初、日本山岳会に割り振られていたが、五九年五月以降は日本山岳連盟へも海外登山のための外貨が割り当てられた。六四年撤廃。

《番外話》

「福大隊遭難か」

ヒマラヤからの報道に肝をつぶした留守宅。誤報と分かりホッとした次には。

「福岡大隊が遭難したらしい」

一九五九年（昭和三十四年）十一月六日の夜、九州から初めてヒマラヤへ探査隊を送り出した福岡大の関係者や留守家族にもたらされた情報に、みんな肝をつぶした。ネパールの首都カトマンズからの外電は「加藤秀木（福大OB）、阿部盛明（同）、尾石光治（同学生）の探査隊は未踏峰のガウリサンカル（七一三四メートル）試登へ向かったが、猛吹雪の中で三週間も音信がない」と伝えた。

翌日の新聞は、大きく報じた。

「福大ヒマラヤ試登隊遭難か、猛吹雪で三一人消息断つ」「史上最大の事故？　大使館も心配」「〝誤報であってくれ〟と祈る家族や関係者」…

福大山岳部長の渡辺幸生は「遭難したとは信じられない」と言い、加藤の妻アキエも「通信はあまりできないと言って出かけたので、少し通信が途絶えても大丈夫だと思う」と気丈に話したが、伝わる情報は時の経過とともに深刻さを増し、関係者は焦燥を募らせた。

そんな中、「全員無事」とネパール政府発表の朗報が流れて来たのは四日目の九日深夜だった。

尾石の父庫之助の顔にも「これで眠れます」と笑顔が戻り、阿部の留守宅では一家六人が起き出てビールで乾杯した。大学の関係者たちも一様に胸をなで下ろした。

ことの次第は、ベースキャンプへ連絡に向かうメールランナーが大雪のため途中から家に帰ってしまった。カトマンズで「福大隊から連絡がこない」と話が出ているところに、折からチョー・オユーで国際女子隊の二人が雪崩で遭難死した事故の話が重なり、誤報を生んだものだった。

しかし、ホッとしたのも束の間。その二週間後の二十四日、朝の新聞を開いた同大学関係者も加藤ら三人の留守家族も、また肝をつぶした。

「福岡大隊、山賊に襲われる　ガウリサンカル試登を断念」

事情は後で分かったが、ガウリサンカル偵察の途中、加藤が食料補給のためベースキャンプに戻ると、そこは腰に蕃刀、手には銃身の長い旧式銃を持ったチベット人の男九人に占拠されていた。加藤が近寄ると全員で取り囲み、怖い剣幕で何か言う。シェルパやリエゾンオフィサー（政府連絡官）らの通訳によると、男たちは「われわれは中共軍の命令で来た。ここは中共（中国）領だから遠征隊の荷物は全部没収する。隊員は全員連行する」と言う。

「冗談言うな。ここはネパール領だ」と言い争っているうちに、男たちの頭《かしら》が今度は「われわれの一人に対し二五〇ルピー出せ。九人いるから合計で二二五〇ルピーよこせ」と言いだした。「そんなカネはない」とまた押し問答。夜まで七時間の交渉で結局、男たちに計五〇〇ルピーを渡すことで話をつけた。加藤がカネを渡すと、男たちの頭は自分の懐からカネ袋を出し、加藤やポーターら居合わせた六人に一ルピーずつ手渡し「これで双方カネを受け取った。相子《あいこ》だ」と上機嫌で引き揚げていったという。あとで調べたらテント内は荒らされ、隠していた二〇〇〇ルピーが盗まれていた。

探査隊は全員元気にガウリサンカル偵察のあと、予定どおりにギャチュン・カンも踏査して帰国したが、当時は携帯の衛星電話などはもちろんなく、山岳地に入ればベースキャンプと最寄りの集落との間を何日もかけて走るメールランナーによって伝わるわずかな情報しか届かない時代だった。

第51話「九州六名山」

九州で深田久弥を感動させたのは九重、祖母、阿蘇、霧島、開聞、宮之浦岳。

作家で登山家の深田久弥が月刊山岳誌「山と高原」で紀行「日本百名山」を連載し始めたのは一九五九年（昭和三十四年）三月からだった。好評を得て五年後には単行本にもなり、「深田文学」が綴る山の美しさ、素晴らしさはのちのち〝百名山ブーム〟となって人々を登山に誘うことになる。

深田はこの「日本百名山」連載の直前、九州を訪れ、久住山（一七八七メートル）に登った。深田は「日本百名山」の中では「九重山」として「私が行ったのは冬枯れの二月だというのに蕭条《しょうじょう》という感じは少しもなく、満目狐色というよりラクダ色のあたたかさで、明るく、やわらかく、そして豊かに広がっていた」と書き、いつ登ったかには触れていないが、それは同年二月二十日だった。

北九州・八幡で催された「ジュガール・ヒマール写真展」の講師に招かれたのを機に、写真家の風見武秀と足を延ばした。地元の日本山岳会会員・橋本三八、加藤数功《かずなり》の案内で前日は牧ノ戸温泉の山荘で一泊。当日は濃霧で周囲の景色が見えない中、牧ノ戸峠から尾根伝いに急坂を登り、やがて高原状の傾斜を山頂に向かった。そのころには霧も晴れ、雲の上に頭を出した祖母山（一七五六メートル）、傾山（一六〇二メートル）の光景に「あの山にはぜひ登りたい」と心を躍らせてた。

下りは御池、坊がつるを経て法華院温泉に下りた。宿で深田は請われるままに、色紙に「山の湯の　あまたの中の　法華院」と書いた。

深田が九州を初めて訪れたのは戦前の三九年（同十四年）十二月だ。当時は「肇國《ちょうこく》の御聖跡」とされていた高千穂峰（一五七四メートル）に登るのが目的だったが、同月九日、霧島に着くと独り大浪池（一四一一メートル）から韓国岳（一七〇〇メートル）に登り、獅子戸岳（一四二九メートル）、大幡山（一三五三メートル）、新燃岳（一四二一メートル）、中岳（一三五〇メートル）を縦走してから高千穂峰に登った。頂上で「天の逆矛」を見て写真を撮ろうとすると、頂上の小屋番の母娘が「日の丸」を揚げてくれたという。

深田はその足で開聞岳（九二二メートル）に登り、屋久島に渡って宮之浦岳（一九三五メートル）、永田岳（一八八六メートル）に登頂、戻って同月二十一日には桜島・御岳（北岳＝一一一七メートル）にも登っている。開聞岳山頂から三六〇度の眺望に、深田は「池田湖が見える、長崎鼻が見える、と並べたところでその見事な眺めが諸君の眼前に彷彿するはずもなかろうから『雄大にして真に絶双』と言っておく」と紀行に書いている。

五九年の久住登山以来、深田にとって「宿願」となっていた祖母山に登ったのは、六二年三月である。別府駅で加藤数功や日本山岳会大分支部長永井清一と落ち合い、由布岳（一五八三メートル）に登ったあと積雪が残る祖母山と傾山に登った。傾山では大きな山椒魚を見つけたという。

加藤らと別れたあと独りで阿蘇・中岳（一五〇六メートル）から高岳（一五九二メートル）を登り、金峰山（六六五メートル）にも登頂、人吉に足を延ばして市房山（一七二一メートル）を登った。

深田は登った全国の山二〇〇山以上の中から「標高一五〇〇メートル以上で品格のある山、歴史がある山、個性を持つ山」一〇〇山をリストアップするが、三度の九州の山旅で登った一七山の中からは「登って感動した」九重山、祖母山、阿蘇山、霧島山、開聞岳、宮之浦岳を選んだ。「ほかに由布岳、市房山、桜島が念頭にあった。いずれも個性のあるみごとな山である」と『日本百名山』の「あとがき」で言っている。

ただ、江戸後期の旅人・古川古松軒が「九州一の高山」といい、諸国をめぐり「名山論」を編んだ橘南谿が「名山」の一つに掲げた英彦山（一二〇〇メートル）は、深田は「昔から聞こえた名山に違いないが、背が低すぎる」と入れなかった。登ってもいない。

第52話

隠れていた記録

筑豊山の会の北穂高岳滝谷・積雪期初登攀記録が四三年ぶりに明らかになる。

筑豊山の会の柿本正昭（古河目尾《しゃかのお》炭鉱山岳部）と中村武昭（日鉄二瀬炭鉱山岳部）が北穂高岳（三一〇六㍍）滝谷第二尾根P2フランケ芝工大ルートを積雪期初めて登攀成功したのは一九五九年（昭和三十四年）十二月三十日だった。

筑豊山の会は地域の職場山岳会の会員たちが連帯と親睦を求めて集まっており、この時も〝ヤマの登山家〟仲間六人で北穂高岳山頂下の小屋近くにテントを張り、冬山を楽しんでいた。

この日、北穂高岳の頂上から見る夜明けの景色は滝谷からの霧が上がるにつれ、真っ白く氷結したクラック尾根、第二尾根フランケ（側面）が浮き出た。その幻想的光景に、柿本は「よし、今日は第二尾根のP2フランケを上がってみよう」と考え、中村と午前五時すぎテントを出た。

斜面の雪が氷化したB沢へ下り、第一尾根をトラバースして第二尾根フランケのP2下に入った。初めは早大ルート登攀を想定していたが、二人で相談してそれより左側の芝工大ルートに取りついた。この四年半前の夏、芝浦工大の大江幸雄らが拓いた大凹角を攀じる約一二〇㍍のルートだが、夏の状況とは違い、雪と氷でその岩壁の様相は一変していた。

柿本と中村は初め、ツルベ式にお互いがトップを交代しながら登った。雪がこびりついた壁もそれほど難しくはないが、二人で何度もトップを変わる間にザイルがもつれた。それを解いてまた登るが、今度はトップの中村がピッケルを落とした。柿本のピッケルを補助ザイルでつり上げたが、そのピッケルもB沢へ落としてしまう。冷たさで手指が思うにまかせられない。

最初に落とした中村のピッケルを回収に行き、柿本は手製のアイスハンマーで何とかホールドを確保した。難儀な登攀が続く。大きな雪田を過ぎた時、サポートの山下利彦（日鉄二瀬炭鉱山岳部）から「岩稜会（三重）が来たから安心して登れ」と声がかかった。すぐ後からは山学同志会（東京）の二人も上がって来ていたが、「岩稜会のメンバーたちとは親しくしていたし、山下君の声で元気づけられた」と、柿本はいう。

日は暮れたが二人はそのまま雪明かりの中を登り、最後は右上へ最難関の岩場を攀じてP2の頂に上がった。苦闘約二〇時間。日付が変わる午前零時になっていた。

しかし、この柿本と中村の「積雪期初登攀」の記録が明るみに出たのは、それから四三年も経った二〇〇二年になってからだった。その間、登山史の記録でも「一九五九年十二月三十日、筑豊山の会二名と山学同志会・森谷敏男、武藤量太が穂高滝谷第二尾根P2フランケ芝工大ルートを登攀」とはあったが、「筑豊山の会二名」が誰かは不明だった。

柿本らの「初登攀」が分かったのは、〇二年に出版された登山史の中に同芝工大ルート積雪期初登攀が柿本らとは別人の名前であるのをたまたま柿本が目にして「初登攀は自分たちだ」と名乗ったのがきっかけだった。当時の関係者の証言などからもその「事実」が確認された。

それまで柿本らの記録が表に出なかったのは、一つには柿本らが「山は記録をつくる場ではなく、楽しむ場所」と「初登攀の記録」にこだわらなかったこと。もう一つは登攀の翌日、山学同志会の森谷らが柿本らと会った時、柿本からは「あなたたちで（記録を）発表されていいですよ」と言われたが、森谷らは「いえ、僕たちも（発表は）しません」と言い、その後の山学同志会会誌でも柿本らの思いを尊重して名前は明かさず、自分たちの登攀も「登った」ことだけの報告にとどめていたからだった。当時の山男たちの「山への思い」と「山仲間への信義」である。

第53話

大和山脈を登る

南極"白い大陸"に突き出た福島岳に初登頂した第四次越冬隊・木崎甲子郎。

一九六〇年（昭和三十五年）十月、南極・昭和基地から南西に約三〇〇キロ、"白い大陸"に連なる大和山脈に初めて人類の足を踏み入れ、その最高峰・福島岳（二四七〇メートル）に初登頂したのは第四次南極観測越冬隊に参加した琉球大名誉教授（地質学）の木崎甲子郎である。

木崎は大分生まれの北九州育ちだが、北海道大に進むと雪山に憑かれて厳冬期の日高山脈イドンナップ岳（一七五二メートル）に初登、ヤオロマップ（一七九四メートル）を経て１８３９《いっぱちさんきゅう》峰（一八四二メートル）にも初登頂した。南極に行けば"白い大陸"の未踏峰にはぜひ登りたかった。

「大和山脈」とはもちろん、木崎ら日本の越冬隊の踏査により命名したもので、それまでは三七年（同十二年）にハンス・クリステンゼン率いるノールウェー南極探検隊が航空写真測量をした際、空から山並みを発見したことから「一九三七年山脈」と呼ばれていた。しかし、「雪と氷をかぶった多くの山があった」というだけで、どんな状況の山脈なのか、実地踏査が国際的にも待たれていた。

五七年の第一次越冬隊（隊長・西堀栄三郎）や五九年の第三次越冬隊（隊長・村山雅美）でも山脈踏査が考えられながら、資料不確実さから実行には移されずじまいだった。

第四次観測隊の木崎らは六〇年初め昭和基地に到着すると、越冬隊最大の目標として内陸調査での山脈の確認と踏査、登頂を計画。まず九月十二日から、木崎を隊長に四人が雪上車を走らせ偵察に出た。気温氷点下三五度前後、視界をさえぎる地吹雪が続く雪上に、帰路の目印のため二キロおきに赤旗を立て、一〇キロごとにケルンを積みながらクレバス帯をジグザグに行く。さらに標高一四〇〇メートル前後の氷丘地に上がり、〝白い大陸〟を西に走り、南へ進んだ。

基地から二一四キロ走った一一日目、氷丘群に達したところで猛烈なブリザードに遭い、四日間動けない。もう少し走れば山脈が見えるのではないかと思いながら予定の日程が迫り、引き返さざるを得なかった。それでも、山脈へのアプローチ・ルートは確認できた。

その偵察の成果を踏まえ、木崎ら七人の山脈踏査隊（隊長・鳥居鉄也）が同基地を出発したのは十一月一日だった。偵察行のシュプールも意外に残っていて、偵察で一〇日間苦労した氷丘群までのルートを四日間で走った。さらに雪氷上を進む。一二日目、白い地平線の彼方に黒い点がいくつも見えた。近づくと七群の山塊が連なっていた。目指す山脈だった。一四日目（同十四日）、仮称E山群とF山群の間の麓に到着した。

観測や地質など担当の調査をする中で、木崎は氷の斜面、岩場を上がり、仮称E峰、F峰に登頂したあと同二十日、山脈の最高峰（二四七〇メートル）に深瀬一男と共に登った。

隠れたヒドンクレバスに用心しながらクラスト化した雪面を登高、雪のついた急な岩場を登ってコルに上がり、最後は横からの烈風によろめきながら岩とガレの斜面をよじ登って頂上に初めての足跡をつけた。二人は頂上に第四次越冬隊員の名前を刻んだ真ちゅう板を埋めて上にケルンを積み、測量用の写真を撮り、最高峰と周辺の地形図を作って下りた。

木崎らはこの最高峰を「福島岳」と命名した。基地を出発する直前、犬ぞりをひく犬たちに餌を与え、人工地震計そりチェックのために基地から猛吹雪の中を外に出、行方不明になった福島紳隊員（遺体は第八次観測隊が収容）の活躍を記念、偲ぶものだった。

福島岳にはその後、七四年からの第十六次越冬隊に参加、のちに日本山岳会福岡支部長も務めた山口大名誉教授（地質学）の松本徰夫も隕石（やまと隕石）探索や地質調査で登頂した。

第54話

惨事招いたご来光登山

「初日を山から見よう」と久住登山した若者が風雪で道を失い、七人が凍死。

「登山」への関心は、登山の大衆化につながった。「山岳会」に入らないまでも「山に登ってみたい」人は波紋状に増えた。しかし、「山の天気」や「山での救急法」、「山での心得」を知らないままに登る登山者に「山の自然」はそう甘くはなかった。

久住山・すがもり越（一五四〇㍍）に近い北千里浜で福岡と大分からの、いずれも若い男女のパーティーが猛吹雪の中で遭難、七人が凍死したのは一九六二年（昭和三十七年）の元日だった。九州の山では最大の惨事となった。

「山の頂上から初日の出を見よう」。〃ご来光登山〃を計画した福岡市の若者たち男女四人パーティーは大晦日に入山して法華院に一泊、元日午前五時ごろ出発して雪が降る中、大船山（一七八六㍍）に登頂。いったん法華院に下りたあと、昼過ぎからこんどは久住山（一七八七㍍）を目指した。

白口谷を登り、午後二時半ごろ池の小屋にたどり着き休憩したが、このころから吹雪は一段と激しさを増した。四人は登頂はあきらめ、下山にかかったが、日暮れが迫るうえ風雪とガスで道が分からなくなった。

うろつくうち近くから助けを求める声が聞こえ、中川三義ら大分からの若い男女五人パーティーと出会った。中川らも「ご来光を山から」と大晦日の夜、竹田から久住、法華院を経て〃徹夜登山〃で登り、下山しようとするが方向が分からなくなって池の小屋周辺で同じ所を何度も回るリング・ワンデルングに陥り、吹雪の中で立ち往生していた。
両パーティーの九人は相談して長者原に下りることにするが、暗くなり先が見通せない。方角も分からない。ビバークを決め岩陰にテントを張ろうとするが、強い風にすぐ吹き飛ばされた。寒さと疲労と空腹が重なり、次々と雪の中にうずくまった。

翌三日朝、生存していた柳井弘子、加藤信子は必死に叫んだ。その「助けて」の声を聞きつけた登山者の通報で直ちに竹田・玖珠警察署、地元消防団、飯田高原ガイドクラブ員ら山岳会関係者たちが救助のため北千里浜に急行した。だが柳井と加藤以外の七人は風が吹きさらす谷の一メートルを超す積雪の中で、身を寄せ合い、あるいは離れて目を閉じていた。寒さに耐えきれず、幻覚によって上着を脱ぎ、お腹を出している人もいた。凍死は明らかだった。いずれもがスラックスにヤッケ、あるいはセーター姿の軽装だった。

「脊振山や宝満山にはよく登っていたようですが、久住山は二度目だったと思います。冬の山がこんなに恐ろしいとは思ってもいませんでした。娘には正月に着せようと訪問着もつくってやり、山から帰ったらその晴れ着姿が見れると楽しみにしていましたが…」。駆けつけた父親は変わり果てて下山した娘の手を握りしめて、肩を落とした。

この元日、久住山、大船山、三俣山…など九重連山を訪れた登山者は法華院で年越しをした人も含め約五〇〇人とみられたが、いずれも強くなる吹雪のため早めに下山していた。「小屋で休みながら、なぜ猛吹雪の中にまた出ていったのか」「冬の山を知らなさすぎる」…救助に当たった山岳関係者たちは一様にくちびるをかんだ。

その年の五月、その遭難現場に近いすがもり小屋の前に、「愛の鐘」が下げられた。「七人への祈りと共に吹雪の日、ガスが濃い夜、注意を呼びかけて避難小屋の場所を教える音が響かせられたら…」。鐘を下げたのは、先立った夫（元月星化成社長・故倉田恒輔）追慕の登山詠も編んだ明星派歌人・倉田厚《あつみ》である。鐘には倉田の思いが刻まれていた。

大いなる九重の山に若人の　ゆめまもりてと祈る鐘なる

第55話　初の職域遠征隊

企業ぐるみの応援で、ヒマラヤのネムジュンに初遠征した電電九州山岳会隊。

電電九州山岳会（熊本）がネパール・マナスル山群のネムジュン（注）（七一三九メートル＝当時は「ヒムルン・ヒマール」と呼んでいた）を目指したのは一九六三年（昭和三十八年）である。単一職域山岳会の遠征隊はそれまで世界でも例がなかった。

「（山岳会の）その独自性で注目される。私はそこに電電九州山岳会の実力を見る。地方に存在する野生力を見る」。『ヒマラヤの高峰』などの著書で知られる深田久弥はそう言って期待を寄せた。五九年一月には厳冬期初の鹿島槍ヶ岳北壁正面尾根の登攀、六〇年十二月からの赤沢岳西尾根厳冬期初登攀などで実力をつけていた。

電電公社では後援会長に本社技術局長の宮川岸雄と九州電通局長の大谷昌次が就いて指揮を執り、労組の全電通も支援に取り組んだ。まさに企業あげての遠征隊となった。地元熊本での壮行会では寺本広作知事が直接激励、東京でのそれには大橋八郎同公社総裁、荒木万寿夫文相も顔を並べ、出発の横浜・メリケン波止場では横浜市消防局のブラスバンドがマーチを奏でて見送った。

時は高度成長へステップを踏み始めたころ。「東京五輪」を控えた活気の中で、登山熱も高まっていた。

隊長善行久親ら七人が標高四〇〇〇メートル、大きな左氷河のモレーンと岩稜との間にBCを設けたのは四月十一日だった。雪崩の危険がある氷河帯の登高をやめ、高さ五〇〇〜六〇〇メートルの岩峰がいくつも連なるやせ尾根の岩壁をトラバース気味に登る。連日の雪がただでさえ困難なルートを一層、困難にした。

五月八日、C4（六五〇〇メートル）に五日分の食料を上げ、アタック態勢に入った。が、また吹雪の日が続く。晴れ間を待って同十三日未明、曽我浩従とサーダー（シェルパの頭《かしら》）のオンディが頂上に向かった。氷壁は硬く、アイゼンの爪がたたない。二人は氷壁にアイスハーケンを打ち、露岩にロックハーケンを埋めて六ミリのロープを固定して進んだ。

双耳形の頂上が目の前に迫ってきた。あと三〇〇メートル余り。だが、ロープは使い果たし、ハーケンもカラビナも全部使ってしまった。帰途を考えれば、固定ロープは絶対に必要だ。万事休すー。その後、また天候が崩れた。隊長の善行は「私たちのチームワークは、いささかも崩れることはなかった。私はそれを誇りに思う」と総括した。

その善行を帰途、ポカラで待っていたのは夫人の訃報だった。善行は「家族の身にどんな悪いことが起きても知らせてくれるな。隊長としての判断に狂いが生じては大変だから…」と、言い置いていた。知らせが遅れたのはそのためだったが、夫人は長男を出産した後、心臓マヒで急死したという。

報道隊員だった津田欣一（西日本新聞記者）は、報告書にこう記している。

「五日（六月）、私たちは飛行場北側の丘にケルンを築いた。ケルンの中にははやのさん（夫人）の写真とジュラルミンのプレートを埋めた。プレートには隊長がこう刻んだ。『マチャプチャレが見える場所で安らかに眠れ。ヒマラヤ登山中に去った妻へ』。七日、私たちはポカラを去った。隊長のザックの中には、ポカラで求めた仏像とじゅずが収められていた。私たちにできるのは、隊長を囲んで日本へ、熊本へ、はやのさんの霊前に帰ることであった」

同山岳会は八四年、八八年にも登山隊をネムジュンに送った。二〇〇一年にも執念を燃やす元隊員四人が挑んだ。だが、いずれも頂上手前でクレバスの巣に行く手を阻まれ、強風雪に登高をくい止められた。

（注）ネパール政府は一九八三年、それまで「ヒムルン・ヒマール」と呼んでいた山を「ネムジュン（七一三九メートル）」に山名変更した。電電九州隊が登ったのはこの山だ。同政府は現在「ヒムルン・ヒマール（七一二六メートル）はネムジュンより約四キロ北にある山」としている。

第56話 「九州の屋根」縦走

九州脊梁山地の道なき尾根を伝い、黒峰から市房山まで縦走した宮崎岩稜会。

宮崎岩稜会が〝スズタケの堡塁〟と〝かずらの鉄条網〟と格闘しながら「九州の屋根」を縦走したのは、一九六五年（昭和四十年）の正月だった。九州脊梁山地北端の山・黒峰（一二八三メートル）から、南の市房山（一七二一メートル）まで続く三〇峰を伝い七日間、行程にして約二五〇キロを完全踏破した。

九州脊梁山地の縦走は、戦前の三二年（同七年）冬にも同岩稜会の松本睦郎ら五人が湯山峠（一〇一三メートル）から白髪山（一二四四メートル）までの同山地南半分を踏破。五二年には九州山小屋の会の立石敏雄ら四人が市房山から国見岳（一七三九メートル）、さらに霧立越に移って鹿納山（一五四八メートル）へ縦走した。だが、熊本・宮崎県境を長駆縦走したのは今回の、この宮崎岩稜会が初めてだった。

本隊の大谷優、梯安夫、前田宣弘、馬場文雄が黒峰を出たのは六四年師走の三十日。隣のトンギリ山（一二五〇メートル）から小川岳（一五四二メートル）に向かうところで早くもスズタケの群生帯に入ってしまった。当時はまだ尾根伝いの道はなく、地元の猟師も「個々の山には登るが、縦走はダメだ」と横を向く、道なきルート。一〇〇メートル進むのに三〇分が過ぎた。黒岩山（一五六〇メートル）に着いたころは日没になっていた。

翌三十一日には松江喜盛隊長や魚本定良、白尾武利、田村哲郎、木下志郎、加藤智造も加わり、全員で向坂山（一六八四メートル）、さらに三方山（一五七八メートル）へ。しかし、ここも道なきスズタケの群生帯、ブナやナラ、カヤ、モミ…自然林の斜面、足首まで埋まる落ち葉の沼…一人二〇キロを超えるザックを背に、足は進まない。ついに途中でビバークの年越しになる。

元日は吹雪と寒さが加わる中、三方山―高岳（一五六三メートル）を越えた。翌二日は氷点下一一度。積雪を踏みながら国見岳（一七九三メートル）を目指した。晴れた三日、白鳥山（一六三九メートル）―銚子岳（一四八八メートル）―不土野峠で、二日遅れだった日程を一日遅れに取り戻した。

市房山にゴールしたのは五日午後だった。登り下った所要時間は通算八〇時間。原生の尾根筋にルートを拓いたというだけでなく、途中の地形、動植物、気象についても調査、その三年前に降った大雪のため山の鳥獣が激減していることも初めて分かった。

全行程を同行した宮崎日日新聞の大口記者は「氷点下一〇～一五度の寒さと、全行程の約九〇パーセントを占めた道なき樹海との苦闘に耐え抜いた成功のカギは、第一に意気の合ったチームワーク、第二に的確な判断とド根性、そして好天と県民の支援が挙げられる」と、記事に書いている。

七一年秋には福岡まいづる山岳会隊が九州南端の鹿児島・開聞岳（九二二メートル）から北の福岡市外・金山（九六七メートル）まで、九州山地を文字通りタテに縦走した。会の創立一五周年を記念する大企画だったが、会員は勤めがあるサラリーマンや家事に携わる主婦たちのため、参加の四三人を一二班に分けて駅伝方式でリレー、距離にして約四〇〇キロを三〇日間かけ、踏破した。標高一〇〇〇メートルを超える山だけでも五三山を伝った。

報告書には、途中、麓の民宿で歓迎の酒攻めに遭い翌日の山行が辛かったことや、この縦走が縁で婚約したカップルに同行のメンバーたちはあてられどうしだったことなどのエピソードも書かれている。

このあと、長駆縦走では延岡山の会が八三年二月から四月にかけ、延岡北部市境の鏡山（六四五メートル）―可愛山（七二八メートル）―桧山（一一二三メートル）―烏帽子岳（三六二メートル）を結ぶ約一二〇キロを一〇区間に分けてリレー踏破。八七年正月には大川山人会の四人が世界一カルデラの阿蘇外輪山を六日間かけて一周。この年四月から五月にかけては読売新聞西部本社が編成した玉川哲也ら一五人が北九州・皿倉山（六二二メートル）から九州山地を縦走して鹿児島まで、五三〇キロを踏破した。

第57話 ヒマラヤの西

ヒンズークシュ山脈のコー・イ・モンディに初登した大分ヒマラヤ研究会隊。

「九州の片隅だからって、手をこまねいてはおれない」と、日本山岳会大分支部のメンバーを主体に集まった大分ヒマラヤ研究会の登山隊、矢野真隊長ら六人がアフガニスタンのヒンズー・クシュ山脈へ向かったのは一九六五年（昭和四十年）六月だった。目指したのはコー・イ・モンディ主峰（六二三四㍍）である。

その前の年、海外登山への道を阻んでいた外貨割り当てと渡航の制限は、東京五輪の成功、高度経済成長を踏まえて自由化され、「さぁ、ヒマラヤへ」と機運は高まった。しかし皮肉にも、時を同じくするようにネパール政府は中印国境紛争による政情不安のため、六五年三月からヒマラヤへの入山を禁止した。パキスタンもカシミール地方をめぐるインドとの国境紛争（印パ戦争）のためその年の夏、カラコルムへの登山を禁止した。

それはヒマラヤへの夢を育んできた岳人たちにはショックだったが、切り替えは速く、目指す先はパキスタン西部からアフガニスタンに連なるヒンズー・クシュ山脈や南米のアンデス山脈に集中した。

ことにヒンズー・クシュは「ヒマラヤの西」という位置からも人気スポットになった。六五年から七二年までの八年間に、日本からこの山脈に入った登山隊は八二隊にのぼった。九州からの五隊も含まれる。その一番手が大分ヒマラヤ研究会隊だった。

だが、外国隊の受け入れ態勢が整っていない当時のこと。警察や内務省への手続き、通訳の手配、両替に時間がかかり、さらに奥地に入るに従い状況は厳しく、標高三〇〇〇㍍のティリイの村にBCを置くまでには、入国から一ヵ月近くを要した。

軟らかい雪の斜面を登る。七月三日、西諒、梅木秀徳、江藤幸夫がアタックをかけた。梅木は記録にこう書いている。

「氷河の右岸を登り、九〇〇〇メートルのアイスリンネにとりつく。五六〇〇メートルで姫野（体調が悪くサポートに回る）から食料、装備を受け取る。五七〇〇メートルから蒼氷の足場切り。午前十一時、リンネ突破。六〇三〇メートルで大休止。大きな雪庇の張り出した尾根は深い雪で、腿までもぐる所もあり、岩の出ている所もある。いくつものコブを越えること一時間、ひときわ大きなコブ、それが頂上だった。午後一時十分、モンディはわれわれのものになった」

六二年のドイツ隊につぐ第二登だったが、二日後には前衛の未踏峰モンディ東峰（六〇〇〇メートル）に江藤、姫野和記が初登頂した。偵察で登った五〇〇〇メートル峰を含めると、六峰に登頂したことになった。

七〇年八月には、長崎大学学士山岳会隊（一瀬義典隊長ら九人）が中部ヒンズー・クシュ最高峰のコー・イ・バンダカー（六八四三メートル）を未踏ルートの東稜から登った。サキ谷の左岸、標高四二〇〇メートル地点にBCを設け、南西氷河を詰めた。第一次アタックは氷壁と深雪の厳しさに退却するが、八月十四日、溝上春見、森本勲夫、楢崎純雄が再度C3（六三一〇メートル）からアタックした。

硬い氷と深雪との苦闘一一時間―。雪庇を踏み抜いた足元からは三〇〇〇メートル下の氷河が見えてゾーッとするが、しっかりした確保で大事に至らず頂上手前に着いた。

森本と楢崎は遅れた溝上を待って「さぁ、お先に立ってください」と促した。溝上も笑顔で応じる。「いやぁ、一緒に…」。三人は横に並んで、同時に頂上の雪を踏んだ。そして、広い頂上の雪の上に腹這いになって笑顔で握手を交わした。

七二年には九州歯科大学山岳会隊（蒲池世史郎隊長ら六人）が四日間のうちにコー・イ・ピリアック（五二七八メートル）と無名峰四峰に連続登頂。同じ時期に福岡県高体連山岳部隊（竹内康隊長ら五人）もコー・イ・ピア（五七九六メートル）コー・イ・ロボゴン（五七〇三メートル）に登っている。

ルートの開拓

（1960年代〜1970年代）

豊かさ、便利さへと社会が進む中、登山も一九六〇年代半ばを過ぎたころから多様化、より先鋭化、その一方で大衆化する。六九年、ネパール・ヒマラヤの登山禁止が解かれると、堰を切ったように「目指す山頂」への登高が始まるが、六〇年代後半から七〇年代にかけてクローズアップされたのは「岩壁への挑戦」だった。

「日本人初成功」が競われた「アルプス三大北壁」登攀は六五年、筑豊山の会の渡部恒明が芳野満彦（ＲＣＣⅡ）と組んでマッターホルン北壁を登攀、初成功した。日本人クライマーの活躍はさらに続くが、その時期、国内でも「岩壁登攀」が脚光を浴びた。

一方では「ヒマラヤ壁の時代」に備えて難壁の積雪期登攀があり、その他方では、ボルトを埋め、あぶみを掛け、人工登攀具を駆使してより困難な岩壁をよじ登るスリル、緊張感にこそ〝登山の醍醐味〟があるとの考えが広がった。その場を求め宮崎県北部の比叡山や行縢《むかばき》山、傾山二ツ坊主、鉾岳《ほこんだけ》…などの、切り立つ花崗岩のスラブ（一枚岩）にクライマーたちが集まり始めた。屋久島の岩場も賑やかになった。

「坊がつる讃歌」がヒットして九重連山が歌われたのは、この時代だった。

ダウラギリⅥ峰とガマ・ピーク登頂へＣ３からＣ４へのナイフリッジを登る福岡山の会隊の隊員＝1970年10月。《第60話》（報道隊員・池野寛さんアルバムから）

マッターホルン北壁の「日本人初登攀成功」へ向け北壁の下氷壁を登る渡辺恒明さん＝1965年８月。《第59話》（同行の芳野満彦さん写す）（「挑戦者•65年アルプス登攀の記録」から）

ダウラギリⅤ峰に挑みBCからＣ１へ荷上げする九州大山岳会隊隊員たち＝1971年９月。《第62話》（山岳会誌「めろ・さてぃ」から）

第58話　単独登頂

独りヒマラヤに入り、ペンタン・カルポ・リの頂に立った福岡出身・田村宏明。

「ヒマラヤ単独行」と注目されたのは一九六四年（昭和三十九年）十月、ネパールのランタン谷に入り、中国との国境山群を探りながらペンタン・カルポ・リ（六八六五メートル）に登頂した田村宏明だった。『ヒマラヤ名峰事典』（薬師義美・雁部貞夫編、平凡社）や『コンサイス外国山名事典』（吉沢一郎監修、三省堂）では「五五年のスイス隊に次ぎ、六四年には日本の田村が単独で第二登」と記されている。

田村は福岡中央高山岳部で「山」を知り、明大山岳部で鍛え、「八〇〇〇メートル峰初登」を夢みる。だが、八〇〇〇メートル峰初登は最後に残っていたゴザインタン（八〇二七メートル）もその年の五月に中国隊によって登頂された。ゴザインタンは、今は中国名で「シシャ・パンマ（希夏邦馬峰）」と呼ばれているが、当時は中国領に外国隊は入れなかったためイギリス統治時代のインド測量局が命名した「ゴザインタン」が使われていた。そんな情勢の当時だから、ネパール側からゴザインタンに近づくためのルートになるランタン谷の奥は氷河や山稜の状況など地形もよく分かっていなかった。

田村は「八〇〇〇メートル峰初登」の夢がもはやかなわない以上、「未知の、それも前人未踏の地の謎」を探りたい、と中国開放の「来る日」に備え、ネパール側からゴザインタンにアプローチするルート偵察を思い立ち、一人で旅立った。

「世界一美しい谷」と言われるランタン谷は、今はネパールの首都カトマンズから車で二日もあれば入れる最も近いヒマラヤ観光・登山の場だが、当時は山道を歩かねばならない。田村は六日かかってランタン谷の村に着いた。十月二日だった。

同七日、標高四二〇〇㍍にある放牧小屋をベース・ハウスにすると、田村はシェルパとコックを伴いゴザインタン探査のためランタン氷河をつめた。右手に氷壁が青白いゴルドゥム（六六二〇㍍）を見ながら同氷河左岸の雪のコルに上がった。足元の急な雪壁の下に横たわるニヤナンブ氷河の向こうに赤い大きな岩山が迫っていた。ゴザインタンだった。

当時は地図の不確かさからゴザインタンの一端はネパール領にかかっているのではないか、という疑問もあったが、田村はこのコルからの展望でゴザインタンは中国領のニヤナンブ氷河の向こう側にあり、国境線のリスム（七〇六八㍍）から中国側へ長く続く尾根伝いでなければ登れず、完全に中国領であることを確認した。

田村はいったんベース・ハウスで休養したあと、ペンタン・カルポ氷河にキャンプを進めた。同二十一日、ペンタン・カルポ・リ西南稜標高五七〇〇㍍に最終キャンプ（C2）を置くと、翌日、頂上を目指した。氷化した雪壁を上がり、ペンタン・カルポ氷河の源頭になっている雪原を進んだ。さらに強くなった西風にさらされながら巨大な雪のドームを越え、クレバスを渡り、シェルパが疲労でダウンした後も田村は独り登り続けて、最後は雪稜を四つんばいになりながら頂上に立った。「体力の限界を通り越し、精神力だけでの登頂だった」と田村は言った。

頂上からはヤナン・リ（七一一九㍍）、プンパ・リ（七四八六㍍）、ゴザインタンと続く中国の山の背後に、茶褐色のチベット高原も見た。田村は三六〇度、写真を撮りまくった。

『ヒマラヤ名峰事典』は「当時はまだランタン・ヒマールの地形の究明が不十分で、登頂者はペンタン・カルポ、七〇〇〇㍍峰初登頂と報告したが、その後、地形、山名、標高が正され改められた」と説明している。田村の「単独登頂」も登山事情が整理された今では「途中までシェルパが一緒だったのを〝単独〟とは、なじまない」という見方もある。

第59話

「北壁」にかけた青春

マッターホルン北壁登攀に、日本人で初めて成功した筑豊山の会・渡部恒明。

　そのころ日本の岳人たちが向ける目の先の一つに、ヨーロッパ・アルプスの「三大北壁」があった。マッターホルン（四四七八メートル）、アイガー（三九七〇メートル）、グランド・ジョラス（四二〇八メートル）の北面の岩壁である。いずれも、すでにルートは拓かれていたが、寒気、雪崩、落石…山のあらゆる危険と闘わねばならないこの「北壁」に、日本人としてだれが最初に完登するか―。先鋭クライマーたちの闘争心に火がついていた。

　筑豊山の会の渡部恒明がＲＣＣⅡの芳野（服部）満彦と組んでマッターホルン北壁に取りついたのは一九六五年（昭和四十年）八月四日である。

　渡部は同山の会の野見山信、谷富士男らと共に、六一年には剱岳の剱尾根チンネ左カンテを登攀、六二年には前穂高岳・屏風岩東壁緑ルートを冬季初登攀…と力をつけていた。

　一日目。渡部と芳野はまず「もし、われわれが六十歳まで生きるとするなら、それを五十歳で返上、一〇年間の全精力をこの壁に打ち込もう」と、誓い合った。氷点下五度と気温が下がる中で、渡部がザイルのトップを務めて長い氷壁から雪と氷の岩稜を右上へ、と大体はシュミット兄弟の初攀ルートをたどった。二日目は右の雪稜を回り込み、斜めの急な岩溝を登った。赤茶けた岩はもろく、二〇メートル登るのに四〇分がかかる。

　三日目。雪が多い岩稜を登る。「硬い氷に自分自身を安全に支えるためのキックステップする力が次第に弱まってくるのがよく分かる。必死だった。渡部はさすがに九州男児だ。何一つ愚痴もこぼさず、常にトップで登り続けた」「最後のワン・ピッチ。ほとんど全行程をトップで頑張った渡部が『芳野さん、先に行ってください』と何度も言った。少し言い争ったけど、素直にトップを代わった。やさしい岩と硬雪の斜面だった…私は頂上に立った。渡部が来るのに五分とはかからなかった」（芳野著『われ北壁に成功せり』）。

それは「マッターホルン北壁登攀」に日本人で初めて成功したというだけでなく、それまで大学系山岳会を中心にヒマラヤ指向だった山岳界に、新しい風を吹き込むものだった。第一には社会人クライマーの活動へ方向づけをしたこと、第二には技術を磨いた個人同士がパーティーを組む有効性を証明したことだった。

渡部はこの成功の勢いに乗るようにその六日後、今度は名古屋山岳会の高田光政と組んで標高差一八〇〇㍍、「死の壁」とも呼ばれたアイガー北壁の日本人一番乗りに挑んだ。先を争うように待機する約三〇人の日本クライマーが見守る中だった。

八月十二日、行動開始。氷壁を順調に登った。一日目は〈ツバメの巣〉まで。二日目はつるべ登りで連続登攀、〈死のビバーク〉地点を突破した。四日目の同十五日、最後の難関〈蜘蛛〉に達した時、トップの渡部が「落ちる！」と声をあげて墜落した。高田は必死に確保、引き上げようと努力する。渡部も宙づりの態勢を立て直そうとするが、うまくいかない。力尽きて体は横倒し状態、宙づりになった。

高田は一人で救助することは無理だと判断する。渡部に「何とか二日間、頑張ってくれ」と言うと残りの三〇〇㍍の岩壁を独りで登り、何の感動もなく登頂（同北壁五六登目、日本人初）。夜を徹して必死で西側の通常ルートを下山、麓のアルピグレンへ救いを求めに走った。

同十七日、救助隊が現場に着いた時、渡部は約一二〇〇㍍下の基部に落下していた。アイガー北壁二六人目の犠牲だった。

渡部の「北壁」は栄光と悲劇で終わったが、マッターホルンで成功したあと福岡県飯塚市に住む父親に手紙を出していた。「長い間の親不孝をお許しください。帰国して親孝行します。もうどこにも行きません」。最後の便りになった。

第60話

命名「ガマ・ピーク」

ダウラギリⅣ峰に挑む福岡山の会が無名峰につけた名は隊長のニックネーム。

一九六九年（昭和四十四年）、ネパール政府が四年間の登山禁止を徐々に解き始めると、それを待っていた各国の登山隊は堰を切ったようにネパール・ヒマラヤへ向かう。七〇年、日本からのそれは一七隊にのぼった。九州から福岡山の会隊がいた。

福岡山の会は五二年、戦後日本からトップを切ってヒマラヤを踏むはずだった。未踏峰トゥインズ（七三五〇㍍）を目指す。登山許可の関係でナンダ・デヴィ（七八一六㍍）に計画変更したものの、出発を待つばかりだった。しかし、現地の政情不安から保留となり、〝幻の遠征〟に終わった。

その時隊員に選ばれていた緒方道彦が今度は隊長になり、稲永篤、木本康之、中島克洋、久永勝介、高山一義、鍋山五郎、古賀真、池野寛の計九人が未踏峰ダウラギリⅣ峰（七六六一㍍）を目指した。カペ・コーラの標高四一〇〇㍍地点にBCを設けたのはこの年九月二十二日だった。

硬い蒼氷、前進を阻む岩壁、頭上を襲う雪崩…苦闘が続いた。それでも登高は順調に進んだ。ダウラギリⅣ峰偵察のため十月二十五日、中島と鍋山がその手前にある未踏の無名峰（七一五〇㍍）に登頂した。九州の山岳会では初の七〇〇〇㍍峰登頂だった。

当時はまだ辺境地の地図は未整備で、この峰も地図にはなく、もちろん無名。早速、隊員たちは「ガマ・ピーク」と名付けた。隊長の緒方はそのころ九大教授（生理学）で、同じ生理学者だった父親のあとを継ぎ、実験に使うガマガエル供養のためガマの置物をコレクションしていた。それにちなんでついていたニックネームが山名になった。

　そのガマ・ピークから初めて見るダウラギリⅣ峰は、もの凄く大きなピークだが登頂できるように見えた。だが、そこまでのルートをたどるうち中島らは肝をつぶす。地図で予想した地形とは違っていた。間には標高七〇〇〇㍍余りの雪をつけた岩峰があり、その岩峰までの氷雪の稜線は狭く、途中で切れ落ちていた。一日おいて、今度は高山がガマ・ピークからさらに進んで偵察した。報道隊員だった池野（西日本新聞記者）はこう書いている。

「岩峰への尾根は途中でクツの踏み幅もないナイフリッジになっている。左のカベ氷河側にも右のクナボン氷河側にも、青氷の壁が斜度六〇度の急斜面で落ち込んでいる。トラバースは無理だ。…馬乗りになって進むにも距離が長すぎる」

　ルートを変えるにも予定の日程と食料は残り少なく、目指していたダウラギリⅣ峰は断念せざるを得なかった。その代わり十一月一日、Ｃ6（六八一〇㍍）にいた中島と古賀がシェルパ二人と共に、ダウラギリⅣ峰への尾根とは反対側のダウラギリⅥ峰（七二六八㍍）に北側新ルートから登頂した。登山許可がないまま登ったので、中島らはピークは足で踏まずに手でタッチしただけだったが、後日、ネパール政府に報告の結果、同年春の関西登高会に次ぐ第二登が記録された。

　隊長の緒方は同山の会会長・脇坂順一へ宛てたＢＣからの最終報告（十一月五日付）でダウラギリⅣ峰に到達できなかった原因として、①地図の不明確。②冬のジェット・ストームの時期が予想外に早く、強風の日が続いた③日数不足と装備・資材の不足を挙げ「しかし、隊員は全力をあげて挑みました。ダウラギリⅥ峰、ガマ・ピークの登頂には成功しましたが、サーダー（シェルパの頭）もこんな長いルートは初めてと言う程で、エベレストやマカルーのルートよりも長く、Ｃ7を設けてもまだ足りぬ程の長い道のりでした」と書いた。

　この福岡山の会隊が残した苦闘のトレースは、七五年の大阪府岳連隊によるダウラギリⅣ峰初登に生きた。

第61話

谷と沢と源流

「登山の醍醐味」を求め、大崩山七年谷を遡行完登した八代ドッペル登高会。

ネパール・ヒマラヤの登山解禁により、ヒマラヤを想定した冬山登山が活発化する一方で岩壁の登攀、難路開拓が熱を帯びた。一九七一年（昭和四十六年）四月二十六日には、八代ドッペル登高会の野田信一と坂井徹也が大崩山群の七年谷に入った。桑原山（一四〇四メートル）と木山内岳（一四〇一メートル）を結ぶ尾根の鞍部（一二四〇メートル）に突き上げる、小さな滝が連なる谷である。

「谷には五メートルの滝とそれに続くトユ状の滝が白日にさらされて、半ばすねた様な表情を見せていた」と坂井は記録に書いている。野田と坂井は桑原川へ連らなる水量の多い左俣の沢に入り、さらに四～五メートルの滝をいくつも遡行して、完登した。

沢登りのルートは地図にない。それだけに、源流を求めて困難な未知のルートの開拓と挑戦と冒険に魅力が広がる。「沢登り」は一八年（大正七年）の冠松次郎による黒部・御山谷遡行が初めとされるが、九州でも三一年（昭和六年）から三三年にかけ八幡山岳会・藤崎定雄らによる阿蘇・高岳ツベツキ谷遡行などパイオニア・ワークが注目された時期があった。九州の沢は中部や信越地方のそれに比べて規模は小さいが、凍結がほとんどないため四季折々の趣を楽しみながら登れる利点がある。

「より困難へ」のアルピニズムを求めて結成した八代ドッペル登高会は、この七年谷遡行をきっかけに集中的に九州の沢へ出かけた。まだ一般的にヘルメットはなく、建設工事現場でごついヘルメットを調達。濡れた岩に滑らないよう地下足袋に草鞋《わらじ》を重ねばきして取りついた。滝壺も迂回せずに泳いだ。

それは登山靴とピッケルに象徴される西洋式登山とは違う日本独特の登山法である。岩登りや尾根の縦走とも違う〝登山の趣〟がある。

同登高会は七年谷のあと、七二年五月には坂井と土森大海が阿蘇・根子岳（一四三三㍍）の山口谷を遡行、完登した。同年十一月には阿蘇・中岳（一五〇六㍍）のヤカタ谷を登った。八〇年ごろまでには九州の谷沢のほとんどを遡行した。その中から約一四〇本の沢登りの記録を選んで『九州の谷』にまとめ刊行するが、この時期、九州の岳人たちの多くは同登高会の活動に触発されるように「沢登り」に足を向けた。

七二年一月には福岡山の会の松永碩雄、松尾広之、宮崎俊二が市房山（一七二一㍍）東面の堺谷を遡行している。連続する滝を遡り、川底が岩盤になったナメ滝を越えて左手の本谷を上がった。この谷には三四年（同九年）、筑紫山岳会の吉村毅、角範次、福原喜代男が入っているが、深くて水量も多いこの市房山東面の谷を次から次に集中遡行するのは松永ら福岡山の会が初めてだった。松永らは堺谷の四つの沢を上がったあと、同年七月には八回にわたり山ノ口谷の沢筋を遡った。七四年三月からは鍋床谷、同年十一月には土曜古場谷…と、七六年までの四年間に同東面の一〇の谷、沢筋でいうと三〇の沢を三〇人が交代（延べ一〇四人）しながら二八回にわたり遡行した。

同山の会はこれと並行して、七三年五月から約三年をかけ脊振山（一〇五五㍍）山群北面でも沢筋三二筋を集中探査、遡行している。

この記録は同山の会の会報「せふり」に連載されたが、ただ冒険心と挑戦心から登るだけでなく、長期間にわたり何度も山と沢筋に入り、山域の状況、岩質、植物や昆虫を調査した「地域研究」の成果は、社会人山岳会の活動のあり方に一石を投じることにもなった。

七一年八月には、延岡山の会の吉田清、小田拓一、川西正昭らが大崩山（一六四三㍍）祝子川本流ゴルジュの核心部を初遡行している。

第62話

ダウラギリの名月

研究と偵察資料を集約、満を持してダウラギリV峰に挑んだ九州大山岳会隊。

九州大学山岳会がネパールのダウラギリV峰（七六一八メートル）初登頂を目指して遠征したのは、ヒマラヤ登山が解禁された翌々年の一九七一年（昭和四十六年）九月だった。当時、同大山岳部長だった白水隆（同大教養部教授）を総指揮に、松村哲男が登山隊長で指揮を執った。

同山岳会では早くからヒマラヤを研究、遠征の機会をうかがっていた。そこが登山禁止になっていた間も「トレッキングなら入れる」「解禁になった時、すぐ出かけられるように」と六七年には会員の中溝幸夫、西野英世がダウラギリ山群南面を偵察、六八年には高山哲信がダウラギリV峰へ近づくカギとなるミャグディ・コーラから上部のツォーラボン氷河を探った。六九年も高山はさらに足を延ばしてツォーラボン氷河を標高五四〇〇メートルまで上がってみた。

「ダウラギリV峰へはミャグディ・コーラから岩壁帯を越えて同峰南東尾根鞍部に出、稜線を行けば登頂は可能性大だ」。高山は〝朗報〟を持ち帰った。

松村らの同山岳会遠征隊はそれらの偵察資料を基に、ダウラギリV峰南面のツォーラボン氷河末端の岩壁帯を上がり九月二十二日、氷河の中の小高くなった標高四四五〇メートル地点にBCを建てた。上部のアイスフォールから時折、雪のブロックが落ちてきた。

同二十四日には、高山が六九年にたどったルートを上がり、同峰南東尾根上の白いピークから東に延びる支尾根の末端、標高五三〇〇メートルにC1を置いた。

上部のルート工作が始まった。十月十五日から二十日の間の頂上アタックを予定すれば、もう余裕はない。尾根へのルートを探るためC1から真上に上がり、標高五八〇〇メートル地点にC2aを設けた。そこから右にトラバースして第三岩峰を登り、C3を設けることを考えた。さらにもう一つ、C1からツォーラボン氷河の雪原を右にトラバースしたあと上に上がり、五九〇〇メートル地点にC2bを設けた。ここからは第三岩稜右側の第四岩稜をダイレクトに登り、C3を置くことを考えた。

十月六日、C2bにいた千々岩玄は浅野幸男と共にサーダー（シェルパの頭）とシェルパを伴い、ダイレクト・ルートの工作に出た。上部の黒い岩の右ルンゼを登り、雪稜にスノーバーで支点を設けて固定ロープを施設しながら約八〇〇メートルを登った。

その時だった。少し上の雪面が切れた。次の瞬間、雪崩―。四人は巻き込まれた。約六〇〇メートル流され、止まった。自力脱出できた浅野が急ぎ、三人を掘り起こした。仰向けだったサーダーとシェルパはすぐ意識を取り戻したが、千々岩はうつ伏せになっており、肩から上が雪に埋まっていた。すぐに人工呼吸を行い、心臓マッサージを続けた。

急のコールを聞きつけた隊員たちも駆けつけた。浅野が続ける心臓マッサージを森部清司が代わった。しかし、千々岩の脈が再び打つことはなかった。

同年十一月十八日、九大同窓会館で行われた告別式で、隊長だった松村は「帰らぬ友」へ弔辞を述べた。

「あの前々日の夜は中秋の名月で、ダウラギリI峰の左肩から大きな月が上がってきました。C1の前の雪原がこうこうと照らされ見事なものでした。私の提案に君がすぐ応じて一杯の酒をなめながら月見をしました。こんな最高の場所で月見をしているのは世界中で私たちだけだろうな、と言った君の笑顔が忘れられません…」

千々岩らが果たせなかったダウラギリV峰初登は七五年、岡山大山岳会が成功する。指揮した隊長は九州大出身で同大山岳会にも籍を置く、千々岩の五年先輩の楳木栄一だった。

第63話

されど岩登り

垂壁登攀に人気が高まるにつれ、宮崎県北部の岩山群にクライマーが集まる。

一九七三年（昭和四十八年）四月一日、宮崎山岳会の木庭範昭とＪＥＣＣの与田守孝は延岡の奥、比叡山Ｉ峰（七七四㍍）南面の岩壁に取りついた。標高差二五〇㍍、平均斜度六〇度超と傾斜の強い花崗斑岩のスラブ（一枚岩）。浅いルンゼ状のスラブを伝いながら高度感満点のフェースをよじ登り、8ピッチ計三四〇㍍の「第二スラブルート」を開拓した。

比叡山は三つの岩峰が連なる。南画を思わせるその風光は、戦前から国の特別名勝にも指定された観光スポットだが、六〇年代ごろからはクライマーたちの熱い視線が加わった。

このＩ峰スラブに登攀ルートを開いたのは、記録が残る中では六一年九月、宮崎山岳会の佐藤徳守、三澤澄男、竹野正人による「第一スラブルート」が最初だ。六六年十一月には三澤と佐々木睦人、日穏裕孝が同じＩ峰のニードル左岩稜にルートを開いていた。

九州の岩登りは戦前、鷲ケ峰を中心にした阿蘇・高岳北尾根で始まり、戦後は祖母山―障子岳の東面や傾山…と登攀のエリアは広がるが、海外の高峰や氷壁を目指すためにはより難度の高い、より厳しい岩壁での登攀トレーニングが求められた。

丁度その時期、六〇年代に入ると、従来のアルパイン・クライミングとは別にオーバーハングや垂壁など、それまで〝登攀不可能〟とされてきた岩壁をよじ登る〝登山〟が盛んになる。難しいルートの岩壁にハーケンを打ち、ボルトを埋め、あぶみを掛け、あらゆる人工登攀具を駆使しながら一瞬の油断も許されない集中力と、指の力と腕力での闘い…その緊張感と陶酔感、完登の達成感にこそ〝登山の醍醐味〟があると考えられた。

谷川岳の一ノ倉滝沢スラブや幽ノ沢中央壁、穂高岳・屏風岩東壁などが注目される中、九州では比叡山Ｉ峰・Ⅱ峰の南面や傾山二ツ坊主南面、大崩山小積ダキ、鉾岳の雌鉾岳《めんぼこだけ》南面の大スラブ帯、行縢山《むかばきやま》の雄岳など、宮崎県北部の花崗岩峰の岩壁がにわかに脚光を浴びた。

九州で岩壁登攀の先鞭をつけたのは六〇年二月、耶馬渓に近い八面山南壁で中津山岳会の西諒、橋爪孝雄、菊地辰男が「左岩壁中央ルート」を開いて登攀、さらに同年五月の宮崎山岳会・原口幹雄、村川吉禧による大崩山小積ダキ「中央稜ルート」の開拓と続いた。

七〇年代になると、岩壁への取り組みは先鋭化しながらさらに盛んになる。七〇年五月には若松山岳会の上川雅則ら三人が大崩山小積ダキ北壁に初めての本格的人工登攀ルート（若松山岳会第一ルート）を開拓、七一年一月にはその左側に三澤澄男ら宮崎山岳会の六人がハーケン、埋め込みボルト約二〇〇本を打ち込んで、九州本土では最も長い約三四〇メートルの人工ルート（北壁宮崎山岳会ルート）を開いた。

比叡山Ｉ峰南面の「第二スラブルート」開拓に続いて、同じ七三年の六月には傾山二ツ坊主南壁に小倉山岳会の大浜健次らが三回の試登のあと初登ルートを開き、九月には比叡山Ｉ峰南面で宮崎岳人クラブの立石征治、赤木満良が「ＴＡカンテルート」を初登攀…と続いた。

それらの岩場に集まる仲間が寄り合って、三澤澄男を中心に「岩と雪」の実践クライマー集団「宮崎登攀倶楽部」が結成されたのは七六年。その先鋭的活動は「日本登攀界の西風」と呼ばれた。

七〇年代後半から八〇年代、そうした岩壁登攀はさらにグレードの高いルート開拓が続くが、ヨーロッパやアメリカでの影響から今度は、人工登攀具は使わないフリー・クライミングが脚光を浴びるようになる。七八年二月、宮崎登攀倶楽部の工藤利光、仮屋園豊久、黒木周二、与田守孝が大崩山群広タキのスラブでフリークライムにより「左ルート」を開拓したのをきっかけに、六〇、七〇年代に開拓されたルートの多くもフリー化されていった。

第64話 「鉄の時代」

屈指の難壁・黒部奥鐘山西壁2ルートを冬季初登攀したベルグ・シュピンネ。

福岡大山岳会の有志が集まった先鋭的グループ「ベルグ・シュピンネ」の植松満男ら一〇人が黒部・奥鐘山（一五四三メートル）西壁に挑んだのは、一九七三年（昭和四十八年）暮れだった。同グループは、その前の年にはガウリサンカル（七一三四メートル）を六〇〇〇メートルまで試登、この年初めには穂高岳屏風岩東壁ルンゼ右直登ルートの冬季初登攀も完成させていたが、目の前には同大山岳会のナンガ・パルバット（八一二六メートル）遠征計画があった。

そのころヒマラヤでは「壁の時代」「鉄の時代」を迎えていた。困難な氷雪の巨壁も人工登攀具を駆使して登ってしまおうというのである。七〇年、標高差四〇〇〇メートルにおよぶアンナプルナI峰（八〇九一メートル）南壁を英国隊が初登攀したのが糸口だったが、その難壁登攀の風潮はアルピニズムを求める登山者の間に、またたく間に広がった。ベルグ・シュピンネの奥鐘山西壁挑戦もそうした時代を見据え、準備の合宿だった。

植松らが取りついたその西壁は、標高六〇〇メートルから一一〇〇メートルへかけて直立し、氷雪に包まれ、ハングの岩からはつららが垂れていた。その間を時折、雪崩が落ちた。十二月二十八日、チームは「清水ＲＣルート」組と「岡山ＣＣルート」組に分かれて登攀にかかった。

「清水ルート」の新開忠孝、渡俊二、中嶋隆登、原秀士郎、井手正俊はまず雪のついたスラブを直登。約二メートル張り出した第一ハングはハーケン二本に身を託してボルトを打ち、身をよじりながらシュリンゲを掴み乗り越えた。

さらに雪が解け始めたスラブを攀じり左斜上した。翌日は第二ハングを越え、垂壁の氷を叩き割りながら登った。

登攀三日目。雪壁を登り、雪が積んだテラスからバンドを左斜上、庇状に出っ張った第四ハングはボルトを打って上がった。五日目は雪壁をトラバースしてカンテを人工で登り、庇状に重なるハング帯を越えた上は氷を割りながらの登攀となった。

六日目。「（約四・五メートル突き出た）ルート最大のハングは若い原がトップを務める。ハングを抜けるや猛烈なつららが行く手を塞ぐ。どんどん氷を叩き割り、人工で直上。最終ピッチは渡が（トップを）行くが、長さ二メートルもの巨大なつららに手こずった」（新開の報告）。難関を抜け、終了点のブッシュに着いた。このルートの冬季初登攀の完成だった。

一方「岡山ルート」でも石村義雄、末松献己、田中勝武、三苫立博が凹角状フェースを登り、第一ハングを越える。二日目も上部の庇からの雪解け水でびしょ濡れになりながら、右側の垂壁を直上、氷を叩き割りながら人工で進んだ。

三日目は「末松トップで傾斜の落ちたスラブにザイルを延ばす。ホールドはすべて氷と雪で埋め尽くされ、アイスハンマーとジャンピングでバランスをとりつつ直上する」（石村の報告）。四日目、五日目も落氷とスノーシャワーが断続的に続く中、スラブを人工で直上し、垂壁を眉毛ハングへ登った。

七日目は激しい降雪のためスラブについた雪も厚くなり、ホールドにも苦労する登攀となったが、最終ピッチは石村がスノーシャワーを浴びながらトップで登り、最後はハーケンにセットしたあぶみの上段に立って氷にステップを切り、ブッシュに飛びついて終了点に達した。こちらのルートも冬季の初登攀だった。

植松、石村、三苫はこの三年後の七六年、加藤秀木を隊長とする福岡大山岳会のナンガ・パルバット登山隊に加わり、樋口速水、阿部盛俊、首藤秀樹、荒谷渡、菊池守とともに同峰ディアミール壁から頂上を目指した。標高七一〇〇メートルまで上がったところで悪天候が続き断念するが、困難な「壁」登攀の経験の積み重ねはこのあと、八五年の同山岳会のナンガ・パルバット無酸素登頂へつながっていくことになる。

《番外話》「坊がつる讃歌」

雄大な九重連山を語るそれは、旧制広島高師山岳部歌「山男」の替え歌なのだ。

一九七八年（昭和五十三年）六月、NHKの「みんなの歌」に雄大な自然を語るゆっくりしたリズム、美しい光景が浮かぶ力強いメロディーが流れた。歌うのは芹洋子だった。

♪人みな花に酔うときも　残雪恋し山に入り
　涙を流す山男　雪解《ゆきげ》の水に春を知る

「坊がつる讃歌」だった。またたく間に大ヒットした。その年の大晦日のNHK紅白歌合戦でも芹はこの曲を歌った。拍手喝采だった。だが、この時ミステリーだったのは、作曲者が不明なことだった。

実はこの歌、五二年の夏、当時九大学生だった松本徰夫（のちに日本山岳会福岡支部長）、梅木秀徳（のちに同東九州支部長）、草野一人が、退屈しのぎに作った「替え歌」だった。

三人はその時、九重・坊がつるにあった九州山小屋の会（旧筑紫山岳会）所有の山小屋「あせび小屋」の小屋番を仰せつかり、滞在していたが、雨が続き、訪れる登山者もなく、退屈な毎日。所在ないままに梅木が高校のころ山岳部顧問教諭に習ったという旧制広島高師（現広島大）山岳部の部歌を口ずさんだ。三人は「歌詞にある山の名を九重の山に置き換えてみよう」となり、替え歌はあまり時間をかけずに九番まで出来上がった。

歌詞は雑誌「山と渓谷」誌上でも発表され、曲は同じ山小屋会の仲間だった野田宏一郎（のちにフジテレビ・プロデューサー、SF作家）が採譜、編曲して、山仲間の間で歌われるようになった。「やまなみハイウエイ」（九州横断道路）を走る観光バスのガイドも歌って大受けした。

七七年夏、たまたま阿蘇山麓で開かれた野外コンサートに招かれて訪れた芹が、夜のテントで地元の若者たちが歌っているその歌を聞いて気に入り、芹も歌って「坊がつる讃歌」は一気に広まった。松本は「替え歌なのにえらく流行ってしまい、何とも調子の悪い次第で…」と頭をかいた。

「みんなの歌」でヒットしたことから本歌《もとうた》探しが始まり、やがて本歌は四〇年、旧広島高師で発表された「山岳部第一歌・山男」と分かる。関係者の話で、最初の作詞者は当時、同高師地質鉱物学研究室助手補だった神尾明正（のちに千葉大名誉教授）、作曲は竹山仙史（本名・武山信治、のちに宇都宮大名誉教授）だったことも明らかになった。

今、「坊がつる讃歌」は「作詞：神尾明正、補作：松本徰夫、作曲：竹山仙史、歌：芹洋子」となっている。「みんなの歌」では歌詞の一部を入れ替えて四番までしか歌われなかったためＣＤやカラオケでも四番までだが、九番まである。

松本らが作った当初の歌詞と順番はこうだった。

一、人みな花に酔う時も／残雪恋し山に入り／涙を流す山男／雪解《ゆきげ》の水に春を知る
二、石楠花谷《しゃくなげたに》の三俣山／花を散らしつ藪《やぶ》分けて／湯沢に下る山男／メランコリーを知るや君
三、ミヤマキリシマ咲き誇る／山はピンクに大船の／段原放徨《さまよう》う山男／花の情も知る者ぞ
四、四面山なる坊がつる／夏はキャンプの火を囲み／夜空を仰ぐ山男／無我を悟るはこの時ぞ
五、深山紅葉《みやまもみじ》に初時雨／暮雨滝《くらぞめたき》の水音《みな》を／たたずみ聞くは山男／もののあわれを知る頃ぞ
六、町の乙女等思いつつ／尾根の処女雪蹴立てつつ／久住に立つや山男／浩然《こうぜん》の気は言いがたし
七、白銀《しろがね》の峰思いつつ／今宵湯宿に身を寄せつ／闘志に燃ゆる山男／夢に九重の雪を蹴る
八、出湯の窓に夜霧来て／せせらぎに寝る山宿に／一夜を憩う山男／星を仰ぎて明日を待つ
九、三俣の尾根に霧飛びて／平治《ひーじ》に厚き雲湧きぬ／峰を仰ぎて山男／今草原の草に伏す

第65話

白いスラブ

屋久島・障子岳南西稜南西壁に「西野ルート」を開拓した鹿児島大・米澤弘夫。

迫力を競う屋久島の岩場の中でも圧巻は、白い花崗岩の岩壁が屏風のように立つ永田岳北尾根の障子岳（一五五〇㍍）周辺だ。その障子岳南西稜南西壁、標高差五五〇㍍におよぶ屋久島最大のスラブ（二枚岩）を直登、最初にルートをつけたのは九州大山岳会員の米澤弘夫（現鹿児島大山岳部長）と久保園達也だった。一九七八年（昭和五十三年）八月十六日である。

米澤と久保園が永田川を遡行、岩壁中央右のチムニー状ルンゼに取りついたのは同十二日だった。直上して滑りやすい岩をクラック伝いに左上、ルンゼ帯を上がった。、手のひらを岩肌に吸い着かせるようにして緩傾斜帯を登り、１ビバークのあと、ボルトを連打、アブミを掛けながら白く光る核心部の中段スラブ帯を越えた。いったん下りて装備を整え、再び挑んだのが十六日だった。ボルトを埋めてはジリジリ上がり、きわどい体勢でハーケンを打っては登った。最後は掴むとはげ落ちそうなウロコ状の岩肌にボルトを打ちながら這うようにして上がり、南西稜の肩に出た。

久保園は勤めのため下山したが、米澤は新たに加わった鹿児島大山岳部の横川豊彦と組んで二十一日、再び約八五〇㍍のルートを21ピッチで完登した。「西野ルート」と名づけた。六七年の九大山岳会ヒマラヤ踏査でダウラギリ山群を偵察、七一年の同会ダウラギリV峰遠征への道をつけながら六八年、前穂高岳合宿で遭難死した先輩の西野英世に捧げる命名だった。

屋久島の岩場が本格的に登られたのは六五年の鹿児島大山岳部による本富岳（モッチョム岳＝九四〇メートル）側壁登攀のころからで、脚光を浴びたのは宮崎県北部の比叡山などよりやや遅れた。九州の南端、離島で目が届かなかったのかも知れない。しかし〝未踏岩壁の宝庫〟のそこは、登攀愛好者にとってむしろ〝穴場〟だった。

六八年三月には鹿児島黒稜会の三穂野善則と古木康太郎が本富岳正面壁に「鹿児島黒稜会ルート」を開いて初登攀、六九年三月にも同じ正面壁で福岡山の会の鍋山五郎、広田良夫がバリエーションの「FYKルート」を開いた。七〇年には七五岳（一四八八メートル）北壁に鹿児島経済大山岳部の朝倉登美雄らが初ルートを引く。

その七五岳では、七二年八月には福岡GCCの倉智清司らが北壁で「ダイレクトルート」を開拓。七五年三月には同じ福岡GCCの浦一美と宮崎豊文が東稜に「福岡GCCルート」を開いて初登した。ガスが湧き、視界も利かなくなる中、「屋久島で最も輝かしい登攀の一つ」と記録に残る、困難を克服しての登攀だった。七六年十一月にも西壁に鹿児島山岳会の永重貢と前迫悦男が三年がかり、五度目のアタックで開いた「鹿児島山岳会ルート」を完登している。

この間も屋久島のパイオニア・ワークで注目されたのは毎年のように谷筋からの遡行を重ねる鹿児島大山岳部の行動だった。七六年四月には同山岳部の水流宏道と岸川芳久が障子岳南西稜南壁に「大鹿ルート」を開き、初登攀した。同年七月、九大山岳会で鍛えた米澤が鹿児島大理学部助手（現在教授）で赴任して来ると、学生たちと共に岩壁への挑戦に拍車がかかった。

米澤は七八年の「西野ルート」開拓のあと、七九年五月には同じ鹿児島大山岳部の中村智明と障子岳南西稜南壁のバリエーションルート「大馬ルート」を初完登。八〇年五月には同山岳部の早川政広と組んで、それまで「登攀絶望的」と残されていたネマチ（永田岳Ⅳ峰＝一八一四メートル）北西壁に初めてのルート「上之薗ルート」をつけた。

このあとも米澤は学生部員たちと鯛之川千尋滝右岸スラブ、本富岳周辺、二又川右俣右岸スラブ、障子岳南西稜西壁、七五岳北壁などに計二〇本にのぼる新ルートを開拓する。

海外登山の活況

（1970年代〜1980年代）

一九七〇年代から登山の流れは大きく転換する。登山技術の向上、装備類の開発、軽量化を背景にますます先鋭化するヒマラヤ登山は、難壁、巨壁が登攀され、アルパイン・スタイルによる八〇〇〇㍍峰の速攻、無酸素登山が盛んになった。

日本隊も八〇年、山学同志会がカンチェンジュンガに無酸素登頂、八一年には熊本出身の禿《かむろ》博行がダウラギリI峰をアルパイン・スタイルにより八日間で単独無酸素登頂した。九州からも福岡登高会隊が八三年、ナンガ・パルパットの無酸素登頂を目指す。

一方、七七年の日本山岳協会Ｋ２登山隊が地方の社会人登山家を募って遠征、登頂成功したことは、「地方の実力」を証明して見せるとともに、それまでの有名大学出身者の人脈主導だった大型プロジェクトの海外遠征のあり方を大きく変えた。八〇年には中国の山も開放されて「北側からのヒマラヤ」が加わったこともあり、一段と地方の山岳会の海外遠征熱に拍車がかかった。九州からも多くの登山隊が世界の山へ出かけて行った。

女性登山隊の海外遠征が注目され、元気な高齢者の海外トレッキングが始まったのもこの時代だ。七二年には福岡山の会の高齢者グループが全国の高齢者に先駆けてヒマラヤを歩き回り、七六年には門司山岳会の女性たちが南米・アンデス山脈に出かけた。

マッキンリーに登頂した佐賀RCC隊の左から松本良弘(隊長)、新郷信広、石橋清志隊員＝1978年6月。《第67話》(西日本新聞提供)

ヒマラヤ・クーンブ山群を巡り、タンポチェからナムチェへの途中アマダブラムの秀峰に見入る福岡山の会熟年トレッキング隊の一行＝1972年5月。《第66話》(参加した柴藤俊輔さんアルバムから)

ナンガ・パルバットにルパル側から挑みC1を出発する福岡登高会隊隊員。この数日後、左の谷を流れた大雪崩でC1はテントごと巻き込まれ4人が遭難、うち3人が犠牲になった＝1983年7月。《第75話》(西日本新聞社提供)

世界第二の高峰K2に日本隊初登頂へ。頂上直下8400m付近の雪壁を登る北九州出身の中村省爾隊員(右下はスキャンカンリ)＝1977年8月。《第69話》(重広恒夫隊員写す)

第66話 山は若者だけのもんじゃない

「大丈夫?」を尻目に、ヒマラヤ・クーンブ山群を山旅した福岡山の会熟年隊。

一九七二年（昭和四十七年）四月二十九日、福岡山の会のヒマラヤ・トレッキング隊がネパールへ向け、福岡空港を発った。

山田光男七十一歳、野村理一六十六歳、林田雪男六十五歳、高尾徳繁六十四歳、柴藤俊輔（隊長）六十二歳、井島良雄六十一歳…。総勢二二人には家族や世話役の若手もおり、平均年齢こそ四十九歳だったが、第二代から第五代までの会長を含め〝長老格〟がズラリ顔を並べていた。

この二年前、同山の会のヒマラヤ遠征隊がダウラギリⅥ峰（七二六八メートル）とガマ・ピーク（七一五〇メートル）に登頂して帰り、写真を見せられ話を聞くうちに「ヒマラヤは若い山男だけのもんでもあるまい。五〇〇〇メートルの山へ挑むぐらいわれわれにだってできるさ」と、熱くなったのが事のきっかけだった。が、新聞にも「ヒマラヤ史上初めてといわれる中高年パーティー」と載り、注目を集めた。

「高齢元気」社会の今なら、その年齢のヒマラヤ山行もあまり驚かないが、当時は「そのトシで大丈夫なの？」といった驚きと心配の方が先だつた。だが、そんな年齢とは関係なく、みんな元気。カトマンズを経由してルクラに飛び、八日間にわたり巨峰、秀峰が連なるクーンブ山群を歩き回り、その間の五月五日には標高三七〇〇メートルのシャンボチェに上がった。

「ナムチェの村を発ってエベレスト・ビュー・ホテルへの高原上に達した時（そこはもう富士山よりも海抜高度は

大であった)、コングテ、アマダブラム等十数座の七千メートル級の峰頭がそびえるその最奥に、ローツェからヌプツエへの稜線上に聖峰エベレストが忽然と仰がれた。森林帯を抜け出ようとする草原性のその付近の景観は、特にメルヘンの名にふさわしい夢の園そのものであった」。その時の感激を、山田は同山の会の報告書にそう綴った。高尾は「だれもが見たいと思う白き神々の座を前にして、僕らは幸せをつくづく感じた」と言った。星野潜、森田嶺、高橋勝子ら五人はカラ・パタール（五五四五メートル）の頂きに登った。

熟年登山では三〇年（同五年）夏、福岡日日新聞が主催した久住山登山会に六十六歳の重岡篤や、六十二歳の添田タケが元気に登ったという記録があるが、ヒマラヤへ憶することなく、こぞって足を延ばしたのはこの福岡山の会のグループが最初だったろう。

熟年登山グループで有名な「おいらく山岳会」（東京）のヒマラヤ・トレッキングも翌年の七三年出かけている。この時期、全国の熟年たちの目が海外の山に向き始めたのは何よりも医学の発達や食事の栄養バランスの効果から平均寿命が延びたこともあるが、日本の経済成長とともに登山技術の向上、装備、用具、食料の軽量化、軽便化、さらには旅行ブーム、レジャー指向の高まり、旅行社のサービス提供の充実や現地でのシェルパの確保など、受け入れ態勢が整ったことが大きい。

加えて、若いころ登山を知り、海外の山に憧れながら戦争、戦後の混乱で叶わなかった年代の人たちが定年を迎えてゆとりができ、元気でさえあれば海外の山へ行けるようになったという背景もあった。

福岡山の会は八五年四月にも「福岡熟年山旅隊」を組んで、こんどはネパール・アンナプルナ山群に出かけた。この時も七十五歳を迎えていた柴藤を隊長に、八十二歳の行徳兼市も加わり、隊員八人の平均年齢は六十五歳弱だったが、みんな疲れを知らずに急な山道を登り、ガレ場を下り…九日間、約一〇〇〇キロを踏破するヒマラヤの山旅を楽しんだ。

第67話　アラスカ人気

ブラックバーン峰に挑んだ鹿児島山岳会など七〇年代には九州から一〇余隊が。

　鹿児島山岳会は一九七四年（昭和四十九年）六月、川野秀也を隊長に五反田年典、大郷隆治、渕脇次郎、佐方道男の五人をアラスカのブラックバーン主峰（五〇三六メートル）に送った。

　雪原の状況が悪く、アプローチの小型セスナ機が予定よりずっと東側に着陸したためルートは長くなったが、ＢＣ設営から五日目にはウエストコル（三〇五〇メートル）の下にＣ１を置いた。気味悪く口を開けるクレバスを避けてジグザグに巻き、スノーブリッジを越え、雪渓を登った。

　同山岳会は上部の偵察とルート工作の結果、北西尾根の氷壁を右から回り込み、緩斜のやせ尾根を詰めてＣ２を置きアタックへ―と、見通しは成功へ向かっていた。

　雪山には遠い南国の社会人山岳会。氷雪斜面の代わりに高千穂峰（一五七四メートル）の砂レキ斜面で滑落防止の訓練を積み、昼間の勤めのあと夜はアルバイトの道路工事で資金を作り、日本隊初登を狙っての初遠征だった。難しい氷壁帯にもスノーバー四〇本とフィックス用ロープ四八〇メートルは用意しており、登頂の自信はあった。

　だが、Ｃ１を置いたあと天気は急変。来る日も来る日も激しい風雪。六日間閉じ込められた。「あす天候回復の兆しがあれば、残ってる食料を持ってＣ１からアタック」。決意してシュラフに入ったが、迎えた朝はまた吹雪だった。やむなく、胸までの積雪をかき分けながらＢＣに下りた。

　しかし、このパイオニア遠征は七〇年にマッキンリー（六一九四メートル）に挑んだ小倉山岳会隊（三村幸男隊長ら九人）と共に、九州からのアラスカ・ラッシュに火をつけた。このあと八〇年までに九州から少なくとも一一隊がアラスカへ向かうことになる。

七五年四月には、福岡市役所山岳会の深田泰三ら八人がヘイズ主峰（四二一六メートル）へ向かった。アラスカ人気が高まった背景にはサラリーマン岳人たちの宿命ともいうべき勤めの休暇日数と費用の問題があった。鹿児島山岳会も福岡市役所山岳会もそうだったように、国内の山の次の挑戦は海外の山。といってヒマラヤは登山期間が長く必要で、費用の面でも負担が重過ぎた。許される範囲の休暇と費用で何とか手が届きそうなのがアラスカだった。

深田ら登山隊がスシトナ氷河に入ったのは五月になっていた。アイスフォール帯から西稜への未踏ルートを進むが、積雪二〇センチの下は氷で、スクリューハーケンを埋めようにも氷が割れて支点が取れない。苦闘が連続の登攀―。十日目、標高三〇〇〇メートルを越え、井上雄介、岩本敬之と藤野忠臣、森英雄の二パーティーが氷壁を登って雪庇が張り出した稜線に上がった。さらに岩壁を進み、コルに出た。頂上まではあと15ピッチぐらいか。だが、フィックスロープもスノーバー、スクリューハーケンも使い果たしていた。安全を考えれば無理はできない。隊長・深田の決断は「断念、下山」だった。

同市役所山岳部が捲土重来を期して斉田貴典ら八人の二次隊をヘイズ峰に送ったのは七八年だった。しかし目指す主峰は三年前と状況が一変、クレバスと大雪壁に登路を阻まれ、やむなく南峰（四〇五六メートル）に回った。井上雄介、藤原邦俊、広松正史、釜田正治が南西稜からブルーアイス帯を抜け、雪稜を上がって登頂、三年前の無念を晴らした。

この年の六月にはマッキンリーに佐賀ＲＣＣ隊（松本良弘隊長ら七人）がウエストバットレスからアタック、松本と新郷信広、石橋清志の三人が頂上に立った。

鹿児島山岳会隊が無念の涙をのんだブラックバーンには七七年六月、直方山岳会隊の小田早美（隊長）、梅原広美、水野一昭、大西正彦、山崎久夫、手嶋彰三が北西尾根から登り、全員で頂上を踏んだ。

第68話 女性だけの遠征

門司山岳会の五人が猛トレで鍛え、南米アンデス・チャカルタヤ山頂を踏む。

「門司山岳会アンデス女性登山隊」が南米ボリビアへ向かったのは一九七六年（昭和五十一年）五月である。女性ばかりの登山隊は、日本では六〇年、インド・ヒマラヤのデオ・ティバ（六〇〇一メートル）に登ったジャパン・レディース・アルペンクラブが最初だが、九州からはこれが初めてだった。この二年前には同人ユングフラウ隊の中世古直子らがマナスルに立って日本女性初の八〇〇〇メートル峰登頂を記録、一年前は女子登攀クラブの田部井淳子が日本女性としては初めて最高峰エベレストの登頂に成功、女性の海外遠征に熱い目が注がれている時期だった。

門司山岳会は七四年、松本明修を隊長に坂口幸男、野田多恵子、末広君子がボリビア・アンデスのワイナ・ポトシ（六〇九四メートル）に挑んで松本と坂口が頂上に鯉のぼりを立てたが、この遠征のあと「こんどは女性隊で行きたい」の声が女性会員の間で上がった。

「女性だけではまだ無理だ」と首をひねる男性会員たちに反発するように、女性会員の猛トレが続いた。石を約二五キロ詰めたザックを背負って福知山（九〇一メートル）―牛斬山（五八〇メートル）を縦走、風師山（三六二メートル）―足立山（五九八メートル）の往復で荷上げを訓練、冬の伯耆大山（一七二九メートル）や穂高連峰にも足を延ばして雪のラッセル登高に慣れた。

ボリビアに着いた同女性登山隊がアンデス・レアル山群に入ったのは七六年五月二十二日だった。二年前のワイナ・ポトシで、松本らの登頂を頂上直下の氷壁下から見上げて悔しい思いをした野田を隊長に長畑三枝子、荒木みつ子、山県良子、松田えり子の総勢五人は早速、高度順化を兼ねてワイナ・ポトシのダイナミックな雪と岩が見えるチャカルタヤ（五三九五メートル）頂上の雪を踏んだ。

ついでキムサクルス山群を回り、雪原が迫る標高四八〇〇メートルのマラチューマ村にBCを置くと、目の前にそびえる鋭く白いピークの無名峰（五六五〇メートル）をアタックした。だが、登るにしたがい手強い。

「五月三十日。…金属のような滑らかな岩を伝ってガレ場に出ると、柱状の岩が重なり、二百メートルもある岩峰が立ちはだかった。裾を回り、氷河の上部に出て、岩と雪のミックスを登る。…頂上は間近のようだがバテ気味の者もおり、引き返す」「六月二日。（反対側に回り）頂上から弓なりにのびている尾根を目指す。次第に急傾斜となり、ピッケルを打ち込んで慎重に登る。槍（槍ケ岳）の肩のような所に出ると、あとは真っ直ぐ白い稜線を頂上へ。しかし、私たちの手に負えそうにない。近くの岩峰に登って満足する」。荒木は報告書にそう悔しさをにじませている。

五人はさらに六月十五日にはペルーに足を延ばし、五〇〇〇メートル～六〇〇〇メートル峰約四〇座が林立するブランカ山群に入った。サンタクルス谷を越え、ワリパンパ谷からウルタ谷へ、ガレ場を登り、雪渓を上がった。ブーロ（ロバ）が後ずさりする雪面の下りでは足場を切り、上りではブーロの尻を押し、時にはブーロの荷物を隊員が担いで急な雪の峠を越えた。一〇日間、約二〇〇キロの山旅だったが、目の前に双耳峰のチャクララフ（六一一二メートル）の頂が光り、ピークが美しいチョピカルキ（ワスカラン東峰＝六三四五メートル）が迫ると心が躍った。

この時のブランカ山群の光景が忘れられず、野田、長畑、山県は鬼塚澄子、小林真希子を加えて八三年七月、再び「女性登山隊」を組むと、ブランカ山群最高峰のワスカラン南峰（六七六八メートル）を目指している。しかし、野田を除いては高度障害がひどく、野田は独り硬い氷壁に苦闘したが、頂上には届かなかった。

野田はのちの二〇〇〇年、五十八歳で南米最高峰のアコンカグア（六九五九メートル）に独り登頂した。

第69話

日本隊初「K2登頂」

全国から隊員を募り、初登頂から二三年ぶりの快挙を指揮した福岡の新貝勲。

一九七七年（昭和五十二年）夏、日本山岳協会隊は世界第二の高峰K2（八六一一メートル）に南東稜（パキスタン側）からの登頂に成功した。二日間にわたり七人が頂上を踏み、イタリア隊の初登から二三年ぶり、日本隊ではもちろん初めての快挙となった。指揮した隊長は福岡登高会の新貝勲だった。

「男に、なりました。立派にやりました！」

八月八日、北九州市門司区で育ち、登った戸ノ上山（五一八メートル）から見る関門の眺めに感激して山に憑かれた中村省爾（JECC）は、重広恒夫（日本山岳会）、高塚武由（魚津山岳会）とともに最初に頂上に立った。トランシーバーでBCに伝える中村の声は躍っていた。

C6（八一三〇メートル）を出て一四時間の苦闘―。青く光る懸垂氷河を巻き、雪壁を登った。トップの中村は胸まで埋る雪を、右手のピッケルと左手のスノーバーでかき分け、膝で押さえつけ、足で踏み固めて〝一歩〟上がった。それを繰り返して約一〇〇メートルの雪壁を越えた。頂上直下ではヒドン・クレバスに被さっていた雪を踏み抜いて落ちたが、無意識に開いた両足のアイゼンがクレバスの氷の壁にひっかかり、助かった。そしての登頂だった。夕日が映え、珍しいブロッケン現象（注）が祝ってくれた。

この日本K2登山隊が注目されるのは、日本隊のK2初登だけでなく、隊員編成のやり方だった。それまでは、ヒマラヤの高峰を目指す大型遠征隊は有名大学山岳部出身の長老が隊長となり、その人脈で隊員も決まることが多かった。しかし、このK2登山隊では全国の各県岳連を通じて社会人山岳会から隊員を募り、編成した。地方の岳人を主体にした隊編成は画期的であり、登山史上も、遠征隊のあり方の〝曲がり角〟となった。

それは「地方で真面目にトレーニングしている岳人にも、大きなプロジェクトに参加できる機会を」という新貝の主張からだった。新貝は当時、同山岳協会海外登山特別委員を務めていた。

隊員三九人のうち九州からは中村ら出身者も含め八人が参加した。新貝が登山隊長、深田泰三（当時福岡市役所山岳部）が総務担当副隊長を務め、副島勝人（同福岡北稜会）は登攀リーダーの一人として先頭に立った。

ただ「一にチームワーク、二に資金、三に実力」が遠征隊の成功のカギと言われる中で、全国から顔も見知らぬ同士の隊員が集まってどのようにチームワークを作るかが問われた。隊員の多くはサラリーマン岳人だけに、全員が事前に一堂に会することは無理だった。

隊長に推された新貝が編み出したのは、地区別討論とレター作戦だった。隊員決定から出発までの約半年間、月一回の地区別隊員会議を設けて一つのテーマを徹底討論させ、その結果と意見を一人ひとり手紙で報告させた。文章にすることは本人に確認と約束をさせることになり、書き方や意見でその隊員の性格もつかめた。新貝もその一通一通に返事を出した。一七〇〇通にもおよんだが、これで隊組織は縦列でなく、新貝を中心にした放射状の円になり、円周は隊員同士の横の結びつきになって「円滑なチームワーク」となった。

一億円を超す遠征費用の多くは隊員たちが企業や団体を回り、協賛を得て集めたが、その背後で経団連副会長（当時）だった飯塚出身の花村仁八郎と九州財界が動いてくれたことは大きかった。食料の多くは福岡のデパート岩田屋が協力した。いずれも新貝の人脈からつながった〝応援団〟だった。

新貝はその指揮力を買われて八二年には、中国側からK2（中国名・チョゴリ峰）北稜ルートを登攀した日本山岳協会隊の隊長も務め、この時も七人が無酸素登頂した。頂上を踏んだ一人には熊本県・小国出身の禿《かむろ》博信（日本山岳会）がいた。

（注）ブロッケン現象とは、背後から差す太陽の光が目の前の雲や霧に映り、自分の影の周りに虹色の光輪が現れる現象。後光を背負った仏像に似た形状で見える。

第70話

地方の実力

福岡市役所隊がヘイズ峰頂上を踏み、福岡登高会はティリチ・ミールに登頂。

七〇年代の後半、「地方の山岳会」が注目される中、九州から海外に出た登山隊もまた相次いで「登頂成功」の吉報をもたらせた。七七、八年（昭和五十二、三年）は九州の活況期だった。それは「全国的にみて登山技術が低い」と言われがちだった九州の登山レベルがトレーニングと経験を重ねることで、全国レベル同等の実力をつけた証明でもあった。

七七年には、宮崎登攀倶楽部の三澤澄男、一宮繁紀、佐々木睦人、甲斐義治がマッターホルン（四四七八メートル）北壁を1ビバークの速攻で登攀、ツムット稜を抜けて頂上に立った。アラスカでは、小倉アルペン隊の高杢康之隊長ら五人がマッキンリー（六一九四メートル）に、そして直方山岳隊の小田早美隊長ら八人全員がブラックバーン（五〇三六メートル）にそれぞれ登頂した。

七八年には引き続きアラスカで佐賀ＲＣＣ隊（松本良弘ら七人）がマッキンリーに、また九州歯科大隊（金沢健隊長ら七人）がローガン中央峰（六〇五〇メートル）に西稜ルートから登頂。福岡市役所山岳部隊（斉田貴典隊長ら八人）も再度のヘイズ峰挑戦で四人が南峰（四〇五六メートル）の頂上を踏んだ。

そんな中でヒマラヤでは七八年、福岡登高会隊（池辺勝利隊長ら一〇人）がヒンズー・クシュのティリチ・ミール（七七〇六メートル）に南面から挑んだ。

同会は鳥取の大山を中心に活動していた池辺ら若手グループが六三年、山への造詣が深い新貝勲を迎えて結成した〝街の登山者集団〟だが、六六年にはニュージーランドのクック山（三七六四㍍）に登頂、七四年には全西日本カラコルム登山隊を主管してパスーI峰（七四七八㍍）に挑むなど実績を重ねていた。

六月二十日、南バルム氷河の標高三九〇〇㍍にBCを設営したあと、雪崩の巣をよじ登る。二人が雪崩に巻き込まれるアクシデントもあったが、断続的な荒天に停滞を余儀なくされながら両側が切れ落ちた細い稜線を伝い、斜度約七〇度の蒼氷の壁をトラバース…登攀活動一ヵ月が過ぎた七月二十六日、悪天が途切れるのを待って山内耕二、北崎映次、後藤龍雄が広い雪面の頂上に立った。

同年八月六日付の西日本新聞のコラム「春秋」にはこう書かれている。

「ティリチ・ミールの登頂成功は九年前、同じ山に挑み頂上まで七十㍍で涙をのんだ先輩たち・福岡県岳連の雪辱を果たす壮挙である▼昨年八月には日本山岳協会登山隊がK２登頂に成功している。その時も新貝隊長ら福岡勢が大いに気を吐いた。山男は地域的にも日本アルプスや八ケ岳、北穂高などを望む関東、関西に多いが、福岡勢がそれに負けず劣らず活躍するのはなぜだろう▼根っからの山好きでないと困苦に耐え、難行に身を投じる気持ちは理解できぬのかもしれない。今回の池辺隊長のように、家業のお米屋は奥さんが長期間しっかり守ってくれるという内助の功を見落とせぬ▼頂上に立った三人の感激はいかばかりか。その一人、北崎隊員はK２隊にも加わっている。会社を辞め、見合いの話も断り、二夏続けて遠征した。七、八年前、胃を半分切り、十二指腸も全部摘出している。肉体的なハンディを克服するため人一倍走り、登る訓練を続けた…▼登頂は短い現地の夏の、数少ないチャンスを生かして実現した」

後日、隊長の池辺は「食料が乏しくなる中で天候回復を待つ粘り強さ、〝絶対登頂する〟との責任感があったから」と総括した。たくましく育つ「地方の実力」の実証だった。

このティリチ・ミール遠征に医師として加わった中村哲はキャラバン途中の山麓で、石小屋に閉じこめられたハンセン病患者を見て後日、パキスタン・ペシャワールで辺境地の診療活動を始める。今、NGO組織「ペシャワール会」（福岡市）が結成され、支援と善意の輪が全国に広がっている。

第71話

アルパイン・スタイル

心肺機能を鍛錬、ニルギリ北峰を未踏ルートから六日で登った福岡GCC隊。

ヒマラヤでは一九七〇年代半ば（昭和五十年ごろ）から登山スタイルがさらに先鋭化する。高所キャンプを一つずつ延ばし、荷上げを繰り返しながら組織的に登るそれまでのポーラ・メソッド（極地法）に代わって、自分のテント、食料は自分で担ぎ、速攻で登山する「アルパイン・スタイル」が台頭した。

そのタクティクスは七五年、イタリアのラインホルト・メスナーとペーター・ハーベラーがガッシャブルムI峰（八〇六八㍍）西壁で、「日ごろアルプスを登るように」上部キャンプは置かず、フィックス・ロープも張らず、人工酸素も使用せず登頂したのがきっかけだが、その登山法こそが自然体で、〝値打ちがある〟と見なされ始めた。日本では八〇年、小西政継らの山学同志会隊がカンチェンジュンガ（八五八六㍍）を無酸素登頂するが、九州からのアルパイン・スタイルによるアタックは八一年、ネパール・アンナプルナ山群のニルギリ北峰（七〇六一㍍）に挑んだ福岡GCC同人隊が最初だったろう。

白石宣夫隊長ら一〇人が標高三八五〇㍍の丘陵地にBCを設けたのは同年四月三日だった。同峰は六二年にオランダ隊が北面から初登しているが、福岡隊は隣接のティリツオ西峰（六四九二㍍）を経由して東稜を約四㌔縦走、頂上に至る未踏ルートを選んだ。

下部岩稜帯のルート工作を終えると五月二十日、日野悦郎と宮崎豊文が自らの簡易テントと食料を担ぎ、シェルパのパサンを連れてC2（五六七〇㍍）からアタックに出発した。

が、ティリツオ西峰に上がってがく然とする。写真資料などから東稜縦走は三日もあれば往復できると踏んでいた。だが、実際に見た東稜は細いナイフエッジの稜線が鋸の刃のようにジグザグに深く切れ込み、目指すニルギリ北峰はその遙か向こうに立っていた。

「五月三日。…第一キレット（稜線の深い切れ込み）の下降に入る。アンナプルナ側の下部に巻けそうな断付があるが、それまでが氷壁のため雪庇を踏みはずさないように稜にルートをとる。3ピッチで下りきるが、氷と雪のミックスでルートファンティングに苦労する」「五月四日。…第二キレットもナイフエッジ。一メートル以上も雪庇が張り出し、稜の上にルートは取れない。日野、宮崎トップ交代を繰り返しながらアンナプルナ側の氷壁をトラバース、4ピッチ進む」（日野の日記）

ビバークを重ね、苦闘の連続。雷が起きると雪の上に伏せるが、電気が体をビリビリ刺した。担いでいる食料も底をつき、四日目には残りがチーズとチョコレートだけになる。五日目、頑張ってきたパサンが「こんな長い道は初めてだ。もう帰る」と引き返した。日野と宮崎は必死だった。休息もとらず、朝から口にしたのはチョコレート一枚だけで約八時間、尾根の雪庇に気を配りながら進んだ。氷と雪の斜面をシャクトリ虫のように登った。

六日目、最後は雪原を越え、頂上に着いた。日本隊では初めての登頂だった。

日野らは下山途中も寒さをしのぐため二人抱き合い、手足を動かしながらビバークした。翌日、食料を持って上がってきた白石らのサポートでひと息つくが、日野は初めてのアルパイン・スタイル登山の教訓を後日、報告書にこう書いている。

「ヒマラヤのスケールの大きさにのまれないことだ。心肺機能の鍛錬、ボッカ力の訓練、高度に身体をならすことをしっかりやっておかないとやれない」

日野と宮崎はのちの九二年にも、日本山岳会福岡支部隊（成末洋介隊長ら四人）に参加して中国・ネパール国境のシシャ・パンマ（八〇二七メートル）に挑み、標高八〇〇〇メートルを超え酸素量が地上の三分の一になっても人工酸素を吸わない無酸素のうえ、フィックス・ロープもシェルパも使わない「自力登山」で、登頂を果たしている。

第72話 八〇〇〇メートル独りぽっち

ダウラギリⅠ峰を無酸素・単独登頂した禿《かむろ》博信。「高度と体力の勝負だった」。

一九八一年（昭和五十六年）六月二日、熊本県・小国町出身の禿《かむろ》博信（イエティ同人）はネパール・ヒマラヤのダウラギリⅠ峰（八一六七メートル）に六日間で単独・無酸素登頂した。八〇〇〇メートル峰を人工酸素も吸わない「無酸素」のまま独りで登頂したのは、その前の年、イタリアのラインホルト・メスナーがエベレスト（八八四八メートル）で成功していたが、日本人ではもちろん初めてだった。

禿は当初、仲間の山本正嘉と一緒に登る予定だった。しかしカトマンズ滞在中に悪天候が続いて出発が遅れ、日程の都合で山本が登山を取り止めたため、禿は独りで登ることになった。麓の登山基地・ポカラから雨の多い二〇日間、ダンパス峠、フレンチ・パスを越え、標高五〇〇〇メートルの氷河上にBCを置いたのは五月二十五日になっていた。

下部のルート偵察をした後、頂上へ向けBCを出発したのは同二十八日。アイスフォールを登り、標高五七〇〇メートルの北東コルでシェルパと別れた後は全くの独りぼっちになった。禿はこのダウラギリに来るまでの半年間、マッキンリー（六一九四メートル）とアコンカグア（六九六〇メートル）に登頂していて高所順応には自信があった。体調もよかった。

「正面に北東稜が眺められる。ルートを見る限りでは一気に進めそうだ。単独登攀では自分の体力を使い果たすことは許されない。動けなくなったら、後は死ぬだけだ。サポートは期待できないのである。自分の力だけでこ

こまで帰ってこなくてはならない」（禿の登山記）
禿は硬い雪の急傾斜を登り、膝までの雪をラッセル。体力を消耗しないよう、休みながら進んだ。視界がまったく利かなくなったためビバーク、翌日また登る。「高度が上がるにつれ、動くたびに息が切れ、休まなくてはならなくなった。難しい登山技術は必要ないが、七八〇〇メートル近くになると体が思うように動かなくなり、頭も重くなった」（同）

禿は少し下り、七六〇〇メートル地点でビバーク、一日休養したあと六月二日、頂上アタックをかけた。体の重たさにあえぎながら雪の斜面を直登した。「呼吸が困難で、恐怖心を感じる。まさに高度と体力との勝負」（同）。

午後四時、頂上手前の頭に出た。風が強い。「迫り来る寒さが気になる。（頂上は）もうすぐだ、と自分に言い聞かせる。肺が破れそうで、早く何とかしなければと思い、下降のことも恐怖感が頭をかすめた。まだ大丈夫だ、と勇気を奮い起こす」（同）

雪煙が吹きつける中、最後の雪壁を登り、同六時三十分、禿は頂上を踏んだ。

「この時が私の山登りの中で最も偉大な瞬間であったはずだが、感動はなかった」と、禿はいう。下山後、中日新聞にかけた国際電話では「怖かった。早く下りなければ、とだけ思っていた」と話した。

禿は2ビバークでBCに無事下りた。

このダウラギリI峰の単独・無酸素登頂を果たしたあと禿は八二年にチョゴリ（K2の中国名＝八六一一メートル）を無酸素登頂、翌八三年にはエベレストでも無酸素登頂に成功する。しかし、そのエベレストを下降中に禿は八八〇〇メートル付近で滑落、死亡した。

遺体収容の際に見つからなかった禿のピッケルは、その直後に登ったアメリカ隊がヒラリーステップの少し上、標高八七〇〇メートル付近で拾得、翌年、熊本県小国町の実家に届けられた。

実家の寺を継ぐのを敬遠して山にのめり込んだ禿だったが、届けられた遺品のピッケルを父・陽生は「博信はこれを最期まで握ってたんですね」と抱きしめた。

第73話 ヒマラヤの北面

中国のポーロン・リに初登頂した大分県岳連隊だが、下山中の隊員が滑落死。

大分県山岳連盟が中国・チベット自治区の未踏峰ポーロン・リ主峰（七二九二㍍）に登山隊を送ったのは一九八二年（昭和五十七年）である。

「中国側からヒマラヤの北面に登りたい」。それは日本の岳人にとって戦後、長い間の夢だった。多くの山岳会が登山許可を求めてアプローチを繰り返す中、同県岳連も日中友好協会を通じて中国体育総会に「登山交流」を呼びかけ、七二年には日中国交回復の田中訪中団に周恩来首相あての〝直訴状〟をことづけもした。

中国がチベットの登山を開放したのは八〇年になってからである。その年訪日した中国登山友好代表団の史占春・中国登山協会副主席（当時）は大分まで足を延ばして「ポーロン・リ登山を歓迎します」と伝えた。開放後の中国へ、日本勢としては八〇年の日本山岳会チョモランマ登山隊に次ぐもので、九州からはもちろんトップだった。

伊東享隊長ら一四人の同県岳連隊がチベットの首都・ラサを経由して、ヤボカンチェロ氷河舌端に近い標高五〇〇〇㍍地点にBCを置いたのは八二年四月十五日だった。しかし、中国の慣例ではジープが入り込める終点がBCで、北東稜の取りつき点までは約三〇㌔もある。C2（五八五〇㍍）をABC（仮のBC）とすることにしたが、ヤクの荷担ぎ量が少なくて時間がかかり、深い雪にも阻まれて、登攀開始は同二十八日になった。

登攀を急ぐ。氷河を遡り、鞍部の上の雪田を登る。五～一〇㌢の積雪の下の氷は硬く、打ち込むピッケルもはじき返された。好天は続くが、固定ロープを張るにも苦労が続いた。

それでも五月九日にはＣ５（六九二〇メートル）から仲井雄二、和田実、安東桂三、高橋芳幸がアタックをかけた。順調に東峰（七二八〇メートル）に登頂、主峰（七二九二メートル）へはそこから頂稜を約二〇〇メートルたどればよかった。だが、天候が急変。強風と吹雪の中を四人は引き返した。

〝地獄の吹雪〟は一週間続いた。収まった同十七日、和田と江藤幸夫が第二次アタックをかけた。二人は速いペースで東峰に上がり、強風と雲に包まれた頂稜を伝って午後六時二十分すぎ、主峰の頂に初めての足跡を印した。

和田と江藤は頂上から下りる途中、Ｃ５のテントを固定していたロープを回収する時、作業の邪魔になるからとアンザイレンを解いた。作業を終えて、和田はそのまま（アンザイレンをせず）ひと足先に出発、Ｃ４手前の平らな氷面まで下った時、滑って北側斜面に落ちた。後から追いつこうと急いでいた江藤が「注意をっ」と声をかけようとしたが、間に合わなかった。

「和田滑落」の連絡は、三時間前の「登頂」の報に、凍ったビールを溶かして乾杯にかかろうとしていたＡＢＣをはじめ、各キャンプを暗転させた。

隊員全員が夜を徹して滑落斜面、氷河上を捜した。翌日も翌々日も、その次の日も。しかし、見つからない。

「滑落地点の真下が大きく裂け、大小のクレバスも走っている。和田はクレバスに入ったか、あるいは猛スピードで深雪帯に突っ込み、地吹雪がその痕跡を消したのか…」。副隊長だった梅木秀徳は報告書にそう書いている。

同二十一日、ＡＢＣ撤収。その跡にケルンを積み、「和田が下りてきたら……」と残していた酒を注いで別れを告げた。

チベットの登山開放後入山した日本隊には遭難が続いていた。八一年にはミニヤ・コンカ（七五五六メートル）に挑戦した北海道岳連隊は八人が滑落死、また登山家の鴫満則がコングール（七七一九メートル）北稜で遭難した。八二年にもミニヤ・コンカで市川山岳会隊の二人が遭難、松田宏也は二〇日後〝奇跡の生還〟をするが、一人は死亡する。そのあとが大分岳連隊の事故だった。

第74話

冬季・単独・速攻

冬季のカングルーで、クレバスに落ちながら登頂した電電九州隊の馬場博行。

一九八〇年代（昭和五十五年〜）に入ると、世界の山岳界は高所登山の傾向を強め、ヒマラヤ登山は「無酸素・速攻・厳冬期への挑戦」とますます先鋭化しながらラッシュになる。八三年には世界から約二七〇隊（日本隊五七隊）、約二九〇〇人（同四四〇人）がヒマラヤにひしめいた。

その年、九州勢も福岡登山研究会隊（浦一美隊長ら一一人）がチョー・オユー（八二〇一メートル）に、福岡登高会隊（新貝勲隊長ら一七人）がナンガ・パルバット（八一二六メートル）に挑み、冬には熊本クレッテルカメラード隊（生田真也隊長ら五人）がネパール・ロルワーリン山群のクワンデ（コンデ・リ＝六一八七メートル）に北東面の新ルートから全員が登頂した。同じ八三年冬、電電九州山岳会隊はネパール・アンナプルナ山群のカン・グルー（六九八一メートル）に挑んだ。この年の秋には宮崎県山岳連盟隊（鳥井修一隊長ら八人）の五人が西稜から登頂しており、電電九州隊は何としても厳しい冬季での初登を果たしたかった。

同九州隊の加藤功一隊長と馬場博行、梅崎宝、鎰正博の四人が南西面の標高三八〇〇メートル地点にBCを置いたのは十二月五日だった。アルパイン・スタイルによる「速攻」を考え、装備も軽量化に努め、食料もNASAの宇宙食や乾燥食品を中心に持ち込んでいた。

高所順応のためBCに近いピサン・ピーク（六〇九一メートル）に登り、C1（五二〇〇メートル）、C2（五八〇〇メートル）へのルート工作を一応終えると、体調がいい馬場が同十七日、BCから独りでアタックをかけた。C1で、あらかじめ荷上げしていた食料と燃料を二日分ザックに詰めると、風雪をついて雪の斜面を登り、硬い氷壁を上がった。C2でしばらく天候の回復を待ってみるが収まらない。待ちきれずに午後三時、吹雪の中をまた登った。

「氷の壁を登り垂直な岩壁を越え、モレーンの台地に出たころには雪はやんでいた。沈みかけた太陽の光が大気中の氷の粉に反射してキラキラ輝く。幻想的…。高度を上げれば上げるほど、デリケートな上りになる。落ちたらおしまいだ。静かな世界。小刻みに歩くアイゼンのきしむ音と自分の荒々しい息づかいだけが聞こえる」（馬場の登頂記）

その時だった。馬場は「アッ」と思い「かなり長い時間、落ちたような気がした」という。気がつくとクレバスのブルーアイスの壁に挟まっていた。上を見ると、幸い落下は二メートルほど。背中のザックと足のアイゼンの爪が体を支え、落ちるのを止めていた。動くと落ちそうだった。と言って、助けを求めようにもC1まで声が届くはずはなかった。

「無我夢中で、どうやったか覚えていない。クレバスの口に両肘をついて、両足のアイゼンを蹴り込んだ時〝助かった〟と思った。何回も何回も荒い息をする。こみ上げる涙が頬をつたった」（同）

標高六二〇〇メートル地点。氷の壁に腰掛け、すさまじい寒気と眠気と戦いながらビバークの夜が明けると、朝日に映える雪原をまた登った。氷壁を西稜に上がり、急峻なナイフリッジを進み、少しなだらかな雪壁を進むと、雪煙が舞う頂上に着いた。同峰の「冬季に単独で、一日半の速攻」による初登だった。

馬場はこの三年前の八〇年にも電電公社熊本・長崎電話局員五人でエベレストに近い未踏峰クスム・カングル主峰（六三六七メートル）に登攀、局田和雄と2ビバークしながらアルパイン・スタイルで初登頂しており、その経験が生きた。

馬場はのちの九二年にもカトマンズ・クラブ隊でチョー・オユーに無酸素登頂、続けてシシャ・パンマ（八〇二七メートル）にも挑むが、その報告に「登山とは困難や死と直面したとき、それからいかに脱出し、新しい道を切り開いて頂上に向かうか、それは人間の生への可能性の追求でもあると思う」と書いている。

第75話 「魔の山」は魔の山

ナンガ・パルバットで福岡登高会隊のキャンプが雪崩に遭い、三人が犠牲に。

この一九八〇年代（昭和五十五年～）、ヒマラヤ登山が先鋭化しながら多くの登頂の「歓喜」がこだまする中で、遭難の「悲報」もまた相つぐ。ヒマラヤでの日本人犠牲者は標高六〇〇〇メートル以上の高峰で六〇年代は一〇年間で九人、七〇年代は六七人だったのが、八一年は一年間で三〇人を超え、八二年は一三人、八三年も一〇人が亡くなった。


九州からの遠征隊もその中にいた。

福岡登高会の新貝勲総隊長、大石義豊隊長ら一七人がパンジャブ・ヒマラヤのナンガ・パルバット（八一二六メートル）に挑んだのは八三年五月だった。ルパル側の南西稜から日本隊での初登と九州隊初の八〇〇〇メートル峰無酸素登頂を目指した。

五月十九日、標高三六〇〇メートルのシャイギリ草原にBCを置き、登攀開始。例年になく続く悪天候と積雪の深い斜面に苦闘しながら六月十四日にはC3（六五〇〇メートル）を設けた。その三日後、一足先に入山していた東京・登歩渓流会と一緒にルート工作していた二隊員が雪崩に巻き込まれ、C3のテントと食料も流された。二隊員は軽傷で助かったが、登歩渓流会の一人が行方不明になった。その捜索に加わっていた別の二隊員が、またの雪崩に遭い負傷した。

苦難と闘いながらも七月十日にはC5（七五五〇メートル）を上げる。翌十一日、山内耕二と高山直巳がアタックした。だが風雪激しく、山内らはビバークして風雪の収まるのを待ったが、収まる気配はない。十二日朝、アタック中の山内とC4にいた大石、BCの新貝が無線交信で相談して「断念やむなし」を決断した。

その交信が終わった直後だった。C1に泊まっていた林邦博が素足同然、下着姿でBCに転げ込んできた。

「C1が、雪崩に流された！」

C1は南西稜から出た標高五五〇〇㍍の尾根の出っ張りに四張のテントを置いていた。うち先端のテントに林と高森雄一郎が、少し上のテントには山田信義と飯田敏がいたが、テントもろとも雪崩に巻き込まれた。尾根下の谷筋は頻繁に雪崩が流れていたが、その谷筋から高さ一〇〇㍍も雪壁の上に置いたC1が雪崩に襲われるなど、だれも思わなかった。

林の話―。「午前五時すぎごろだろう。寝袋の中にいて急にフワッと体が浮いたように思った次ぎの瞬間、背中から落ちる衝撃があり、同時に体が横になり逆さになりバウンドしながら滑る感触がした。止まったが、全身締めつけられて苦しく〝ああ、死ぬのだな〟と思った。その時、急に体が軽くなったので、もがくうちデブリ（雪崩の堆積雪）の上に出られた。次の瞬間には押し寄せる雪でまた埋まりそうになったが、必死で雪をかきわけ逃げた。着ていた羽毛服も二重履きしていた靴下も脱げていた」。約一〇〇〇㍍は流されていた。

雪崩はC1の上部約一五〇〇㍍から落ちており、谷筋をカーブするとき爆風雪崩も伴ってC1のテントを巻き込んだのではないか、とみられた。

行方が分からない山田ら三人の捜索は、直ちに新貝らBCにいた隊員と近くにBCを置いていたオーストリア隊も加わって日夜続けられた。飯田は間もなく遺体で見つかったが、山田と高森の遺体は雪が解けた七月末、韓国隊によって発見され、埋葬された。「魔の山」と呼ばれる同峰で、三人は四二～四四人目の犠牲者だった。

この年の九月にはエベレスト（八八四八㍍）に日本隊初の無酸素登頂したイエティ同人の禿《かむろ》博信と吉野寛が遭難死した。エベレストではその前年末にも同じイエティ同人の加藤保男が日本人冬季初登頂したあと、下山中に小林利明と共に亡くなっていた。

九州の黄金期

（1985年～1987年）

一九八〇年の中国開放に続いて、八三年にはブータンも登山を公開、ヒマラヤはほとんどの峰がどのルートからも登れるようになった。併せて登山装備、とりわけ防寒・防水透湿衣類やドライ食品の開発、山岳国の登山者受け入れ態勢整備は海外登山の大衆化の誘発剤だった。「気軽に海外登山も行ける」時代になる。

八五年から八七年にかけて、日本からは一六五隊（約一〇五〇人）の登山隊がヒマラヤへ出かけているが、この時期、九州の山岳界は〝黄金期〟を迎える。この三年間に九州からの遠征登山隊は単独登攀の個人も含めて少なくても二三隊、一五〇人を超え、その登頂成功率は七割を大きく超えた。それは九州の岳人たちが営々と求め、精進を重ねてきたアルピニズムが集大成した時期であった。

なかでも福岡大山岳会による世界第九の高峰ナンガ・パルバットの〝完全無酸素〟登頂や中国・長江（揚子江）の源流を青蔵高原に探った福岡・青蔵高原登山研究会のロマンあふれた遠征、北欧の大岩壁に登攀ルートを拓いた福岡出身・中嶋正宏の活躍は九州山岳界の実力と層の厚さを見せた。

岩峰の「垂壁」ではフリー・クライミングが若者たちの間で盛んになっていった。

福岡の青蔵高原学術登山隊が中国・タングラ山脈に長江源流を踏査。主峰のグラタンドン峰初登頂へ6400m地点の雪斜面を登る隊員たち＝1985年８月。《第77話》（登山記録「遙かなる揚子江源流」から）

ナンガ・パルバットにデアミール側から挑み、Ｃ１からＣ２へ標高5800m地点の雪斜面を登る福岡大山岳会登山隊隊員たち＝1985年７月。《第76話》（報告書から）

福岡教育大隊が中国・ボコダ主峰に登頂、教え子たちがくれた「先生がんばれ！」の寄せ書きを手に、頂上に立つ長岡経国隊員＝1986年８月。《第79話》（報告書から）

ノルウェーのトロールリッゲン北壁「トロール壁」登攀で15ピッチ目（クラック帯）を登る中嶋正宏さん。下方に大テラス＝1986年７月。《第81話》（「岩と雪」119号から）

第76話 無酸素登頂

睡眠中も酸素を吸わず、ナンガ・パルバットの頂上を踏んだ福岡大学山岳会隊。

「九州の黄金期」の輝かしい記録の一つは一九八五年（昭和六十年）七月八日の福岡大山岳会隊（植松満男隊長ら一四人）によるナンガ・パルバット（八一二六㍍）の登頂である。その日午後零時三十五分、菊池守と花田博志はたたみ三畳敷きよりやや広い、フラットな雪の頂上に立った。

菊池「植松さん、菊池です。いま頂上です。ありがとうございました」
植松（隊長＝BC）「よく頑張った。本当によく頑張った。みんな最高にうれしい。花田の調子はどうだ」
花田「ちょっと疲れてますが、最高です。最高っ。本当にありがとうございました」
………

五三年にドイツ・オーストリア隊のヘルマン・ブールの初登から一七隊目の登頂（日本隊では八三年の富山県岳連隊に次ぐ二登目）だが、九州の登山隊では初の八〇〇〇㍍峰の登頂。しかも人工酸素を吸わない「無酸素登頂」だった。

福岡大山岳会は七六年にも同峰に登山隊を送り、ディアミール壁（北西壁）から挑んだが、悪天候が続き標高七一〇〇㍍地点で断念した。当時はまだ情報も少なく、手探りだった時代。その時、副隊長だった植松は「残念だが資料が得られた」と言い、学生隊員だった菊池は「次の時、頂上に立つのはオレだ」と心秘かに誓う。それから九年—、執念は実った。

五月二十一日、パンジャブ・ヒマラヤのディアミール氷河沿い、標高四一五〇メートルにBCを置いた植松ら登山隊はディアミール壁の急なルンゼを上がり、雪壁を攀じり、一〇日間閉じこめられた悪天候が晴れるとキンスホッファー氷原を登り、岩と雪のコンタクト・ラインをトラバース、露岩帯を越えて七月四日にはC5（七六〇〇メートル）を設けた。

同八日午前二時半、菊池と花田はC5を出発。月明かりの中、雪の斜面を進んだ。

「頂上までのペース配分を考えるが（空気中の酸素量が平地の三分の一の）低酸素のためか考えはまとまらない。ゼイゼイあえぎながら呼吸を整え、一歩を踏み出す。そしてまた呼吸を整える。約一時間半で百メートル上がる。…（同時にアタックした）フランス隊のペアと交代でラッセル。トップを交代してノーザイルで登るが、高所の影響で頭がボーッとしているせいか、不安感はない」（菊池の登頂記）

主稜に上がり、雪庇を避けて北西側に回り、小さなピークを越えるとフラットな雪面だった。周囲にはもう登る岩も雪もなかった。

C5を出て約一〇時間の苦闘―。菊池と花田はゴーグル越しに笑顔をあわせ、握手を交わした。花田は日の丸・パキスタン国旗・山岳会の旗をピッケルにくくりつけ、菊池は二人の娘さんの名前を入れて奥さんが作った鯉のぼりをかざして、写真を撮り合った。

七〇年代末から盛んになった八〇〇〇メートル峰の「速攻・無酸素・冬季」登山は、その一方で先鋭的ベテラン登山家の相次ぐ遭難死を招き、山岳界には無酸素登山挑戦への気後れムード、慎重論も強まっていた。だが植松は「七六年は酸素を持っていて当たり前（の時代）だったが、今回は無酸素の登頂でなければ意味はない。酸素をかるって登るようじゃ大学山岳会としてこの先が不安」と、睡眠中にも人工酸素を吸わない〝完全無酸素による登頂〟にこだわった。

そのため出発前、九大生体防御医学研究所（別府市）で標高五〇〇〇メートルでの低圧、低酸素環境を体験、高所順応の下地を作った。その周到な準備が生きた。

福岡大隊のこの快挙は九州山岳界の活況に火をつけることになる。

第77話 長江の源流

全長六〇〇〇キロメートルの流れは青蔵高原・姜根迪如《チャングディシュ》雪山氷河からと確認した松本徰夫。

門戸が開放された中国の未踏峰へ登山隊が相次ぐ中、のちに日本山岳会福岡支部長も務めた松本徰夫を隊長に、青蔵高原登山研究会の山仲間や学者、学生、それに京都大探検部ＯＢらも加わった日中友好唐古拉《タングラ》山脈登山隊二〇人が中国・青蔵《チンツァン》高原に向かったのは一九八五年（昭和六十年）七月だった。

青蔵高原を日本人で越えたのは一九〇五年の寺本婉雅《えんが》（仏教学者）や終戦間際の西川一三、木村肥佐生（特務情報収集員）に過ぎず、その後この山域に外国人が近寄ることはできないまま大秘境が残されていた。

全長六三〇〇キロの流れに沿って中国文明を育んできた長江（揚子江）の源流はどんな姿なのか―。同登山隊には未踏峰の初登だけでなく、秘境のナゾ探査に学術的関心も集まった。

七月二十五日、青海省の省都・西寧を車一一台で出発した同登山隊はチベット自治区のラサに通じる青蔵公路を南へ走り、八月六日、青蔵高原・唐古拉山脈の各拉丹冬《グラタンドン》雪山氷河下、標高五二八〇メートルにＢＣを置いた。

源流まではそこからさらに五日間かかった。隊員たちは寒さの中、湿地帯のぬかるみに落ちた車を引っ張り、押し、悪戦苦闘しながら沱沱河《トトホー》に沿って上がった。その奥、納欽曲《ナクチエンチュ》の先に立ちはだかる姜根迪如《チャングディシュ》雪山（六五四八メートル）の山腹からはカニバサミ状に二股に分かれた姜根迪如《チャングディシュ》氷河が流れ落ちており、その一方の南氷河の舌端が最源流だった。

「その氷河の舌端は高さ約三〇メートル、幅は二キロ近くはあったでしょう。その下からは解けた水がゴーゴーとわき出し、上からは滝のようにいく筋もの水が流れ落ち、それが流れになる。水量は多く、さすが長江の源流でした」

松本は何年経っても、スケールの大きいこの光景を感激調に話した。

地質学者でもある松本（当時は山口大教授）は、その山域探査でジュラ紀（二億から一億四千年前）の地層を確認、カモシカの一種であるチルーや、リスの一種のヒマラヤマーモットの生息も確かめた。魚は最源流から約一〇キロ下流にドジョウに似た体長一〇センチぐらいのものがいた。「源流近くは水が冷たくて魚は育たないらしい」と松本はみた。

登山隊はこの長江源流探査に先がけて、唐古拉山脈の主峰・各拉丹冬雪山（六六二一メートル）に登った。長江の源流の一つでもある朶爾曲《ガルチュ》上流の氷河沿いにＣ１（五六八〇メートル）、クレバスの多い氷原帯をトラバースぎみに登った北西稜のコルにＣ２（六一〇〇メートル）を設けて頂上を目指したが、天候悪化のため断念、同十九日に改めて倉智清司、下田泰義、下川肇、小林正寛、高尾薫、広瀬顕がアタックした。

「倉智を先頭に最後の登高。雪が腐っていてアイゼンは高下駄のようになり、十歩に一度はピッケルで雪をたたき落としながら登り続けた。スロープが狭まり、ぐんと尖った雪庇が空中に突き出ていた。長江が流れ生まれるその頂上に立った」（高尾の登山隊記録）

ナイフリッジ状になったその頂上の岩の間に、仲間だった「松本岳士」の名前を刻んだメモリアル・プレートをみんなで埋めた。岳士は隊長・松本の長男だが、京大学生で探検部員でもあったその三年前の冬、鳥取県・大山で遭難死した。残された岳士の日記には青蔵高原の憧れが熱っぽく綴られており、今回の青蔵高原遠征も岳士の法要の席で岳士のその思いが偲ばれ、語られたのがきっかけで実現したのだった。

松本は九四年には九州大探検部による崑崙山脈支脈・可可西里《ココシリ》山脈探査で、姿さえよく知られていなかった東崗扎日《トンカンツァーリ》雪山（六一〇二メートル）に五五〇〇メートルまで試登。スウェーデンの探検家スウェン・ヘディンが一九〇〇年の探検で名付けたオスカール峰が崗扎日《カンツァーリ》雪山（六三〇五メートル）であることも検証した。

山岳研究家の雁部貞夫は「松本が長年育んできたロマンが探検という形で結晶した」と評した。

第78話 渾身の頂上

福岡登高会隊のパスーI峰・II峰登頂は一一年前の雪辱を果たすものだった。

一九八五年（昭和六十年）七月十二日、福岡登高会隊（新貝勲隊長ら六人）はパキスタン・カラコルムの未踏峰パスーII峰（六八四二㍍）に初登頂した。続いて同十四日にもパスーI峰（七二八四㍍）の頂上も踏んだ。一一年前の「雪辱」も果たす連続登頂だった。

福岡登高会は七四年にも全西日本隊を主管して、当時は未踏峰だったパスーI峰に挑んだが、頂上直下でアタック隊員が烈風にゴーグルを飛ばされて雪盲になり、下山中にスリップで負傷する事故も重なって頂上に行き着けないまま断念した。

それから一一年―。八五年六月十三日にはパスー氷河の標高四二〇〇㍍地点に再びBCを置いた。いつ崩れてくるか分からない高さ三〇～四〇㍍ものアイスビルディングの間を右往左往しながら上がり、アイスフォールの間のクレバスに行く手を阻まれては迂回ルートを探りながら登った。苦闘の連続だった。

標高六三〇〇㍍の雪田にC3を設けると七月二日、副島勝人、西田哲朗、村岡由貴夫がパスーII峰へアタックした。しかし強まる風雪に進めず、ビバークして翌日に賭けたがホワイトアウトでどこにいるかさえ分からなくなった。天候の回復を待って大石義豊、山内耕二がC2（六一五〇㍍）から改めて第二次アタックしたのは同十二日だった。

「大石、山内から次々に（無線の）交信が入る。…午後一時（大石から）『頂上直下にいる。山内と一緒に頂上を踏みたい』旨の交信があり、同一時二十五分『これ以上高い所はございません。頂上に立ちました』と（交信が）入った。奇しくもこの日は二年前、ナンガ・パルバットで雪崩のため失った三隊員の三回忌の命日。彼らへの最大の供養になった」（新貝がBCから西日本新聞へ宛てた同十四日付の手紙）

続いて同十四日には山内と西田がC3からハイポーター二人と共にパスーI峰の頂上を目指した。予定の日程と残りの食料、天気の周期からみてもラスト・チャンスだった。雪の急斜面をあえぎながら攀じり約四時間の苦闘の末、四人が頂上を踏んだ。初登こそ七八年の防衛大隊に譲ったが、七四年の全西日本隊がぬぐった涙を晴らす雪辱の登頂だった。

とくに西田にとっては「九死に一生」を得ての感激の頂上だった。というのも、パスーII峰での第一次アタックを悪天に阻まれて下山する途中、C2とC1の間でクレバスに架けていた梯子の橋を渡ろうとして、梯子もろともクレバスに落ちた。梯子はクレバスの底に落ちて行ったが、西田は腰につけていたハーネスとユマール（登高器）を繋いでいた直径四ミリのザイルと八ミリの固定ロープに吊り下がり、約一〇メートル落ちて止まった。固定ロープにユマールをセットしていなかったら完全に落ちていた。

「臍《へそ》のあたりを支点に体が水平に宙づりになり、腰がたまらなく痛い。周りを見回すと（クレバスの）氷壁にわずかな横穴があり、その穴に下がっていたツララへ手をいっぱいに伸ばしてこれを掴み、横穴に体を引き入れてひと息ついた。約十五分後『ラダー（梯子）がなかバイ』と副島さんと山崎（直也）さんの声がして、クレバスの縁から二人の顔が見えた。副島さんがザイルを固定し、山崎さんが下りて来てくれ、たばこに火をつけてくわえさせてくれた…クレバスの縁に上がりトランシーバーでBCに連絡、新貝隊長の『遭難訓練ご苦労さん』と言うダミ声を聞いて、紺碧の空がうるんだ」（西田の手記）

この幸運がなければ、II峰の初登頂もI峰の雪辱の登頂も、その連続登頂のよろこびも全てがなかっただろう。新貝も「西田から『今、助けられて…』と連絡は受けたが、BCに下りてきて無事な顔を見るまで気が気ではなかった」と日記に書いていた。

第79話 「先生、がんばれ！」

福岡教育大山岳会隊の中国・ボコダ峰登頂は教え子たちの応援が力となった。

福岡教育大山岳会の登山隊が中国・天山山脈東部の最高峰ボコダ主峰（博格達峰＝五四四五㍍）に挑んだのは一九八六年（昭和六十一年）八月である。隊長の中嶋正一をはじめ隊員一六人は、医師二人と学生二人を除いてはみんな小中高校の先生たちで、夏休みの間に登って帰らなくてはならなかった。

同八月二日、新疆ウイグル自治区の首都ウルムチを経由して残雪のサンゴチャ峠を越えた同登山隊は、雪蓮やケシの花に覆われたグラチマイロ氷河基部のモレーン上にＢＣ（三六五〇㍍）を置くと、北東稜にルート工作を急いだ。

氷河の基部を迂回してアイスフォールを上がった所にＣ１（四〇〇〇㍍）、さらに北東稜から左岩峰の尾根とアイスフォールとのコンタクトラインにルートを延ばしてＣ２（四六〇〇㍍）を設けた。だが日が当たらない午前中は氷が硬く、午後は日が当たって氷解の水が何本もの滝になって流れ、夕方には落氷・落石でフィックスロープも切られる難行苦行の登攀だった。

同十七日には小山田秀明と長岡経國がＣ２から頂上へのルート工作に出る。無風快晴の好天に後押しされながら二人はドームを越え、雪田を抜け、雪壁をトラバースぎみに上がった。さらに氷が詰まったガリーをダブルアックスで直登してルートを延ばした。上部は少し被りぎみだったが強引に乗り越えた。

午後七時近いが日はまだ高い。小山田と長岡は顔を見合わせた。Ｃ２を出発する時、「余裕があれば頂上を狙っていいか」「その時は行ってください」とBCと無線通話でやり取りをして来ていた。見合わせた二人の目は「行こうか」「ウン、行こう！」の合図だった。改めてBCに連絡すると「用心して頑張ってください」の返事が返ってきた。

小山田と長岡の足は鱗《うろこ》状に波打つ雪面に弾んだ。やがて雪と空とのコンタクトラインが狭くなっていく。その先が頂上だった。

「午後八時二十五分、山頂着。長岡隊員と抱き合い、互いに『ありがとう』を繰り返す。涙があふれた。こぼれた涙がサングラスに凍りつき、景色がかすんでしまった。天山の峰峰、遠くに広がる雄大な砂漠、遙か東の方で西日に輝く山々はクンルン山脈だろうか。…大急ぎで（出身の）大学や後援団体の旗を持って記念撮影。さあ下りようと思ってたら、長岡隊員が申し訳なさそうな声で『すみませんが、これもお願いします』と、ザックから大きな画用紙を出した。『長岡先生、がんばれ』と大きく書かれた、同隊員が担任する児童たちからの寄せ書きだ。こんなときでも子供たちのことを忘れないなんて、同じ教師として胸がいっぱいになりながらシャッターを切った」（小山田の報告）

その寄せ書きは福岡県三池郡高田町（今はみやま市）の江浦小六年二組の児童たち二六人からのものだった。お守りがついていた。

翌十八日には後藤哲二、才藤哲也、上野真佐夫の三人が「楽しみながら登ろう」を合言葉に、余裕をもって登頂した。祝福とねぎらいの言葉が伝わるトランシーバーの声の間に「昴」のメロディーが流れた。三人はそのメロディーを聞きながら「頂上の笑顔」をカメラに収め合った。

同ボコダ峰では八一年、登頂した京都山岳会の白水ミツ子（福岡県須恵町）が遭難死していた。BCそばに建てられていた慰霊碑に福岡教育大隊の隊員たちも遺族から預かってきた花飾りのついた帽子と花を供え、白水の冥福を祈った。白水は下山を急ぐ途中クレバスに落ち、助けようとする仲間の隊員に「無理をしないで。私はここで死にます。さようなら」と氷底からの声を残して消息を断ったという。

第80話 報われた「死闘」

寒さと空腹に耐えチョー・オユーに登頂した北九州ヒマラヤ同人・日野悦郎。

一九八六年（昭和六十一年）八月、北九州ヒマラヤ同人の白石宣夫ら八人は中国・ネパール国境のチョー・オユー（八二〇一メートル）に向かった。北九州からは初めての八〇〇〇メートル峰挑戦だった。

北九州ヒマラヤ同人は「北九州からも八〇〇〇メートル峰へ―」と、白石や日野悦郎、山下健夫ら八一年にニルギリ北峰（七〇六一メートル）に日本隊では初登頂した時のメンバーが中心になって八三年に結成、高所順応や足腰強化のトレーニングを積んでいた。

チョー・オユーには同じ県内の山仲間・福岡登山研究会が八三年に挑んだが標高七七二〇メートル地点で断念している。それだけに、「オレたちが頂上を…」という意気込みもあった。

白石を隊長とした同ヒマラヤ同人登山隊は八六年九月一日、ゴジュンバ氷河の標高五三〇〇メートル地点にBCを置く。計画ではゴジュンバI峰（七八〇六メートル）から縦走してチョー・オユーに上がる〝二峰連続〟の未踏ルート登頂を考えていた。だが実際にゴジュンバI峰の登攀にかかると雪が深く、氷壁が硬く、ルート工作にも手間取って時間が過ぎた。

残る予定の日程に余裕はない。チョー・オユー登山一本に絞らざるを得ず、五四年にオーストリア隊が初登したルートからのアルパイン・スタイルによる速攻に賭けた。白石と日野はそれぞれ自分の装備を担ぐと氷河を四つ、峠を二つ越えてチョー・オユーの西北西稜に回り込んだ。もう十月十日になっていた。

二人は起伏の激しい稜線を伝い、氷壁を攀じり、雪面のラッセルに苦労しながら四日間で標高七二〇〇メートルまで上がった。だがこのあと風雪が強まり、二日間はツエルトを被って耐える。食料は二人合わせてもアルファ米（乾燥米）一握りとベビーハム一個、ビスケット少々しか残っていない。

同十五日、白石は「一人なら食いつなげるだろう」と、アタックを日野に託して下りた。日野は独り1ビバークして同十六日、頂上を目指す。「七二〇〇メートルから直上。七八〇〇〜七九〇〇メートルのイエローバンドの切れ目に向かってトラバースぎみに登り、切れ目の岩と岩に挟まれた氷柱の壁をピッケル一本で登り切る。…横に走る岩のバンドを数本越え、雪原を四、五百メートル歩く。踏み抜くと砂糖のような雪で、ラッセルに骨をおる」（日野の登頂記）。そして午後二時四十分、雪煙が走る頂上に着いた。無酸素登頂だった。

風が強く、吹き飛ばされそうになる。この遠征に出発する直前、伯耆大山での隊員合宿で遭難死した渡部晋一の遺骨と遺影を頂上の雪下に埋めるのにも風で手間取った。

下山する日野には燃料のガスも残っていなかった。空腹に加え暖もとれないまま、氷点下約三〇度に耐えてビバークした。先に独りで下りた白石も、途中で安全確保のロープを固定していたスノーバーがはずれて氷の斜面を約二〇メートル滑落、右手の手袋が飛ばされて凍傷を負う。

日野と白石が合流できたのはその翌日、C1に着いてからだった。

「死んでもおかしくなかった」「必死だった」。二人は話した。

この八六年、七月には日本山岳会東九州支部の探査隊（田川義久隊長ら三人）がパキスタン・ギルギット地区の五九〇一メートル峰（「シャハン・ドクⅢ峰」と呼ぶ）に初登。八月には福岡山の会の中国・崑崙山脈カシタシ山域探査隊（諸岡久四郎隊長ら八人）が五七四〇メートル峰に初登頂して、情報が少ない〝地図の空白〟地帯の資料を埋めた。十月には佐賀ＲＣＣを主体にした日本ヒマラヤ協会佐賀隊（新郷信広隊長ら六人）も未踏だった中国・チベットのカルジャン本峰（七二一六メートル）に北西稜から初登した。

イタリアのＲ・メスナーが世界の八〇〇〇メートル峰一四全座登頂を果たしたのはこの年である。

第81話　ラズベリー・ドリーム

ノルウェー・トロールリッゲン北面トロール壁に新ルートを開いた中嶋正宏。

一九八〇年代（昭和五十五年～）、ロック・クライミングはフリー・スタイルでの登攀が盛んになる一方で、標高差一〇〇〇メートルを超す大岩壁をよじ登るビッグウォール・クライミングも若い先鋭クライマーたちの挑戦心に火をつけていた。

福岡市出身の中嶋正宏（登攀クラブ蒼氷）が北欧ノルウェーのトロールリッゲン（一七四二メートル）北面「トロール壁」に、仲間の渋谷正明（同）、藤原雅一（雲表倶楽部）と一緒に29ピッチ約一二〇〇メートルにわたる、登攀難度VI級・A3級（不安定で極度に難しい）のルートを開拓したのは八六年夏である。北洋からの風に乗った雨が降り続く中、五日間の苦闘の末だった。

中嶋は、福岡教育大山岳会に籍を置く父・正一の感化を受けて登山を知るが、高二の時に奥穂高岳に連れて行かれてへばったのが悔しくて山にのめり込み、フリー・クライミングでも難度の高い「5・11＋」を登る日本でもトップクラスのクライマーに成長。この前の年にはヨーロッパ・アルプスに出かけてエギーユ・デュ・ミディ（三八四二メートル）南壁などの難しいルートを何本も登攀、この年初めには穂高岳屏風岩二ルンゼや明神岳南面の大氷柱を登攀して、実力と自信を蓄えていた。

同七月二十八日に基部のイントロ・ウォールを3ピッチ登り、同二十九日、トロール壁に取り付いた。スウェーデン・ルートをたどったあと、グレート・ウォール右のコーナーから直上する未踏のルートに入った。中嶋は日記にこう書き留めている（カッコ内は筆者注）。

「７月29日。…８ｐ目（ｐはピッチ）からオリジナル・ラインに入る。体がほぐれ、僕がリード開始。左上する。コーナークラックのＡ１（やさしい人工登攀）。９ｐ目、コーナーは続いているが、コケがたまっていて時間がかかりそうなので、ペンドラム（振り子）で左に逃げる。Ａ１にフリーが混じり、もう少しでレッジ（岩棚）というところで浮き石を掴み五、六メートル墜落。…小雨」

「７月30日。…11ｐ目、直上コーナーをＡ１で登る。右に大きなテラスを見つけ、ペンドラムで移る。この日は14ｐ目まで。小雨」

「７月31日。15ｐ目、ルートが読めない。…リベット連打を覚悟したが切れ切れのリス（岩の割れ目）をスカイ・フックでつなげて、何とかリベットなしですませた。16、17ｐ目Ａ１。18ｐ目、恐ろしいaid（人工登攀）。20ｐでtroll crack下のテラス到着。10ｐ・ｍ・」

翌八月一日、再びスェーデン・ルートに合流して午後五時、山頂直下に上がり、長かった登攀を終えた。

渋谷はこのあとすぐ、フランスのグランド・ジョラス（四二〇八メートル）北壁に向かったが、そこで転落死した。

中嶋らはトロール壁に開拓した新ルートを、渋谷が好きだったレベッカの曲から「ラズベリー・ドリーム」と名付けて、渋谷の霊に捧げた。

中嶋はこのトロール壁登攀のあとも近くのミエルバ・クリフで「虎の穴」（フリー・クライム難度５・11ａ）を開拓するなど精力的に「絶壁」を登り続けた。日記には「壁にぶら下がらないと不安になる。〝年輪を刻まないと、木は強くならない〟ことを僕は知っている…」と書いていた。

その翌年、中嶋はアメリカ・ヨセミテ渓谷でエル・キャピタン（二三〇七メートル）のシールドとラーキング・フィアを登る。八八年には「厳しく、あらゆるテクニックが要求される」というカラコルムのトランゴ・タワー（六二五一メートル）南東壁に登攀することを計画、その体調調整のため出かけた八ヶ岳横岳西壁・大同心雲稜ルートで単独登攀中に墜落、夢を果たさないまま亡くなった。二十五歳の誕生日の翌日だった。

続く海外遠征

（1980年代後半〜2000年）

一九八八年、日本・中国・ネパールの三国合同隊によるエベレスト（チョモランマ）の南北ルート交差縦走の様子が、テレビの生中継番組でお茶の間に届くと、それまで近寄り難かったヒマラヤも身近な存在となった。九〇年代になると一般の人も優れたガイドやシェルパに支えられた公募隊に参加して、ヒマラヤの高峰を目指すことも夢ではなくなった。

九州でいえば、多くの遠征隊が出かける中、雪も降らず、標高六〇〇〇メートルの山もない沖縄から琉球大山岳部が、トレーニングを積んだとはいえヒマラヤのダンプス峰に初挑戦して登頂したのも、ヒマラヤの身近さを実感させるものだった。

その一方でこの九〇年代、登山界をリードしたのは中高年登山ブームの隆盛である。若いころ多忙な勤めに追われた人たちが定年を迎えても元気で、健康維持と自然の癒しを求めて登山趣味が広がったためだが、なかには海外の山へと足を延ばす元気組も増えた。

そうした中で、福岡の脇坂順一が「八十七歳はまだ現役」と言いながら「海外登山二四三登頂」を果たし、大分出身の戸高雅史が八〇〇〇メートル峰のブロード・ピーク三峰を無酸素で縦走したのに次いで世界第二の高峰K２にも無酸素単独登頂したのは、登山史上でも特筆される記録だった。

戸高雅史さん（福岡教育大山岳部・田川山の会OB）が世界第二の高峰K２に単独無酸素登頂＝1996年７月。この年の「オペル冒険大賞」受賞。《第86話》（「岳人」1996年10月号から）

伊万里山岳会がネパール警察登山チームとの合同隊でチェオ・ヒマールに登頂。頂上で喜ぶ、井本重喜隊員（中央）とネパール警察のライ隊員（左）＝1991年10月。《第84話》（報告書から）

85歳で、海外登山200登頂目をスイス・アルプスのブライトホルンで果たし、山仲間たちに囲まれ祝福される福岡山の会の脇坂順一さん（左）＝1998年８月。《第89話》（脇坂さんのアルバムから）

日本勤労者山岳連盟九州地区協議会隊がアンナプルナⅣ峰に登頂。頂上で喜び合う、前列右から吉野和記隊長、杉山義昭隊員＝1998年４月。《第87話》（吉野さんのアルバムから）

第82話 元デ杯選手の挑戦

テニスで鍛えた足腰で登ったエベレストで、岡留恒健が驚いたのはゴミの山。

上空から見下ろすアルプス、ヒマラヤ、アンデス…白い山並みの眺めは素晴らしい。朝日に映えて金色に輝く峰々は感動的だ。「だが、上空から見ているだけではつまらない。実際にあの頂きに登って、立ってみたい」。日本航空国際線機長・岡留恒健の熱い思いがかない、遠藤晴行らのイエティ同人・高山研究所隊に加わってエベレスト（八八四八㍍）へ向かったのは一九八六年（昭和六十一年）春のシーズンだった。

福岡で生まれ育ち、福岡高時代は全日本ジュニア・シングルスで優勝、慶応大の時には二年続けてデビス・カップ日本代表選手になったテニスプレイヤーだが、一時はスキーに凝って雪山に登り、雪を滑るうち本格的に登山がしたくなり、フライト先のメキシコではポポカテペトル（五四五二㍍）やイスタシワトル（五二八六㍍）に登頂、アメリカではレイニア山（四三九二㍍）に登って麓の登山学校で氷壁登攀の訓練を受け、ヒマラヤ登山を夢見た。

知り合った遠藤から同行を許されると、フライトがない時はテニスコートを走り回り、ビルの階段を駆け登り、泊まったホテルではアスレチック・ジムで自転車漕ぎを続けて足腰を鍛えた。

登山隊がＢＣ（五三〇〇㍍）を置いて南東稜通常ルートに取りついたのは四月十一日だったが、先鋭的ベテラン・グループのイエティ同人では各人それぞれが自分の意思と責任で行動するのが原則になっており、岡留も高度障害に苦しみながら独り、いつ崩れてくるか知れないアイスフォールに肝をつぶしながらＣ１（六一〇〇㍍）

への荷上げを繰り返した。だが、標高差八〇〇㍍を上下するうち低酸素環境に体が順応、頭痛も胸苦しさも治ってしまう。

C2（六四〇〇㍍）からC3（七三〇〇㍍）へ。ローツェフェィスの右側に沿って雪の急斜面を登る。「足が重くて、一〇歩登っては上を見上げて息をついた。咳をすると体内の酸素が消耗されるためか、足が動かなくなり、回復に時間がかかった」という。その間を何度か往復して体を高度順化させると、サウスコルのC4（八一〇〇㍍）に酸素を持たないまま上がった。

頂上アタックは五月七日、岡留の五十二歳の誕生日にセットされた。だが、風雪強く中止。同九日にはC4に上がって再度のアタックを準備したが、酸素ボンベを持ち上げてくれていたシェルパが途中で体調を悪くしてボンベが届かず、登頂断念を余儀なくされた。「体調はよく、ボンベなしの無酸素でも行きたかったが、隊長から『それは死を意味する』と言われ、自然が定めた私の運《さだめ》と思い、あきらめた」

この翌日、隊長の遠藤と隊員の松永忠則は無酸素で頂上を目指すが、雪の状況が悪く時間がかかったのと天候悪化のため頂上まで二〇〇㍍を残して断念している。結果的に岡留の「勇気ある決断」は正しかった。BCに無事下りた岡留は「どこまで登れるか見当もつかなかったが、この年齢で酸素ボンベを使わず八〇〇〇㍍まで登ったのは記録らしい。ここまで努力できたことがうれしい」と話した。

岡留がこのエベレストで、BCでも標高八〇〇〇㍍のサウスコルでも驚いたのは、大量のゴミが辺り一面に散らばった荒涼とした風景だった。寒くて菌が培養されないためか食料品も腐らずそのまま残り、サウスコルには酸素ボンベをはじめあらゆる登山用具が積み重なるように散乱していた。岡留が受けたショックと後遺症は帰国後、その以前から関心を高めていたユニセフ（世界児童基金）支援の運動とともに「美しい地球を次の世代に」の訴えになった。

世界の主だった山岳団体、登山家が集まって山岳環境保護の「ヒマラヤン・アドベンチャー・トラスト（HAT）」が組織され、清掃登山など「山を汚さない」運動が始まったのはその三年後の八九年である。

第83話 サンゴ礁の島から

高い山はなく、雪も降らない沖縄から、ヒマラヤに登頂した琉球大山岳部隊。

青い海原とサンゴ礁の島・沖縄から初の「ヒマラヤ遠征隊」が出かけたのは一九八九年（平成元年）九月だった。ネパールのダウラギリ山群・ダンプス（タパ・ピーク＝六〇一二㍍）に挑んだ木崎甲子郎総隊長、馬場繁幸隊長ら七人の琉球大山岳部登山隊である。

木崎は当時、ヒマラヤ山脈が毎年約一㌢高くなっていることを突きとめる（実際の標高は風化で削られるためあまり変わらない）など海底隆起による山脈形成研究で知られる同大教授（海洋学）だったが、その調査のためヒマラヤに通い、フィールドワークの合間に白い峰々を見上げては「登ろうや」と学生をけしかけてきた。

北九州育ちだが、北海道大の学生時代は日高山脈イドンナップ岳（一七五二㍍）に初登するなど山登りに明け暮れ、六〇年の第四次南極観測隊越冬隊では南極大陸・大和山脈主峰の福島岳（二四七〇㍍）にも初登頂した木崎にとって、ヒマラヤ登山は夢だった。

しかし学生の方は、時にヒマラヤへ目を向ける者がいても登山隊を組むまでの人数はそろわない。なにせ、山は標高五二六㍍の於茂登《おもと》岳が県内で一番高い沖縄。「ヒマラヤ」と聞いてピンとこないのも無理ないことだった。名ばかりに近い山岳部員も日本アルプスに出かけて力をつけては来るが、卒業して就職すると本土に行ってしまう。木崎の夢もしぼんだ。

それが八七年、入学してきた学生の中に信州育ちがおり「ヒマラヤに登りたい。冬山の経験もある」と言う。

木崎はチャンス到来とばかりに「ヒマラヤへ行きたい者は集まれ！」と号令をかけた。

何人かの希望者が集まった。が、本格的な登山の経験はなく、雪を見たことのないウチナー（沖縄）育ちもいた。それでも穂高岳に登り、冬の大山を登り、富士山の雪斜面で滑落防止訓練を繰り返すと、たくましくなった。隊長にと木崎が白羽の矢を立てた同大農学部助手（当時）の馬場は北海道の大学時代、一年の三分の一は山に出かけていたという経験豊かな本格派だった。

「国内の山とヒマラヤの四〇〇〇メートルを超す山とでは、風の強さや寒さ、自然環境の厳しさは全く違う。ダンパスは六〇〇〇メートルを超えてはいるが、この隊長なら隊員は初心者でも何とか安全に登ってくれると確信をもった」と木崎はいう。

登山隊はダウラギリ山群とアンナプルナ山群の間を抜け十月十三日、標高四七〇〇メートル地点にBCを置いた。出発前、琉大病院の低圧実験室で高所順応の訓練はしていたが、実際にこの高度に来て高度障害が出始める。頭痛、吐き気…初体験に苦しみながら東尾根に上がり、傾斜三〇度を超える急な斜面を登った。

同十五日、HC（五五一〇メートル）から河口健一郎と嶋倉康夫、百瀬泰の学生隊員三人が頂上を目指した。送り出した馬場も一時間後、頭の痛さを我慢して後を追う。高度障害と疲れで足が上がらなくなった嶋倉を途中に残し、馬場と川口がサーダー（シェルパの頭）とともに頂上に立ったのは同日午後三時半だった。馬場らは冷たい風が吹きつける中で沖縄県旗、琉球大旗、山岳部旗を広げ、ダウラギリI峰（八一六七メートル）やツクチェ・ピーク（六九二〇メートル）をバックに写真を撮り合った。

木崎は学会のため登れなかったが「この遠征は、沖縄からヒマラヤ登山ができるかどうか、の実験だった。沖縄からも〝ヒマラヤがやれる〟ことが証明できた」と言った。

このあとに続く登山隊はまだないが、このダンプス遠征をきっかけに沖縄にも日・ネ協会支部が設立されて日本とネパールとの交流の輪が広がり、登山熱も広がってこの三年後には沖縄山岳会など二団体が加入して全国で最後の県山岳連盟も発足した。

第84話　山あっての人生

ネパール警察隊と「国際隊」を組み、チェオ・ヒマールに登頂の伊万里山岳会。

佐賀県・伊万里山岳会は一九九一年（平成三年）九月、ネパール警察山岳チームと合同隊を組んでマナスル山群の未踏峰チェオ・ヒマール（六八二〇㍍）に挑んだ。

実績の少ない地方の山岳会が、しかも日本山岳協会の推薦もないまま国際合同隊を組んでヒマラヤの未踏峰に挑戦するのは異例のことだった。みなが注目した。実現した陰には、伊万里山岳会がその七年前の八四年、同じネパールのメラ・ピーク（六四七三㍍）に登頂した際にサーダー（シェルパの頭）だったブルバ・ツェリンとの友情と交流、そして橋渡しが実った「友好のアンザイレン」があった。

ブルバはサーダーを務めたあとネパール警察登山財団に入り、同警察登山チーム隊長のグプタ・バハドゥル・ラナを伊万里山岳会の代表・岡崎正伸に引き合わせてくれた。岡崎とグプタはすぐ意気投合、「じゃぁ今度は一緒に、力を出し合いましょう」となった。

岡崎が総隊長、迫田吉雄を登攀隊長に、五人の伊万里隊とネパール警察隊の四人がヒムルン氷河による浸食谷の上、標高四二〇〇㍍にBCを置いたのは九月八日だった。

取りついた左岸ルートは垂壁にぶつかる。急ぎ右岸ルートに変更するが、こちらも岩壁の岩はもろく、絶えず落石が襲ってきた。C1（四九〇〇㍍）もすぐ落石に潰された。

アイスフォールの落ち口から南東に延びる雪稜を登り、雪原を進み、C4（六〇〇〇㍍）からは急なミックス斜面を東南稜へ上がった。さらにクーロワールをトラバースして雪稜に出た。

十月十三日、岡崎ら日本隊員三人とネパール隊員二人がシェルパ四人と共に、アタックをかけた。肌を刺す冷たい風の中、落石に身をすくめながら急な斜面をよじ登る。岡崎と迫田は頂上手前のスノー・ピークで断念するが、井本重喜とネパール隊員のフル・バハドゥル・ライがシェルパ二人と一緒に頂上へ向かった。

「頂上へ続く〝竜の背中〟は変化に富んでいた。雪壁、雪稜、雪原。お互いの安全を確保しながら交互に登攀する姿は、尺取り虫のようであろう。頂を目前にしてシェルパが隊員である私に先に登るよう勧めた。彼の心配りがうれしかった。二人の間に立場の違いはない。ザイルを結び合うクライマー同士だ。八時間におよぶ厳しい登攀を経て午後一時十分、、私たちは未踏峰の頂きに立った」（井本の登頂記）。間もなくフル隊員とシェルパも頂上に着いた。高度計は「七〇二〇メートル」を示していた。

「伊万里からヒマラヤへ」の夢を二度も成功させて帰国した岡崎だったが、待っていたのは祝賀とねぎらいの一方で無断欠勤に対する処分だった。当時、岡崎は伊万里市役所の農林水産課係長をしており、六〇日間の休暇申請を出したが年次休暇が三六日しか残っていなかったため認められず、仕事に専念せよとの業務命令も出た。が、岡崎はそれを無視して出発していた。岡崎は八四年のメラ・ピーク遠征の際も、その前七四年のヨーロッパ・アルプス登山の時も無断欠勤しており、同市の懲罰委員会では「ヒマラヤの未踏峰初登頂は快挙だが、過去のこともあり…」と懲戒免職相当の意見が多かった。

これを知った岡崎は「市職員としての責任はとりたい」と自ら辞表を出した。「公務員としては失格だったが、人間として岳人として生きたかった。山に行ったことも勤めを辞めたことも後悔はない。山を通していろんな人と出会えたのは私の財産」と岡崎は言う。

迫田もメラ・ピーク遠征の際、勤めていた出向先の会社に休暇願いを出したところ「（栃木の親会社には戻らず）このまま出向先の会社に移籍なら（休暇を）認める」と言われ、仕事か山か悩んだが「山」を選んで伊万里に住み着いた。「何としても、山」「どうしても、山」なのである。

第85話 悲願と執念と

一〇年前の「撤退」の悔しさを、ダウラギリI峰登頂で晴らした宮崎大山岳会隊。

河口慧海《えかい》が一九〇〇年（明治三十三年）、ヒマラヤ越えの途中、その山姿を遠望して「荘厳雄大なる高雪峰ドーラギリ」と紀行「西蔵旅行記」に書いたダウラギリI峰（八一六七㍍）に宮崎大山岳会隊が向かったのは一九九五年（平成七年）九月である。

「今度こそは…」。悲願と執念があった。

というのも、同山岳会は八五年にもダウラギリI峰を計画したが登山許可の関係で、ダウラギリII峰（七七五一㍍）を登る。しかし、六〇年に一度という悪天が続き、頂上にあと五〇〇㍍に迫りながら時間切れと食料不足も重なって断念せざるを得なかった。隊員たちは「この次は必ずI峰に来るぞ」とダウラギリI峰を見上げながら誓い合った。

帰国後も日を追って、みな「荘厳雄大」なダウラギリI峰への思いが募った。四年がかりで計画を立てた。

一〇年後の九五年、その思いはかなった。「何としてもダウラギリI峰の頂上に…」。それは、遠征隊員に決まりながら出発直前の鹿島槍ヶ岳合宿中に吹雪のため遭難死した園田一敏の分まで頑張ろう、という誓いも重なっていた。キャラバンの途中、ダウラギリ山群が見え始めた峠に、預かってきた園田の遺骨を埋め、ケルンを建てた。登頂の成功と安全を祈った。

九月十一日、ダウラギリI峰の標高四六五〇㍍にBCを建設。早速、東北稜のアイガー状岩壁に取りついた。

東北稜ルートには日本隊二隊と外国隊五隊が入っており、すでに張られていた固定ロープを使わせてもらうことで登攀は進んだ。

雪の日が続き、高度が高くなるにつれ体調不良の隊員が相次いだが、同二十八日には標高七三〇〇メートル地点にC3を延ばした。十月四日、第一次アタック隊の井波千明、玉井浩一郎、友栗徹士、井上徹の四人がC3を出発した。強風の中を進んだ。

だが、シェルパが体調不良を訴え「登れない」という。「シェルパレスで登るかどうか」悩んだが結局、登頂断念、下山を決断した。急拠、BCで指揮していた登攀隊長成崎公生が第二次アタック隊として上がることになる。成崎が上田恵爾と共にC3から頂上に向かったのは、翌々日の六日だった。

岩と雪のミックス帯を進み、急な雪壁を直登する。常に風が強いため雪面は氷の板になり、うろこ状になっていた。雪壁が狭まったあたりから上部の稜線が見え、右へトラバース気味に登って尾根を越すと頂上はすぐそこだった。主稜線直下、数日前に頂上に達したエフ・ティー・フォー隊（労山系登山隊）のかすかに残ったトレースをつたい、頂上へ向かう。

「主稜線に取りつく。…五十メートルロープで上田君を確保、ロープがいっぱいになった所でロープを固定し、ユマールを使い登って行く。十二時三分、長年の夢だった頂上に着いた。何もさえぎるものがない展望は、すべてが青みを帯びて見えた」（報告書・成崎）

「登りつめた雪壁の向こうに、ピークが突き出ているのを目にした時、初めて登頂の言葉に確信がわいた。そして、頂上に立った。歩きだして十時間後のことだった。景色にはさして感動はなかった。泣かないだろうと思っていたけど、涙が出た」（同・上田）

ダウラギリI峰の初登は六〇年のスイス隊だが、最初に挑んだのは五〇年のM・エルゾーグ率いるフランス隊だった。しかし、予想以上の手強きにあきらめてアンナプルナI峰に転進、そこで人類初の八〇〇〇メートル峰登頂を果たした。

第86話 「非情の山」を独りで

世界第二の高峰Ｋ２に無酸素・単独で登頂、「冒険大賞」を受けた戸高雅史。

一九九六年（平成八年）七月二十九日、戸高雅史《まさふみ》は世界第二の高峰Ｋ２の頂上、標高八六一一㍍に「単独・無酸素」で立った。「非情の山」と呼ばれるＫ２への日本人登頂は五登目だったが、単独は初めてだった。戸高には、その年度に記録的・歴史的な冒険に挑み、多くの人々に夢と感動と勇気を与えた者をたたえる「オペル冒険大賞」が贈られた。

八〇〇〇㍍峰の単独登攀は、常に状況を判断する能力と登山技術、孤独への忍耐が要求される。増して、空気中の酸素量が平地の三分の一以下に減る八六〇〇㍍の高所で人工酸素も吸わないということは、精神的にも肉体的にも「人間の限界」である。戸高はそれを乗り越えた。「人間、突きつめれば独りだと考え、行動しながら考えようと独りで登った。孤独感はなく、幸せな気持ちで登れた」という。

戸高は大分県の傾山に近い宇目町（今は佐伯市）に生まれ、福岡教育大に進んで探検部に入ると、田川山の会にも入って山に通った。八七年夏にはマッキンリー（六一九四㍍）に単独登頂、「独りでやった」ことが自信になった。九〇年にはナンガ・パルバット（八一二六㍍）に、九三年にはガッシャブルムII峰（八〇三五㍍）に、いずれも仲間と「無酸素」登頂した。ナンガ・パルバット登頂がルパル壁の南西稜からは日本人初だった。

九五年には三度目のブロードピークで仲間二人と北峰（七三八七㍍）－中央峰（八〇〇六㍍）－主峰（八〇三五㍍）を「無酸素」で縦走。登山技術だけでなく、高所での体力、精神力、判断力…すべてに卓越した能力がなければできない記録、と日本ヒマラヤ協会が選んだ「二十世紀の日本ヒマラヤ登山トップ10」の第五位にランクされた。

Ｋ２に独り登ったのはその翌年、三十四歳の時である。六月六日、ゴドウィン・オースチン氷河の標高五二〇〇㍍にＢＣを置き、初めはバリエーションの南壁ルートを考えたが、雪の状況などから南東稜ルートに変更、七〇〇〇㍍までを三回上り下りして高度順応した。

七月十一日、七九〇〇㍍のアタック・キャンプまで上がったが、天候悪化で下山した。独りなので、無理はできない。同二十九日、晴天の兆しを感じて四度目のアタックを試み、未明の一時二十分、アタック・キャンプを出た。

深いラッセルが続く。この日はイタリア隊もアタックをかけていたが、戸高は絶えず先行した。「八千四百㍍からは死と隣り合わせの世界。危険を予知する能力が失われたとき、生還は困難になる」（手記）。軟雪の急な壁を登り、頂上への雪稜に上がった。「真白い雪稜が藍の空へ突き上がってゆく。思考は止まり、時間も消えた。ただ高みへと本能のまま登る。無垢の雪稜に一つ、また一つフットステップが記されてゆく」（同）

そして、午後四時二十分、頂上に立った。ＢＣ建設から五三日間の〝孤独な登攀〟にようやく笑みがこぼれた。トランシーバーを通し、ＢＣで待つ妻優美からの祝福の声を聞いた。

戸高はこのあと九七年、九八年と、今度はチョモランマ（八八四八㍍）にも単独・無酸素登頂を試みたが、いずれも強風と寒気のため断念した。

二〇〇〇年に北九州市教育センター教養講座の講師に招かれた時、戸高はこんな話をした。「ヒマラヤの大自然の中に独りいると、自分も宇宙の一部として、自然と共生しているのだと感じる。山を通じて自然を大切に、そして暮らしの中で自然と人間にかかわっていきたい」

福岡教育大を出て数学の先生になるつもりだったのが今、「山」の学校の先生になった。山梨県・山中湖村で野外学校「ＦＯＳ」（フィール・アワー・ソウル）を主宰。郷里の佐伯市宇目に年に一、二度帰省すると、沢登りや山歩きの会に笑顔を見せる。

第87話

九州は一つの結束

「高く明るく、しなやかに」と、アンナプルナⅣ峰に登頂した労山九州地協隊。

街や職場の登山グループがネットワークを組んだ日本勤労者山岳連盟（労山）の九州地区協議会登山隊が、ネパールのアンナプルナⅣ峰（七五二五㍍）を目指したのは一九九八年（平成十年）三月である。

労山は愛好者の登山知識を高め、「ハイキングから岩と雪の山へ」をテーマに六〇年に結成された全国組織だ。九州にその系列山岳会が発足したのは六二年の福岡勤労者山岳会と大川山人会が最初だが、六五年の同地区協議会結成をきっかけに九州各地にもネットワークを結んだ山の会が相次ぎ誕生（現在約六〇団体）、それぞれの登山活動で技術を磨いた。

七七年に福岡県連盟隊がインドのナンガール・チョダ（六〇九四㍍）に挑んだのをはじめ、八二年には同県連盟隊がアンナプル山群のラムジュン・ヒマール（六九八三㍍）に登頂、八八年には熊本・星と嵐の会が冬季のランタン・リルン（七二四㍍五）に登頂した。

そうした実績を踏まえて「こんどは九州合同隊でヒマラヤをやろう」の声が高まり、実現したのが九八年のアンナプルナⅣ峰への挑戦だった。

労山各県連盟を通じた隊員募集に応じた吉野和記（大牟田勤労者山岳会＝隊長）、杉山義昭（長崎・朝霧山の会）、二上秀昭（同）、吉野敦子（同）、西村秋二（熊本山遊会）、田上和弘（福岡・フェニックス・マウンティアリング・チーム）、辻信孝（同・東雲山岳会）の七人で編成した九州地区協登山隊がカトマンズからキャラバン、標高四七〇〇メートルの雪面にBCを置いたのは四月八日だった。

各県から集まった体力も経験、考え方も違う隊員たちが心を一つにするため、お互いに「(各人の)個性を大切にする」ことと「高く、明るく、しなやかに」をスローガンに同十日から登攀活動に入った。クレバスが縦横に走るアイスフォールを抜け、雪面を登り、同十六日にはC3(六三〇〇メートル)を建てた。

幸い、連日の晴天。隊員の体調もいい。計画では五月一日が頂上アタック予定日だったが、「天気が崩れないうちに」と四月十八日、第一次アタックをかける。

同日午前四時半、隊長の吉野と杉山、田上、辻がC3を出た。アンナプルナII峰側にトラバースして、クレバスを避けながら急な斜面を直登して標高七〇〇〇メートルの雪の台地に上がった。さらにスプーンカットの雪面を登り、風が強く蒼氷が散らばるアンナプルナII峰との間の吊り尾根を進んで午後一時四十五分、そろって快晴のアンナプルナIV峰の頂上を踏んだ。

だが、みな疲れていた。杉山は感激の山頂をビデオに収めながら眠ってしまい、田上は「吊り尾根のところでネパールの女性にIV峰の方向を尋ねた」と言った。普通はC2―C3間を二、三回往復して高度順応を図るのだが、今回は全員の好調さのままに速攻、C3から約一二〇〇メートルの標高差も一気に上がった。高度障害による幻覚症状だった。四人のシェルパの手を借りながらC3に戻れたのは夜の十時に近かった。

翌々日の二十日には第二次アタック隊の西村と二上も、風が強まり雪煙が舞い、天候が悪化する中を苦闘して登頂した。

労山九州地協登山隊のアンナプルナIV峰登頂はドイツ隊(初登＝五五年)、関西大隊、山学同志会隊に次ぐ四登目だったが、下山後「登頂証明書」をもらう時、ネパール政府観光省の担当官は「全員に渡すのは初めてだ」と祝福してくれた。

この登山隊派遣に九州各県連盟傘下の労山会員、関係者たちはバンダナを販売して資金を支援、登山隊を支えた。活動のすそ野を広げた労山ならではの「九州はひとつ」の結束だった。それに応えるように二次隊で登頂した二上は、頂上に掘った氷の穴に会員たちが寄せ書きした日の丸の旗を埋めた。「みんなで登ったんだ」と。

第88話

宇宙の中心

「これ以上の贅沢な眺めはない」ナムナニ峰頂を踏んだ日本山岳会福岡支部隊。

日本山岳会福岡支部は一九九八年（平成十年）、同支部発足四〇周年を記念して中国・西チベットの最高峰ナムナニ峰（納木那尼峰＝七六九四㍍）に新ルートから登頂、五体投地で有名な聖山カイラス（カン・リンポチェ＝六六五四㍍）を巡礼、約三〇〇〇㌔の辺境を旅する登山隊を送り出した。

記念登山ということから「ただ山に登る」だけではなく、探検的な辺地の山旅をしよう、そしてその地域の最高峰に登ろう、と同福岡支部の登山隊はヒンズー教徒やチベット仏教徒が「宇宙の中心」と崇めるチベットの最奥地を選んだ。

隊員は公募したが、約二ヵ月間の長旅になるのと費用がかかる（個人負担約百七十万円）こともあってか、応募は隊長の太田五雄以下四人。太田五十七歳、浦一美五十一歳、中山健六十六歳、徳永哲哉四十二歳と〝中高年登山隊〟になった。

ネパールからヒマラヤの峠を九つも十も越えてチベットへ入り、ガレの渓谷を登ってナムナニ峰北西のザロンマルバ氷河舌端、標高五六〇〇㍍地点にBCを置いたのは五月二十三日だった。

〇五年（明治三十八年）、同峰に初めて入ったイギリスのロングスタッフ隊は西山稜から登り（標高七〇〇〇㍍で断念）、初登の日中合同隊は北西面を上がったが、新ルートを探る太田らは北西稜のガレとザロンマルバ氷河の間を登る未踏の斜面からの登攀にかかった。

アイゼンの歯もたたないほど硬い氷の氷河を登り、氷壁を上がり、雪面を斜上。休養日を挟んで六月六日、C3（七三〇〇メートル）に入った太田はその翌朝、サーダー（シェルパ頭）のパサン、シェルパのデンドゥと共にアタックをかけた。

上がるにつれ、雪面の傾斜は急になった。「岩壁に沿って地吹雪が吹き上げ、稜線は雪煙が舞い上がり、壮観だ。さらに五十メートルフィックスして岩稜に出た。岩壁は五十センチから一メートルの幅で、反対側は南壁となってレンコン氷河まで数百メートル、いや千メートルは落ちている。風は一段と強まり、岩稜の雪は飛ばされてアイゼンでは歩きづらい」（太田の報告書）

デンドゥからトップを譲られた太田は午後一時十五分、頂上に立った。北にはチベット高原や聖湖マバム・ユムツォ、南にはヒマラヤの白い峰々…。太田は「これ以上贅沢な眺めはありません…」とBCへ交信している。その山頂にはチベット仏教最高指導者であるダライ・ラマの名刺大の写真が置かれていた。

下山した太田たちはタルチェンの村を後に同月十日、吹雪の中をカイラス巡礼の道をたどった。カイラス峰を一周する巡礼の行程は約五二キロ。五体投地で回れば二〇日以上かかるが、普通歩いては三日の行程といわれている。太田らはそこを二日で回ろうと予定し、仏教徒ということで左回り（チベット仏教の一派のボン教徒は右回り）した。

巡礼の道は河口慧海《えかい》が「黄金峡」と言った大渓谷を進み、ガレの扇状地をいくつも横断した。さらに山の傾斜をトラバース、吹雪の中、標高五六三六メートルのドルマ・ラ（峠）を越えた。その一角の大きな岩に経文が書かれていた。「巡礼者たちはその前で帽子を取り、手袋をはずし、五体投地を繰り返した。寒風が彼らの体を包み込んでいた」（同）

太田らが一週間がかりでチベット高原を越え、首都ラサを経由して再びヒマラヤを越えてネパールのカトマンズに戻ったのは同月二十二日になっていたが、太田は「さまざまな難関辛苦の旅ではあったが、一つひとつの出来事がチベットでしか味わえない事実であった」と言った。

第89話 八十七歳まで現役

「登頂の夢」を描き、実現へ努力し、海外登山２４３登頂を果たした脇坂順一。

高齢になっても世界の山を登り続け「スーパーおじいちゃんクライマー」と呼ばれた福岡山の会の元会長（第五代）脇坂順一は一九九九年（平成十一年）八月二十五日、イタリアの東部アルペン、ドロミテ山群の岩山トファナ・ディ・メッツォ（三二四四メートル）の山頂に笑顔で立った。時に脇坂、八十六歳。「海外登山二三〇登頂目」だった。

脇坂が山の雄大さに魅せられたのは小学四年の時の阿蘇登山だが、海外登山が病みつきになったのは六一年のメンヒ（四〇九九メートル）登頂からだ。学生時代、柔道に熱中するかたわらヨーロッパ・アルプスに憧れたが戦時の世になり、戦後は外貨制限で容易に海外には出れない。たまたまその年の夏、イギリスで開かれた国際外科学会に出席することになり、「今がチャンス」と途中、スイスに立ち寄った。

まずベルナー・アルプス三大名山の一つ、メンヒへ。翌日はユングフラウ（四一五八メートル）、その翌々日はヴェッターホルン（三七〇一メートル）と、積もっていた欲求を一気に満たすように立て続けに登り、頂を踏んだ。四十八歳になっていたが、疲れも知らずに一週間後にはマッターホルン（四四七八メートル）にも氷雪の傾斜をよじ登り、登頂した。

この時の登攀、登頂が忘れられず、「生涯海外登山」を続けることになる。とくにマッターホルンは気に入り、六十歳の還暦祝いの時（七三年）も、七十歳の古希の祝い（八三年）も、「海外登山一〇〇登頂目」（八八年、七十六歳の時）も、この山頂で祝福の握手攻めにあった。

脇坂は常に山を求め、登頂の夢を描き、実現へ向かった。「夢を持つことは人生をより豊かにし、生き甲斐ができる。夢の達成に向かって精進を続けることが大切」が持論だった。一〇〇登を達成すると、一五〇登が夢になった。

四十二歳から健康のために始めていた食事法とトレーニングにも「山への夢実現」を前に一層身が入った。もともとが医師（久留米大教授）だから健康維持には詳しいわけだが、食事は高蛋白、低カロリー、減塩食に徹し、主食は大豆。トレーニングは毎朝、冷水摩擦に始まって腕立て伏せ一七〇回、自転車こぎ二〇〇回、ひざの屈伸一〇〇回、さらにエキスパンダーや鉄アレイを使った筋肉トレ…。

六六年には欧州北極圏の最高峰、スウェーデンのケブネカイセ（二一一七メートル）に日本人初登。七〇年には初孫誕生にちなみ「新しい爺さんの国」としゃれて、ニュージーランドのクック山（三七六四メートル）に登頂、八四年には旧約聖書に「ノアの箱船」が漂着したと伝わるトルコのアララト山（五一六五メートル）の頂も踏んだ。

八九年には七十七歳の喜寿と金婚式を記念してスイス・イタリア国境のカストール（四二三〇メートル）に登頂、八十歳を迎えた九三年には海外一五〇登頂目と傘寿を祝ってアルプス最高峰のモン・ブラン（四八〇七メートル）に登った。海外二〇〇登頂目は八十五歳の九八年八月、スイスのブライトホルン（四一六五メートル）だった。

脇坂は、実は「海外二三〇登頂目に八十八歳の米寿祝いを」と考えていた。だがその夢は、予定より二年早く達成してしまった。「じゃぁ、米寿祝いを二五〇登頂目で」と、次の夢に向かっていたが二〇〇〇年九月一日、南フランス・ベルコール山群のコルデアク（一七三六メートル）で「海外二四三登頂」のあと体調を崩し、残念ながら「海外二五〇登頂」の夢は果たせなかった。

日本山岳会も、脇坂のこの山へかける情熱は後進の励ましになると九一年、史上二人目となる特別表彰でその記録をたたえたが、脇坂は「いかに多く登るかではなく、楽しく登るためにいかに努力するか、なんです」と、よく言った。

第90話　高齢元気

平均年齢六十一歳でアイランド・ピークに挑んだ読売山の会のメンバーたち。

二〇〇〇年（平成十二年）春、読売山の会のメンバーたちがネパール・ヒマラヤのアイランド・ピーク（イムジャツェ＝六一六〇メートル）に挑んだ。隊長の境和明六十六歳、副隊長の三宮忠敬は七十一歳、吉田直芳も五十九歳、稲富節子五十六歳、コーディネーターの村岡由貴夫が一番若いといっても五十一歳。平均年齢六十一歳の「高齢元気」隊だった。

境と三宮はもともと小倉山岳会にも入り、冬の北アルプスにも通ったが、働き盛りとともに勤めは忙しくなり、山は遠のいた。それが定年で復活、境は「週一登山」をめざし、三宮もボート漕ぎなどで鍛えていた。

吉田は、境ら小倉山岳会が読売FBS文化センター（北九州市）の登山教室で講師を務めた時の〝生徒〟。「読売山の会」はその教室のOBとかつての講師でつくった山行グループで、方々の山に登るうち「ヒマラヤにも一度…」となった。それに稲富が加わった。

四月六日、後方基地ルクラの村を出発したキャラバンはBC（五二二五メートル）まで一〇日間をかけた。ゆっくり、確実に高所順応するためだ。その効果あって全員快調。同十六日、尾根の急斜面を登り、標高五七〇〇メートルにハイ・キャンプを上げると、翌日にはもう全員とシェルパ三人でアタックをかけた。

口を開けたクレバスを跳び越え、雪原を登った。雪原が終わると約一五〇メートルの雪と氷の壁。「フィックスザイルにかけたユマールを持つ左手を高く伸ばし、右手で雪面にピッケルを打ち込み、その両手を力いっぱい引きながら左足を上げ、アイゼンを利かせて足場ができると右足を上げて四十センチメートル登る。この動作を繰り返して進む」(三宮の登攀記)

さらに蒼氷の壁を約三〇メートル登った。しかし、進む予定の雪稜は幅約一〇メートルの大きなクレバスで分断されていた。「山頂までは歩行距離であと約三百メートルだが、クレバスが渡れない。無念だが登高はここまでとした」(同)

境らはクレバス手前の「セカンドピーク」(六一〇〇メートル)で〝登頂〟とし、全員で「アイランド・ピーク登頂」の小幕を囲み記念撮影に収まった。「みんな、ここまでよく登ったという満足感、もう登らなくていい安心感が入り交じった顔だった」と後日、境は笑った。

この読売山の会隊の頑張りから一ヵ月もしないうちに、同じネパールのシングー・チュリ(フリーテッド・ピーク=六五〇一メートル)にも隊員六人の平均年齢六十二歳という「高齢元気」隊が登った。福岡まいづる山岳会だ。同会創立四五周年の記念登山だった。

隊長の中村正義が六十二歳、藤井哲夫六十三歳、一山了六十七歳、中馬一枝六十一歳、石内美佐子六十歳、一番若い高松伸行も五十九歳。「山登りはトシではない」とはいえ、その顔ぶれは同山岳会の長い間の活動ぶりと元気さを物語った。

五月二日、中村、一山、高松はサルプ・チュリ(テント・ピーク=五六六三メートル)の裾を巻いて氷河を上がり、セラック帯の斜面を登った。同五日には中村と一山でアタックをかけた。

未明の星明かりの中、雪面が胸につかえそうな急斜面を登り、足元が約三〇〇メートルは切れ落ちた岩峰の側面を進んだ。大きなクーロアールを斜めに上がり、山稜から頂上へのルートに取りついた時だった。先行のシェルパが下りてきて「(ルートに張る)フィックスロープが足りない」という。持ってきた五〇〇メートルを全部使い果たしたのだ。

頂上まで直線距離にして約二〇〇メートル。だが、フィックスロープなしには〝下りの安全〟は約束できない。中村と一山はしばらくピークを見つめて下山にかかった。

結果的にこの判断は正しかった。間もなく雪が舞い、雷が峰を覆い、中村らは転げるように下った。

第91話 「お父さん、生きて帰ってきて」

チョモランマ登頂からの帰路、高度障害や雪盲で死線をさまよった山下健夫。

一九九〇年代も後半になると「遠征隊」を組まなくても、少人数あるいは一人でヒマラヤの高峰へ出かける傾向も現れた。八幡大（今は九州国際大）山岳部OBで九州マウンテンガイドクラブの山下健夫もそんな一人。東北地区海外登山研究会隊に現地参加してチョモランマ（八八四八㍍）に登頂したのは二〇〇〇年（平成十二年）五月十九日だった。しかし、山下は下山の途中、苦闘する。

山下は独りネパールに入ると、アイランド・ピーク（イムジャツェ＝六一六〇㍍）で低圧・低酸素に慣れる高所順応トレーニングをしたあとチベットに入り、ロンブク氷河のBC（五一五〇㍍）に着いたのは四月十四日だった。東北登山研隊に参加の形をとったのは入山手続きや装備輸送の便宜を考えてのことだったが、八六年には北九州ヒマラヤ同人隊に参加してチョー・オユー（八二〇一㍍）を登り、二〇年以上も山岳ガイドとしてヒマラヤに親しんで来た実績からも、チョモランマの登頂にも自信はあった。

ノースコルを経て北稜を攀じり、五月十九日未明、標高八二〇〇㍍のC6から東北登山研隊メンバーと前後してアタックをかけた。月明かりの中、岩と雪のミックス帯を登り、イエローバンドを斜めに進み、一歩上がるごとに「もう下りよう」と考えながら苦闘八時間、頂上に着いた。（登頂者一二四〇番目、日本人で七六人、八四番目）。

「山頂手前から涙がこみ上げたが、泣くのは早い、無事に下山して思いっきり泣こうと自分に言い聞かせた」と言うが、山下の本当の苦闘、死闘はそこから始まる。

「岩場を下る。危なっかしい。アイゼンの爪が二本しかかからない。それも新雪に隠れていてどこに爪をかけていいか分からない」「深い軟雪の三角雪田を下る。下りになると、とても急に見える。ロンブク氷河まで一気に四百㍍近く切れ落ちている。足がすくみ、髪が逆立ち、逃げ腰になる。勇気を出して自分を信じるしかない」（登頂記）

ボンベの酸素も切れ、夜になって寒気が増す中を必死にC5（七六〇〇㍍）まで下りたが、今度はテントが見あたらない。焦ってうろついているところを顔見知りのシェルパニが声をかけてくれ、酸素を吸わせてもらった。だが、目に激痛が走りだした。頂上で写真を撮ってもらう間、無意識にゴーグルをはずしていたのがいけなかった。雪盲になっていた。

翌朝も目の激痛に耐えながら、激しい風雪の中を手探りでフィックス・ロープを伝い、下った。が、途中で気を失い、雪の斜面に倒れ込んだ。ノースコル（七〇〇〇㍍）から救助に上がってきたシェルパたちに酸素を吸わせてもらい、意識が戻ったところをシェルパたちに前後ろを確保してもらいながら、やっとノースコルのC4にたどり着いた。

「（意識を失っている）その間、沢山の夢を見、幻覚やまぼろしを見た。小5になったばかりの息子と小4になった娘が『お父さん、絶対に生きて帰ってきてっ！』と叫んでいた。死線をさまよっていたのか、それでハッと気がついた」（同）

帰国後、「これがお守りでした」と山下が大事そうに持っていたのは、登山中に小4の娘さんから届いた手紙だった。それには可愛い字が並んでいた。

「お父さんへ。チョモランマがんばってね。あいちゃん、日本でおうえんしているからね。お父さんなら登れるからね。元気ふりしぼってね。ぜったいに、かえってきてね。山下愛佳より」

山下は〇六年五月にも再びチョモランマの頂きに立った。シェルパ一人とのシンプルな登高だった。同峰の登頂は日本人で一二七番目だが、複数回登頂者は一〇人目だ。

登山スタイルの多様化

（1990年代〜2007年）

一九九〇年代に入るころから表面に出た登山傾向は、戦前・戦後から受け継がれてきた「より高く、より困難へ」のアルピニズムとは別に、「いかに登山を楽しむか」「いかに楽しい登山をするか」を求める個性派、自己表現派の新しいスタイルの台頭だった。そのスタイルは様々、多様である。

海外登山も、かつてのような組織的遠征ではなくて気の合った者同士で出かけ、自分なりに納得できる登山に集中するクライマーが増えたし、九六年に福岡市山岳協会隊がチョモランマで実践した「ルート工作と荷上げはシェルパに任せ、隊員は高度順応して登ることに徹する」タクティクスは、〃安全に高所登山を楽しむ〃初めての試みだった。

そうした中で九八年、福岡市の栗秋正寿が日本人では初めて、烈風と極寒すさぶ冬のマッキンリーに単独で登頂・下山して「真の冒険」を果たし、福岡・九産大学生だった渡辺大剛が二〇〇四年に世界七大陸最高峰を日本人最年少（当時）で完登した快挙は、世界的にも注目されるものだった。

国内では中高年の山旅派による「日本百名山」ブームが広がる中で、夫婦登山も目立っている。夫婦が健康で、同じ趣味を楽しむ仲睦まじさがなければできない山登りである。

アマダブラム頂上直下を登る関剛・上田恵爾・重川英介・小川美樹さんの登山隊＝1997年10月。《第95話》（重川さんのアルバムから）

九州から初めてのチョモランマ（エベレスト）挑戦で登頂、喜び合う花田博志隊員（右）と重川英介隊員（左）＝1996年 5 月。《第94話》（西日本新聞提供）

定年後の趣味で「日本百名山」完登に続いて「九州百名山」も完登、最後の高千穂峰山頂で山仲間たちの祝福に囲まれた福岡の加藤さん夫妻（前列中央）＝2004年11月。《第99話》（加藤さんのアルバムから）

「地図の空白」地帯の中国・カンリガルポ山群踏査でヒョン峰に初登頂した日本山岳会福岡支部隊員たち。背後には5000〜6000m級の未踏峰が連なる＝2003年11月。《第97話》（隊員の渡部秀樹さんアルバムから）

第92話 ハットトリック

気の合った仲間で、半年間にパイネ中央塔など難壁三つを登攀した藤原拓夫。

一九九〇年（平成二年）から九一年にかけての半年足らずの間に、気の合った山仲間とインド・ヒマラヤの難峰シヴリン（六五四三㍍）を南壁から、次いで南米アンデスの最高峰アコンカグア（六九五九㍍）でも厳しい南壁から、いずれもアルパイン・スタイルで登頂。南米チリ・パタゴニアのパイネ中央塔（二四六〇㍍）にも日本人で初めて登頂、山岳専門誌でも「これだけの内容の登攀を海外で続けたことは注目に値する」と評価されたのは福岡在住の国際山岳ガイド藤原拓夫（G登攀クラブ）である。

熊本で育った藤原が槍ヶ岳に登って感動したのは二十歳の時だが、以後、岩壁と冬山の虜になる。八七年にはヨーロッパ・アルプスのグランド・ジョラス（四二〇八㍍）北壁を1ビバークの速攻で完登した。それを弾みに八九年にかけてモン・ブラン（四八〇七㍍）フレネイ中央柱状岩稜を登り、エギーユ・デュ・ドリュ（三七五四㍍）西壁を登攀、いずれも完登した。

シヴリン山行は仲間と居酒屋で飲むうちに空いた日程が合い決まった。現地に入ったのは四人パーティーだったが、二人は体調を崩し、実際には藤原ら二人での登攀となった。九〇年八月二十日、雨の中を南壁スペイン・ルートに取りついた。

モレーンを上がり、氷河の中心部を登り、リッジ（山稜）のテラス（五五五〇㍍）まで一気に登った。二日目はミックスの壁と岩稜を登高、三日目も四日目も降りしきる雪に難儀しながらスラブ（一枚岩）の登攀が続いた。

五日目はナットやフレンズを使っての人工登攀になったが、最後は斜度六〇度近い斜面を上がって頂上に立った。アイゼンの爪が摩滅して下駄のようになっていた。

その三ヵ月後、藤原は南米アルゼンチンに飛び、アコンカグアにいた。シヴリンはG登攀クラブの仲間が主だったが、今度は気の合った友人たちの四人パーティー。ノーマルルートの北面から登頂のあと、南壁に回って十二月二十四日、フランスルートから登攀にかかった。

もろい岩に神経を使いながら登り、チムニーをずり上がった。「テルモスを落としてしまい、のどが乾いて死にそうだ。氷河のセラック下を二百㍍右上へトラバースし氷壁を3ピッチ登る。みなバテ気味」「百五十㍍ほどの雪壁をダブルアックスで登る。ふくらはぎが熱くなり、息があがってしまうが、落ちるわけにはいかない」(藤原の登攀記)

四日目の同二十七日、最後の雪壁をあえぎながらはい上がり、必死で頂上にたどり着いた。限界ギリギリの登頂だった。

藤原はその三週間後の九一年一月十五日にはもう元気に、アコンカグアを登ったうちの二人と一緒にパイネ中央塔のボニントン・ウィランス・ルートに取りついていた。

一回目のアタックも二回目のそれも強い風と寒気に阻まれたが、好天と気温上昇の兆しを感じて三回目のアタックをかけたのは同二十七日だった。雪の止み間をぬいながら登るが濡れたスラブの登攀に苦労し、ハングの人工登攀にも時間を食い、ビバークできたのは出発から二〇時間の苦闘の末だった。

翌日、晴天の中、稜線上を3ピッチ上がり、さらに三〇㍍の難しいクラックを抜けて登頂した。すぐに風が強まり、急ぎ懸垂下降で下りた。途中のコルまで17ピッチだった。

藤原は「登りたい意思を持った仲間が集まり、成否や枠にとらわれず楽しく登ろうと話していたが、いざとなるとやはり緊張し、集中した。いずれも成功して何よりだつた」と言った。

第93話

究極の自力登頂

「人間の限界」に挑み、中国・シシャ・パンマに登頂した日本山岳会福岡支部隊。

標高八〇〇〇メートルを超えても酸素ボンベを用いない「無酸素」、登攀の安全確保のためルートに設けるフィックス・ロープは張らない「ノーフィックス」、ルート工作や荷上げを手助けしてくれるシェルパは雇わない「シェルパレス」―にこだわって日本山岳会福岡支部の成末洋介（隊長）、日野悦郎、宮崎豊文、橋本昌典がネパールとの国境に近い中国のシシャ・パンマ（主峰＝八〇二七メートル）に北東稜から挑んだのは一九九二年（平成四年）の春だった。

ヒマラヤ登山も、中高年者による大衆化、山岳ガイドつき公募隊…と「高所遠足」的な登山スタイルが多様化する中で、酸素量が平地の三分の一以下になる環境でも人工酸素を吸わずに「ナマ身」で耐え、何の手助けもない「自分たちだけの力」で八〇〇〇メートル峰を目指すその〝究極の登山スタイル〟は、「アルピニズムそのもの」として注目された。

成末らはいずれもチョー・オユー（八二〇一メートル）やニルギリ（七〇六一メートル）を登攀するなど高所登山経験者であり、「人間の限界」を乗り越える自信はあった。

だが、このスタイルによる成功をより確実にするためまず、産業医大（北九州市）の低圧室で標高七〇〇〇メートル相当までの高所順応トレーニングを二ヵ月間やった。さらに、北京経由の成末はチョー・オユーBC（五一五〇メートル）を往復して高所順化、ネパール経由の日野ら三人もアイランド・ピーク（イムジェツェ＝六一六〇メートル）に登頂して低圧・低酸素に体を慣らした。

成末と日野ら三人がチベット（中国）・ネパール国境の町ザンムーで落ち合い、渓谷沿いに上がってシシャ・パンマ北面の標高五〇〇〇メートルにＢＣを置いたのは四月十四日だった。

早速、ヤク九頭を使ってＡＢＣ（五七〇〇メートル）へ荷上げ。Ｃ1（六四〇〇メートル）へは締まりが悪い雪質の雪原のラッセルに苦しみ、崩壊したブロックの中を縫って登った。Ｃ2（六九〇〇メートル）までは広い雪原帯を上がり、クレバスを必死で跳び越え、スノーブリッジを慎重に「ソォ～ッ」と渡った。

いったんＡＢＣに下りて休養のあと五月一日、成末隊長の「今日からのアタックが唯一の登頂チャンスだから、全力で頑張ろう」の声と共に全員で出発した。同三日、Ｃ2に着いた午後からはガスがかかり、テントも飛ばされんばかりの強い風になったが同五日には天気回復。シシャ・パンマ本峰と前衛峰との間の「廊下」と呼ばれる広い谷間を進んだ。

「廊下」はあまり傾斜はないが、雪面はラッセルにエネルギーを奪われるので氷の面を選び、アイゼンを利かせて歩を進めた。

その「廊下」の行き詰まりから北東稜に取りついたが、岩稜は浮き石が多くて岩登りに時間がかかり過ぎた。「廊下」の行き詰まり手前のクーロアール基部まで戻り、Ｃ3（七一〇〇メートル）を設けた。

同六日、Ｃ3から全員でアタックをかけた。クーロアールをつたい標高七三〇〇メートルの稜線に上がると、頂上はすぐそこに見えた。だが、膝まで埋まる雪の急な斜面のラッセルは長く、疲れた。フィックス・ロープがない下降と雪崩の危険を考えると、無理はできない。成末は断念して引き返し、標高七七〇〇メートルの大きなピナクルまで上がった所で橋本も断念した。

日野と宮崎は約一〇〇メートルの岩場を登った。左にトラバースすれば主峰だが、深い雪のラッセルと雪崩も心配されるため、北東稜をそのまま突き上げて中央峰（八〇〇八メートル）へ上がった。最後は急な斜面をトラバース気味に登って二人は頂上を踏んだ。

第94話

九州隊初のチョモランマ

西日本からは初挑戦、「安全と楽しむ登山」で初登頂した福岡市山岳協会隊。

福岡市山岳協会が世界最高峰のチョモランマ（エベレスト＝八八四八メートル）に登山隊（池辺勝利総隊長、植松満男隊長ら一六人）を送り出したのは一九九六年（平成八年）春である。五月十一日には第一次の花田博志と重川英介が、同十三日には第二次の菊池守と杉山洋隆が頂上を踏んだ。日本人では四九〜五二登目の同峰登頂だが、大阪以西の登山隊としては初めての快挙だった。

同登山隊は福岡県山岳連盟福岡支部が解消発展して福岡市山岳協会を発足させた記念に企画されたが、計画の段階から「今さらなんでチョモランマなのか」といった議論はあった。しかし、何と言っても同峰は「世界一の高峰」であり、西日本地区から同峰へ登山隊が向かったことは過去になかった。

それだけに「東京に集中していたヒマラヤの高峰指向が地方に広がるだろう。中央と地方のハンディが縮まる」（日本山岳協会）と期待された。

北稜—北東稜—頂上のルートを目指した同登山隊がロンブク氷河上にBCを設けたのは四月四日だった。福岡を出発する前、九州芸工大（現九州大芸工学府・部）で高所順応トレーニングを受け、さらにネパールでカラ・パタール（五五四五メートル）に登って体を高所に慣らしてきた隊員たちの登高は速かった。

同十四日にはC3（六五〇〇メートル）をABC（上部の仮のBC）とし、五月三日には標高八三〇〇メートルにC6を設けてアタック・キャンプとした。

同十一日早朝、花田と重川は強風の中、酸素ボンベを背負ってC6を出た。先行するシェルパが張るフィックス・ロープを伝って登る。第一、第二ステップを上がり、岩稜の凹角部を何とか抜けると深雪のラッセルが続いた。C6から苦闘九時間―。頂上の手前でシェルパが花田にトップを譲り、午後三時七分、ラマ教の旗が激しくはためく頂上に花田が立った。重川が続いた。

「ここが世界で一番高い所かという漠然としたよろこびを一瞬感じたが、花田先輩の『生きて帰るぞ』の声に気を引き締めた」と、重川は言う。この時二十一歳だった重川は、日本人の同峰登頂者最年少記録（当時）となった。

同十三日にも菊池と杉山がC6から五時間四十分のスピードで頂上に着いた。菊池は長男の「端午の節句」に用意した鯉のぼりを掲げた。世界一高い所で泳ぐ鯉のぼりだった。

同登山隊のこの「登頂成功」のカギは、一つは高所順応をしっかりやったうえに高所で人工酸素を使ったことだった。ナンガ・パルバット（八一二六メートル）を無酸素登頂した経験を持つ菊池は「酸素の効果は素晴らしく、楽だった」と言った。

そしてもう一つは、シェルパの協力だった。報道隊員だった田端良成（西日本新聞記者）は「シェルパとの〝分業〟実る」と、記事に書いている。「経験と体力がものをいう頂上までのルート工作と食料などの荷上げをシェルパに任せたことで、日本人隊員は荷上げなどは行わず体力を温存できたことが成功につながった」と言う。

確かに、クレバスの位置や刻々変わる風向きなど山の状態を見極めながらのルート工作に、経験豊かなシェルパの知識と技術は大きかった。

九〇年代に入り高所登山が大衆化する一方で、「自分の体力と技術で登ってこそ本来の登山だ」とする意見も強まる中、福岡市山岳協会隊は高峰に登頂しても下山中に体力消耗して事故を招いた過去のいくつもの教訓から、「安全」と「高所を楽しむ」方策としてこのシェルパとの〝分業〟方式を考えた。このスタイルは登山界に一石を投じた。視点を変えていえば、それだけシェルパの登山技術は向上している。

《番外話》いわれなき濡れ衣

インド隊から福岡市山協隊に寄せられた、八〇〇〇㍍での「事実無根」の非難。

一九九六年（平成八年）五月十一日と同十三日、世界の最高峰チョモランマ（エベレスト＝八八四八㍍）に登頂した福岡市山岳協会登山隊（池辺勝利総隊長ら一六人）の留守本部や関係者たちが「晴天の霹靂《へきれき》」と驚いたのは、登頂の喜びの興奮も覚めない同十六日の朝、新聞（朝日新聞）を開いた時だった。「インド隊が、日本隊の救助活動を非難」。

インド・ニューデリー発のその記事は、福岡隊と同じようにチョモランマ北東稜からアタックしたインド・チベット国境警察登山隊の遭難報告内容で「インド隊の三人は五月十日夕、登頂成功したが、下山途中に消息を絶った。インド隊の仲間が日本隊に救助を要請した。日本隊は翌十一日早朝、第一ステップ（八五〇〇㍍）でインド隊員二人が倒れているのを発見、一人は生きていたはずなのに無視し、もう一人には飲み物を与えただけで放置。十分な救助活動をせずに登頂、結果的に死なせた」というものだった。報告は同登山隊のM・S・コーリ顧問からで、「日本隊」が福岡隊を指していることは明らかだった。

驚いた留守本部は通信衛星を通じて福岡隊のBCに事実を確かめた。同BCも思いもよらない話に驚いた。早速、福岡隊BCが確認した「事実」は―①十一日午後四時ごろ、福岡隊のABC（六五〇〇㍍）にインド隊員が来て、登頂隊員の行方不明を告げた。その時、福岡隊第一次の花田博志、重川英介は登頂のあとC6（八三〇〇㍍）へ下山中だった。②福岡隊はただちに、C6にいたシェルパ三人に救援出動を準備させたが、夜になり二重遭難の恐れが出たため中止した。その際、C６地点にいたインド隊員に捜索参加を促したが「行ったら自分も死ぬ」と拒否した。③十二日は悪天候のため救援には出れなかった。④十三日には第二次隊の菊池守、杉山洋隆がC６と頂上を往復したが、遭難者は確認できなかった―だった。

第一次登頂の花田は「頂上に着くまで数人とすれ違い、人物も視認（国籍はわからない）したが遭難者と思える人物は見ていない」と言った。当時、チョモランマ北面には八カ国からの一四隊が入っており、当時はその多くがアタック時期だった。

しかし事態は、時間が経つにつれ福岡隊批判に傾いた報道が外国通信社の配信を含め広がった。英国紙の中には「嵐の中、見殺しにされた登山隊」と書いたものもあった。

福岡隊留守本部では「事実」を示して反論、コーリ顧問へも釈明を求めた。そうした中、同二十一日帰国した当の福岡隊は「インド隊の遭難に対しては日本人として、日本の登山隊として可能な限りの協力をした。何ひとつ非難を受ける筋合いはない」（総隊長・池辺）と、胸を張った。外務省もインド隊の対応を憂慮した。

そして、この日になってコーリ顧問は、福岡隊への連絡は「十日夕」ではなく「十一日夕」だったと訂正。同国境警備隊のシャルマ長官も六月十二日、福岡隊の「事実」主張を全面的に認めたうえ「福岡隊を非難することはできない」と公式的に表明、先の非難は「コーリ顧問の個人的見解」として同顧問が引責辞任したことを明らかにした。

事実確認を怠った「コーリ顧問報告」に端を発した福岡隊への「いわれなき濡れ衣」は、インド隊の経過説明や謝罪もないままに、一ヵ月経ってからの一応の〝釈明〟で事態は収拾された。福岡隊への嫌疑は晴れたが、それにしても高所登山は「自己責任」が原則であることや「八〇〇〇メートルの世界」がどんなに過酷な状況なのかを、みな知らなさ過ぎた。そのことが事実確認をしないまま誤解、誤報を広げる結果になった。

池辺は言った。「登頂成功の祝福に包まれるはずの帰国後の日々が、不愉快な、本当にやりきれない思いだった」。隊員全員の気持ちを代弁していた。

第95話

脱組織での遠征

意気投合した者同志、会派を超えアマダブラムに登った四人のクライマー。

一九九七年（平成九年）十月十五日、関剛、上田恵爾、重川英介と小川美樹の四人はネパール・クーンブ山群のアマ・ダブラム（六八一二メートル）に南西稜ルートから登頂した。関は福岡山の会の会員、上田は福岡登高会員、重川は福岡大山岳部員と所属山岳会はそれぞれ違ったが、共通はその前の年、福岡市山岳協会登山隊でチョモランマ（エベレスト＝八八四八メートル）に挑んだ仲。小川を含め、ともに二十歳代という〝若いクライマー〟同士だった。

アマ・ダブラムへ登る話は、そのチョモランマ遠征の間に始まった。関らはチョモランマ北面（中国側）に取りつく前、高所順応トレーニングでネパールのカラ・パタール（五五四五メートル）に登ったが、その際、目の前近くに青空を突いてスマートに立つアマ・ダブラムの姿にすっかり魅せられていた。「チョモランマの次に登るのはこの山だ」。意気投合していた三人には暗黙の了解があった。

その思いは、チョモランマから帰るとすぐ、実現へ動き出した。そこに小川が加わった。

上田は「意気投合した若者同士の思いを形にすることで、〝絶滅しかけている〟九州の若いクライマーに待ったをかけたかった」という。四人のコンセプトは「九州の若いクライマー同士、会派を超えて独力で計画、シンプルで経済的な遠征をする」「自分たちの力でルートをつくり、荷を上げ、自分たちで判断する登山をする」ことだった。

ただ困ったのは「日本山岳協会からネパール政府への推薦状をどうするか」だったが、福岡山の会の応援で、同山の会主管という形にしてもらい推薦状を得ることができた。

関を隊長に「福岡アマ・ダブラム登山隊」として標高四六〇〇メートル地点にBCを置いたのは九月二十四日だった。ポスト・モンスーンの早いこの時期を選んだのは、他隊に先んじてルート工作、「自分たちの山登り」をする目的からだった。

翌日はもう標高五七〇〇メートルまで登り、C1を設けて荷上げに集中した。さらにチムニー状のルンゼを上がり、ピナクルを越え、雪と氷がミックスした岩稜を登ってC2（六〇〇〇メートル）を置いた。十月六日には、そのC2から上田と重川が一気にアタックをかけた。氷雪の壁を上がり、お互いに確保し合いながら進んだ。だが午後二時半を過ぎても頂上に届かない。時間切れで引き返した。

このため標高六三〇〇メートルにC3を設けて同十五日、四人全員で再アタックした。朝焼けの中、前日のルート工作で張ったフィクス・ロープを伝って懸垂氷河を上がり、四人で頂上を踏んだ。「(頂上で)互いに駆け寄ったとき、この瞬間のためにこの一年を生きてきたんだと、恥ずかしながらマジで思った」と、上田は言った。

後からドイツ隊やロシア隊も上がって来て、にぎやかな頂上になった。

「今回、隊員それぞれが一〇〇パーセントの力量を出し切ったとは言えないまでも、計画・実行すべて独力でまっとうできたことは、満足な結果だった」と上田は日本山岳会に書き送った報告で書いている。続けて「遠征後は必然的にそれぞれバラバラに活動を続けるが、遠征というかけがえのない時間を共に過ごしたことで、これが次の出発点になるように思う」とも書いている。

それは、かつてのように〝長老〟を隊長にした組織的な管理登山ではなく、意気投合した者同士が自分たちの考えと自己管理で「山」を楽しむ時代の到来を示唆した。応援した福岡山の会の岡崎猷之は「二十歳代だけで登山隊を組織するのは珍しいが、実に幸せな例だ」とうらやましがった。

第96話 垂直の山旅

厳冬のマッキンリーやフォレイカーを独りで楽しみ、登頂もした栗秋正寿。

一九九八年(平成十年)三月八日、福岡市の栗秋正寿(九州工大山岳部OB)は冬のマッキンリー(南峰＝六一九四メートル)の頂上にただ一人、立った。気温氷点下三七度、ガスが覆い始め、天候悪化が迫っているため頂上滞在はわずか一分間だったが、「感極まり、心で泣いた。寒さと風で涙が凍り、涙を流して泣けなかった」という。

アラスカ山脈の主峰・北米大陸最高峰の同峰は、夏季には登山者でにぎわう人気の山だが冬は一転、烈風と酷寒の「凍る魔の山」と化す。その冬のマッキンリーに最初に登頂したのは鹿児島出身の西前四郎が加わった六七年の国際隊だが、冬季単独登頂は八四年の植村直己(下山中遭難、行方不明)の後、八八年と八九年のアメリカ人に次ぐ四人目。無事に下山して冒険を達成したということでは三人目、日本人では栗秋が初めてだった。

栗秋が山に心を奪われたのは、中学卒業の時に観た映画のシーン。西穂高岳からの雲海に感動した。「山に登ればあんな美しさが見れる」と思った。修猷館高でも九州工大でも山岳部で鍛え、九州工大大学院に進んだ夏休みには後輩とマッキンリーに登頂した。雪の斜面を登りながら「冬はどんな山になるのだろうか」と思った。

それからは「冬のマッキンリー」が頭を占める。ヒマラヤに出かけて六〇〇〇メートル峰四峰を立て続けに登り、日本山岳会科学委員の大蔵喜福《よしとみ》を訪ねてマッキンリーの冬の気象状況を聞いた。水産会社の冷凍庫に入れてもらって装備の極寒性能テストもした。

同大学院を退学、マッキンリーに入ったのは九七年二月だった。だが、標高四九〇〇メートルまで登ったところで猛烈な吹雪に遭い、登頂を断念した。しかし、この体験は貴重な教訓となった。再びマッキンリー・カヒルトナ氷河にBCを設けたのは九八年二月だった。

装備、食料の荷上げに、C4（三三四〇メートル）までは山スキーを履いて上り下りした。深雪でも足が埋まりにくく、ヒドン・クレバスの踏み抜き防止に役立った。C4で四日間、C5（三七〇〇メートル）の雪洞には五日間、猛吹雪のため閉じこめられた。その間も「いずれ好天になる」と、ハーモニカを吹き、俳句を作って楽しんだ。

雪洞に　幽《かす》かに谺《こだま》す　ハーモニカ

吹雪が収まるとウィンディー・コーナー（風の通り道）を抜け、ウエスト・バットレスの氷雪を登った。入山から二十四日目の三月八日、C7（五二〇〇メートル）からアタックをかけた。デナリ・パス（鞍部）へトラバース、大雪原を進んで稜線から頂上に着いた。カメラを持った手をいっぱいに伸ばして自分の写真を撮るとすぐ下山にかかったが、栗秋は「独りの山旅」で「雪、氷、岩、空、風の魂を感じることができた」という。

栗秋は下山後、北極海側プルドー・ベイまで約一四〇〇キロを徒歩で縦断する「水平の旅」もするが、翌九九年四月にはマッキンリーの南西側のフォレイカー北峰（五三〇四メートル）にスルタナ稜バリエーションルートから単独登頂（同ルートからの登頂は初）した。下山中、クレバスに落ちたが、幸い自力ではい上がった。「強運に感謝し、母を思った」と言う。

二〇〇一年にも同北峰を南東稜から単独登頂したが、〇七年三月十日、初めての同北峰冬季単独登頂を果たした。酷寒と烈風すさぶ冬のマッキンリー、フォレイカー両峰の単独登頂成功はもちろん世界初である。「単独にこだわるわけではないが、やっていると独りも楽しい」と栗秋はいう。あえて「登山」と言わずに「山旅」と言うのも「登山家でもないし、先鋭的登山をやろうとは思わない。その場所が危険なら引き返すし、素晴らしい景色を見たり、楽しむことが第一。そのプロセスは〝旅〟だと思うから」と言っている。〝自分の思い〟で山を登りながら自分を知り、納得し、楽しむのが「栗秋流」なのである。

第97話

埋められる「地図の空白」

五年間にわたり中国・崗日嘎布《カンリガルポ》山群の探査を続けた日本山岳会福岡支部隊。

日本山岳会福岡支部が「世界で最も知られていない山群の空白部」と言われる中国・東南チベットのカンリガルポ（崗日嘎布）山群を踏査したのは二〇〇一年（平成十三年）からだ。同支部顧問の松本徰夫を隊長に〇五年まで続いた五次にわたる踏査は、未踏の峰と未知の谷が入りくむ辺境の山域を登って地形を確かめ、異文化の村を回って山名を聞き取る苦労、苦心の調査だった。過去の探査記録を正しながら新しく三六座の位置、標高と山名を同定。ヒョン峰（四九二三メートル）に外国人では初めて登頂、地図にはない〝幻の氷河湖〟を発見した。

同福岡支部がカンリガルポ山群の踏査を計画したのは一九九七年、同支部四十周年を記念して中国・雲南省奥地を探査旅行したのがきっかけだった。「未踏の無名峰が無尽蔵にある」同山群のことを知り、探査に踏み出した。

ヒマラヤの東に北西から南東にかけ、全長約二八〇キロにわたって標高六〇〇〇メートル峰約三〇座、五〇〇〇メートル峰が約一七〇座連なる同山群とその周辺には一八〇〇年代末から幾組もの探査隊が訪れ、近年は日本からも学習院山桜会や神戸大、探検家の中村保らが探査の足を通わせている。だが、同山群そのものの探査は少なく、まだ多くの状況は知らされていない。山名も、分かっているのは一〇座ぐらいだった。

松本ら福岡支部の第三次隊の八人が同山群の谷間の村・拉古《ラグ》（四〇六〇メートル）にBCを置いたのは二〇〇三年十

一月だった。チベットの首都・ラサから四駆を走らせて四日がかかっていた。〇一年の第一次隊、〇二年の第二次隊による偵察、山座同定調査をふまえて早速、地形と山座同定確認のため中山健、渡部秀樹、佐々木耕二、藤野忠臣、宮原信彦が目の前の「白い山」に登る。

チベットで一番大きいという拉古氷河の沢沿いに上がると、標高四二〇〇メートル地点で中央に島がある湖に出くわした。持っていた、市販のうちでは一番詳しい地図（旧ソ連製、一九七七年）にも記載がない〝幻の湖〟の発見だった。さらに雪の斜面を直登、三角岩峰を越え山頂に達した。頂上からの展望は周囲三六〇度、氷河を挟んだ白い峰々が連なって見えた。

登頂したその峰は地図からみて「五六九九メートル峰」のつもりでいたが、高度計の測定と下山後の調べで、登った峰は「ヒョン峰（四九二三メートル）」で、「五六九九メートル峰」は「シュビーナ峰」だと分かった。これまでの地図では山座同定が一山ずつ西側にずれていたのだ。

拉古の村で「ドジ・ザンドイ峰（六二六〇メートル）」と呼んでいた尖ったピークの氷雪の山は、拉古の北西の谷間の村・米堆《ミードウイ》の村人たちが「ハモコンガ峰」と言っている山と同一であることも確認できた。

第四次隊が同山群に入ったのは〇四年十一月だった。山群東端の村・古玉《サンガチュ》の高台に登った渡部と辻和毅は谷の向こうに「六三二七メートル峰」の姿を確認した。旧ソ連が航空測量により作成した地図には記されているのだが、過去の探査記録ではこの山のことはだれも触れていない。氷壁と三つのピークを持つ巨大な台形の山塊だった。

〇五年の第五次隊は高地での植物調査を中心に進められたが、ヒョン峰以外は同山群最高峰のルオニ峰（若尼峰＝六八〇五メートル）をはじめほとんどが未踏峰であり、村から見えなければ山名も付いていない秀峰はまだ多い。

「カンリガルポ山群は今後、世界の登山家が注目するだろうから、挑むなら早い方がよい」と五次にわたって踏査の隊長を務めた松本は若手岳人に勧めている。だが、同時に秘境に近づくにはまず、その地の生活習慣、宗教文化を理解することの大切さも説いている。同福岡支部の踏査隊も毎年通い、拉古や米堆の村の人たちと心と立場、異文化を通じ合って初めてヒョン峰にも登れた。

第98話

セブン・サミッター

日本最年少記録「二十二歳二九二日」で七大陸の最高峰を登頂した渡辺大剛。

九州産業大学生だった渡辺大剛《はるひさ》は二〇〇四年六月十二日、北米大陸最高峰・アラスカのマッキンリー（六一九四メートル）の頂上に立つと、「7 SUMMITS」の大字と共に仲間、先輩・後輩、恩師の寄せ書きが詰まった大旗をかざして写真に収まった。それは渡辺が「冒険しない若者は死んだ方がましだ」と自らを励まし、七大陸最高峰登頂を「二十二歳二九二日」で果たした歓喜の時だった。日本人では最年少記録となった。

渡辺が「七大陸最高峰登頂」を思い立ったのは〇二年春、ヒマラヤを越えチベット高原をジープで走っている時に見たチョモランマ（エベレスト＝八八四八メートル）の神秘さだった。「あの頂上に立ったらどんな気持ちなんだろう？」「同じやるなら七大陸の最高峰に挑んでみよう」「今なら最年少記録が狙えるかも知れない」

その年の九月、手始めにアフリカ大陸最高峰・タンザニアのキリマンジャロ（五八九五メートル）に登頂。翌〇三年二月には南米大陸最高峰・アルゼンチンのアコンカグア（六九五九メートル）に北側通常ルートから頂上を踏んだ。

同年六月十一日にはヨーロツパの最高峰、コーカサス山脈のエルブルース（五六四二メートル）の頂に立った。同峰が「新ヨーロッパ最高峰」としてだれもが登れるようになったのは一九九一年のソ連崩壊、グルジア共和国独立後で、渡辺は「旧ヨーロッパ最高峰」のモン・ブラン（四八〇八メートル）にも向かい、吹雪の中を独り登頂した。

その一〇日後にはオーストラリアに入り、七月一日にはオセアニア最高峰のコジオスコ（二二二八メートル）に登頂した。（注）積雪約一メートルをラッセルしながらの登高だった。

登山資金はアルバイトとカンパとスポンサーの応援で工面した。足を鍛えるために、街でも片足一・五キロの重りをつけて歩いた。

五大陸目。南極大陸最高峰のビンソンマシフ（四八九七メートル）には二〇〇四年一月十四日登頂した。その一週間後には、南極点近くまで小型機で飛び、極点にも立った。

エベレスト（八八四八メートル）へ向かったのはその三ヵ月後、国際公募登山隊のBCに入ったのは同年四月だった。この一年前にも挑戦したのだが、この時は「ゼロから八八四八メートル」にこだわり、ガンジス川河口からシーカヤック、自転車を乗り継ぎ、歩いて登高にかかったものの体調を崩し断念していただけに「今度こそ…」の執念があった。五月二十三日深夜、グループ全員でシェルパを交えサウスコルのC4（七九八〇メートル）からアタック、翌二十四日朝、「生と死の境を感じながら雪の斜面をゆっくり上がり」（渡辺の日記）登頂した。

「最後」のマッキンリー登頂へ向け、カヒルトナ氷河に入ったのは同年六月六日。エベレストで高度順応しているので一気に上がり同十二日、HCから頂上を目指した。初めは深雪のラッセルをするのがいやで二〇人ぐらいが登る後を登っていたが、いつの間にか先頭になり、真っ先に頂上に立った。約二〇分後、スペイン語を話す二人組が上がって来たので「七大陸最高峰完登」の〝感激の写真〟を撮ってもらったという。

渡辺は下山のあと、インターネットのブログに「極寒、そして極限的な疲労と苦痛を乗り越えたことに、想像もしなかった充実感と喜びを感じている」と書いている。

七大陸の最高峰登頂は八五年、アメリカのディック・バスが達成したのが最初で、その後、日本人では田部井淳子、野口健、石川直樹、山田淳（〇二年に「二十三歳九日」で達成）につぐ五人目だが、渡辺が見せた新しい時代の凄さは、七大陸の最高峰登頂の感激をパソコンとデジカメと衛星携帯電話でリアルタイムに世界に発信したことだ。言い換えれば、だれもがその登頂の感激をほぼ同時に共有できたことだった。

（注）オセアニアの最高峰にはオーストラリアのコジオスコ（二二二八メートル）とインドネシア・ニューギニアのカルステンツピラミッド（四八八四メートル）の二説があり、七大陸最高峰も「コジオスコの場合」「カルステンツピラミッドの場合」「コジオスコとカルステンツピラミッド両方を登った」という言い方をする。

第99話

「愛と健康」で百名山完登

定年後の趣味を「登山」に求め、日本百名山、九州百名山を登った加藤夫妻。

二〇〇四年（平成十六年）十一月二十七日、六十六歳と六十三歳になった福岡市の加藤昌隆・齊子《せいこ》夫妻は秋晴れの霧島・高千穂峰（一五七四メートル）山頂で、山仲間が広げる「祝 加藤夫妻九州百名山完登」の幕の間で記念写真に収まった。定年後の趣味にと始めた山登りで〇二年夏には「日本百名山」を夫妻で完登したが「もの足らず」、そのあと九州の百山も二年の間に登った。

加藤が、深田久弥が選んだ「日本百名山」登山を思い立ったのは五十歳代後半。定年後の楽しみを考えるうち、若いころから興味があった「登山」に行き着いた。「これまで仕事仕事で家庭を振り向かなかった罪滅ぼしに、カミさんも誘って一緒に登ろう」と考えた。

と言って「カミさん」の齊子は専業主婦で、登山など考えたこともなかった。加藤の「登った帰りは温泉に入ろう」「地元の名物料理も食べよう」に誘い出されて福岡近郊の山にシブシブ登るうち、一〇キロのザックを背負って健脚コースも登れるようになった。

第一登目は一九九五年五月、久住山（一七八七メートル）に登った。娘さん二人と友人夫妻も〝応援〟に同行、好天に誘われて中岳（一七九一メートル）にも登った。二登目は同年六月に阿蘇・高岳（一五九二メートル）へ、三登目は北海道の大雪山（二二九〇メートル）…。加藤が福岡県警を定年退職すると、登る回数は度重なった。

後方羊蹄山《しりべしやま》（羊蹄山＝一八九八メートル）では下山中にガスに巻かれ、お互いに探し合った。鳥海山（新山＝二二三六メートル）でも頂上でガスに包まれ、地図とコンパスを頼りに下りた。だが、新潟・魚沼駒ケ岳（二〇〇三メートル）では鮮やかな紅葉に感嘆し、常念岳（二八五七メートル）では北アルプスの夕日に感動した。五九登目の乗鞍岳（三〇二六メートル）では齊子の還暦を祝い、孫七人も連れて家族二〇人そろっての登頂となった。

「汗もほとんどかかなかったカミさんも登山で体質改善されたのか汗かきになり、体調も骨密度も極めて良好な健康体に変身した。私も下半身が安定したのかゴルフは六十三歳でハンディー5になった」と、そのころ加藤は〝登山の効用〟を語っていた。

二〇〇二年八月末、富士山剣ケ峰（三七七六メートル）にご来光が映えるなか登頂して「日本百名山」を完登、達成感に心を満たした。だが「達成」は「次の目標喪失」ともなり、もう少し山への思いを深めたいと、その年の年末には福岡市外の立花山（三六七メートル）に登ったのを皮切りに久住山や祖母山など「日本百名山」で登った山も改めて登り、山と渓谷社が選んだ「新版九州百名山」登山を楽しんだ。

「日本百名山」を完登した人は九州でも多く、夫妻で完登した組も一九八八年完登の柴田芳夫・ツネ子夫妻（福岡市・福岡山の会）はじめ少なくない。九八年に完登した唐津市の竹尾彬・美也子夫妻は加藤夫妻と同じように引き続き「九州百名山」にも登り、二〇〇三年にそれも完登している。「百名山」ではないが、福岡県大野城市の香野博通・紀美子夫妻は全国四十七都道府県最高峰を一年間で完登した。

「夫婦登山」は、一九一三年（大正二年）のW・ウェストン夫妻による槍ケ岳（三一八〇メートル）登山についで、福岡市外・雑餉隈出身の竹内鳳次郎とヒサ（久子）夫妻が一七年（同六年）に丹沢大山（一二五二メートル）に登頂、一九年には有明山（二二六八メートル）—燕岳（二七六三メートル）—槍ケ岳に縦走したのが先駆けとされるが、夫婦が共に健康で円満で〝夫唱婦随（婦唱夫随）〟でなければ始まらない。

加藤は「山にいろんなルートがあるように、人それぞれ山に対す意識も違っていいはず。観光・温泉・地元料理付きは従来の登山の意味からは邪道かも知れないが、山をどのように楽しむかはその人に委ねられるべきで、（健康指向、癒しの欲求、旅を楽しむ時代の中で）そのような登山のあり方も許されるのかな、と思う」と言う。

第100話　約束の頂きに立つ

難峰ギャチュン・カンに登頂、亡き仲間との誓いを果たした福岡大山岳会隊。

福岡大学山岳会登山隊（川邊義隆隊長ら七人）がヒマラヤの難峰ギャチュン・カン（七九五二メートル）の頂上を踏んだのは二〇〇五年（平成十七年）十月十七日である。同峰の登頂は六登目だが、南西稜ルートからは初めてだった。

同峰は一九五九年、同大探査隊が九州から初めてヒマラヤを踏み偵察した、いわば〝福大思い入れの山〟。八八年には同大山岳会隊が頂上を目指したが、隊員一人が滑落死、登山は中止していた。奇しくも今回の「成功の日」はこの隊員の一七回目の祥月命日。先輩から受け継がれた絆を思い、亡き友・先輩を追悼する登頂となった。

同登山隊がネパール・カトマンズ、ルクラを経て、クーンブ山群ゴジュンバ氷河沿いの標高五三〇〇メートル地点にBCを設けたのは、九月二十四日だった。八八年の前回登山隊が残してくれたデータからルート工作は〝楽勝〟に思われていた。だが、一七年の間に氷河と雪の状況は一変していた。

C1（五八〇〇メートル）からC2（六三〇〇メートル）へ。そこは真っ白な雪田のはずだったが、その雪は解けて黒ずみ、深いクレバスが縦横に走り、歩を進めては阻まれた。西側の岩峰へ大きく迂回するルートを見つけたが、登高は予定より三日遅れた。南西稜の取りつきも雪の壁と聞いて来たが、実際には表面の雪は薄く氷の垂壁が露出していた。稜線も細くなっていた。雪が少なくなっているのは地球温暖化の影響が考えられた。

「こんなに難しいなんて話が違う」。隊員たちは半ば腹立たしさをぶっつけるように強い傾斜の氷と岩にかじりついた。

最終キャンプのC4（七四〇〇メートル）から花田博志と重川英介が頂上に向かったのは十月十七日だった。一九九六年、福岡市山岳協会隊のチョモランマ（エベレスト＝八八四八メートル）遠征で第一次登頂した名コンビである。

一段と風が強まって雪煙が舞う中、低酸素にあえぎ、膝まで埋まる雪のラッセルに苦労しながら上がった。持って出た約五〇本のハーケンは最後の頂上岩壁までにほとんど打ち尽くし、頂上岩壁では本来、雪に打ち込むスノーバーを代用して岩の間に打ち込み、それを頼りによじ登った。岩壁を上がった一〇メートル先の、雪の盛り上がりが頂上だった。

C4を出てから約九時間の苦闘―。昼ごろには登頂のつもりが午後一時半を過ぎていた。花田と重川は同行のシェルパ二人も交え、抱き合った。「喜び、感動、自負、達成感…。でも、最も感じたのは安堵感だった。〝もう登らなくていい〟と…」と、重川はいう。

その頂上からは北側眼下に荒涼としたチベットの高原が広がり、周囲三六〇度にゴジュンバ・カン（七七四三メートル）、チョー・オユー（八二〇一メートル）、プモリ（七一六一メートル）…ヒマラヤの白い峰々が目線の高さに見えた。その向こう東南側に少し高くチョモランマが光っていた。

下山後、花田は「一七年前、この山で死んだ親友が見れなかった山頂からの景色を〝一緒に〟見ることができ、本当によかった」と言った。「親友」とは八八年の前回登山隊で標高七八〇〇メートルの頂上岩壁基部まで登りながら装備不足のため下山途中、滑落死した馬場信一である。

実は、今回の登山では「頂上を目の前にしながら登頂が果たせなかった馬場の無念を晴らしたい。祥月命日に登頂を」の思いが、川邊隊長以下七人の隊員の胸に秘められていた。その約束にも似た思いが闘志になり、「成功」につながった。

重川は頂上からの下降途中、雪盲の激痛に苦しみ、両手指に凍傷を負ったが、無事に下山した。

《九州「山と人」主要年表》

著者作成

二万五〇〇〇～八〇〇〇年前（旧石器時代晩期）　祖母山系・本谷山、阿蘇外輪山に先人が登る（出羽洞穴、象ケ鼻遺跡）。

五二六年（継体天皇二十年）　求菩提山に猛覚魔卜仙が登り開山（求菩提山縁起）。

五三一年（継体天皇二十五年）　英彦山を中国・北魏の僧善正が開山（英彦山縁起）。このあと、祖母山、宝満山、開聞岳、雲仙岳（温泉岳）が相次ぎ開山される。

八〇三年（延暦二十二年）　十月・最澄が宝満山に登り、唐渡航の無事を祈願（叡山大師伝・扶桑略記）。

九〇二年（延喜二年）　大宰府で菅原道真が天拝山に登頂、冤罪が晴れる日と国家安泰を祈る。

一一八五年（寿永四年）　平家落ち武者たちが玖珠から阿蘇を越え、九州中央山地から五家荘に落ちのびる（椎葉山根元記）

一五六七年（永禄十年）　八月・大友勢が宝満山頂下の宝満城（城主高橋鑑種）に攻め上る（泊文書）。

一六五三年（承応二年）　四月・豊後竹田・岡藩主中川久清が大船山に登山、その後も四回以上は登る（中川入山公伝）。

一六七九年（延宝七年）　筑前福岡・黒田藩の儒学者貝原益軒が英彦山に登り、八八年「筑前続風土記」編纂の調査のため宝満山、古処山などにも登る。

一六八四年（貞享元年）　六月・俳人大淀三千風が英彦山に登山、阿蘇山、雲仙岳にも登る（日本行脚文集）。

一七八二年（天明二年）　秋・儒医の橘南谿が霧島山に登り、翌年、阿蘇山、雲仙岳にも登る（西遊記）。

一七八三年（天明三年）　六月・地理学者・古川古松軒が英彦山に登り、紀行『西遊雑記』に「九州一の高山」と書く。霧島山から五家荘を越えて阿蘇山にも登る。

《一七八六年　モン・ブランが登頂され、西欧に「近代登山」開幕》

一七九七年（寛政九年）　四月・本草学者佐藤中陵が雲仙岳に登り、十月には阿蘇山、英彦山にも登る。

一八一二年（文化九年）　七月・伊能忠敬が測量のため英彦山に登る。九月・日向佐土原の住職野田泉光院が英彦山登山の後、「九峰修行」で秋田まで旅し、途中約五〇山に登る。

一八一四年（文化十一年）　三月・博多聖福寺の隠栖仙厓和尚が宝満山に登頂、翌年も博多崇福寺の僧曇栄宗華と竈門岩へ登る。

一八二七年（文政十年）　F・シーボルトが植物採集で長崎の岩屋山に登る。

一八三七年（天保八年）　松浦武四郎が霧島山、英彦山、阿蘇山に登る。

一八四〇年（天保十一年）　豊後・安心院の本草学者賀来飛霞が由布岳を登山、四五年には高千穂を足場に椎葉、市房山を踏査。

一八五〇年（嘉永三年）　十二月・吉田松陰が雪の雲仙岳に登る。

一八五九年（安政六年）　佐賀藩坑高島炭坑の技師チャーリー・ブラウンが雲仙岳に登り、上田旅館に一泊する。

一八六三年（文久三年）　ロシヤの植物学者マキシモウィッチに代わり助手須川長之助が植物採集のため阿蘇山、霧島山などへ登る。

一八六六年（慶応二年）　三月・坂本龍馬と妻お竜が霧島塩浸温泉に滞在中、高千穂峰に登頂（日本で最初の新婚旅行）。

一八六七年（慶応三年）　四月・イギリス人二人が雲仙岳に登山（島原藩士に捕らえられ長崎へ護送される）。延岡藩主内藤政挙が祖母山に登る。

一八七〇年（明治三年）　十二月・ドイツ人地理学者F・F・リヒトホーフェンが雲仙岳・霧島高千穂峰に登山（同峰の外国人登頂は初）。

一八七九年（明治十二年）　英人鉱山学者ジョン・ミルンが阿蘇山に登山。

一八八七年（明治二十年）　五月・熊本出身の神足勝記が日本最初の地磁気測量のため祖母・阿蘇山など回る（初の二〇万分の一縮尺地図を仕上げる）。

一八九〇年（明治二十三年）　十一月・日本「近代登山の父」W・ウェストンが阿蘇山、祖母山に登り、翌年は桜島御岳、霧島山にも登山。

《一八九四年　志賀重昂の『日本風景論』出版、登山熱に火をつける》

一八九五年（明治二十八年）　二月・福岡出身の野中到が気象観測を志し冬の富士山に初の単独登頂。妻千代子も登り、十二月まで極寒と高度衰退に苦しみながら観測を続ける。

一八九九年（明治三十二年）　九月・五高教授の夏目漱石が山川信次郎と阿蘇山に登山、風雨のため途中引き返す。（その登山旅行を題材に小説「二百十日」を発表）。

一九〇三年（明治三十六年）　八月・英人写真家H・G・ポンティングが阿蘇山に登り、火口の凄さを写真に撮影。

一九〇四年（明治三十七年）　夏・久留米出身の画家吉田博がスイスアルプスのリギ山、ピラトゥス山に登り、マッターホルンにも日本人で初めて登攀を試みる。

一九〇五年（明治三十八年）　十月・山岳会（〇九年に「日本山岳会」改称）発足、久留米出身の城数馬がまとめ役を務める。

一九〇七年（明治四十年）　八月・与謝野鉄幹、北原白秋、吉井勇、木下杢太郎、平野万里ら俳人、詩人五人が阿蘇山に登山、麓の栃木温泉で一泊。（紀行「五足の靴」を発表）。

一九一一年（明治四十四年）　十月・ドイツ人W・シュタイニッツアーが九州横断の旅で雲仙岳、阿蘇山、鶴見岳登山。

一九一四年（大正三年）　八月・福岡の地理模型製作者（九州高女創立者）釜瀬新平の呼びかけで第一回九州登山会が霧島山で開催される。九州最初の山岳グループ「和楽路（わらじ）の会」が大分で発足（のちに「二豊山岳会」と改称）。

一九一五年（大正四年）　旧制七高（鹿児島）に山岳部発足。六月・吉岡八二郎が五ケ瀬から向坂山に登り、霧立越へ縦走。八月・工藤元平の主宰で「九州アルプス研究会」（のちに「九州山岳会」）が発足、久住山、大船山で登山会開催。

一九一六年（大正五年）　五月・旧制五高（熊本）に山岳会誕生、八方ケ岳に記念登山。

一九一八年（大正七年）　十月・鹿子木員信が日本人で初めてのヒマラヤ山行、カンチェンジュンガ東尾根を偵察して黒カブアに登頂。

一九一九年（大正八年）　七月・九州登山会が富士山登山団を編成、約五〇人が登頂。

一九二一年（大正十年）　八月・北九州育ちの日高信六郎が日本人で初めてヨーロッパ・アルプス最高峰モン・ブランに登頂。

《九月・槇有恒がアイガー東山稜を初登攀》

一九二四年（大正十三年）　四月・九大の植物学者竹内亮が市房山から五家荘、国見岳を経て内大臣へ抜ける。
一九二五年（大正十四年）　二月・秩父宮殿下が雪の雲仙岳、阿蘇山、霧島山（高千穂峰）に登山、阿蘇山ではスキーを楽しむ（九州のスキー熱に火がつく）。四月・細川護立、槇有恒らが阿蘇根子岳天狗岩を登攀。十月・百渓禄郎太編の『祖母岳』出版（九州での山岳図書第一号）。十二月・田川の中学生三日月直之と新谷俊雄が香春一の岳北壁を初登攀。
一九二六年（大正十五年）　一月・九州山岳会の工藤元平ら五人が積雪の久住山、大船山に初めて登山。五月・阿蘇の北田正三が台湾の新高山（玉山）に登頂。
一九二八年（昭和三年）　三月・五高山岳部の佐方快之らが屋久島・宮之浦岳、永田岳に登頂（屋久島の本格的登山始まる）。七月・北田正三がカナディアン・ロッキー西側のマウンテン・ブルース（現在はアイブロー・ピーク）に登頂。夏・加藤数功が「祖母の東」山塊を探査登山、「地図の空白」を埋める。加藤数功が主宰して「筑紫山岳会」発足。
一九二九年（昭和四年）　九月・北田正三、西村松彦、五高山岳部の佐方快之が阿蘇高岳北尾根・虎ケ峰から鷲ケ峰へ初縦走。
一九三〇年（昭和五年）　八月・久住山で九大生広崎秀雄ら二人が遭難死（九重で最初の遭難）。九月・阿蘇根子岳の岩場で済々黌中学生が滑落死（阿蘇で最初の遭難）。十二月・筑紫山岳会の加藤数功が屋久島の宮之浦岳、永田岳に厳冬期登山。
一九三一年（昭和六年）　六月・北九州山岳連盟結成（のち「九州山岳連盟」に改称）。九重坊がつるダム建設反対運動広がる。
一九三二年（昭和七年）　八月・福岡山の会が発足、宝満山に発会登山。十月・八幡山岳会の藤崎定雄と阿蘇の西村松彦が阿蘇高岳ツベツキ谷を完登、松ケ谷を初遡行。
一九三三年（昭和八年）　七月・飯塚の医師米山千代子が夫の達雄と燕岳―槍ケ岳―穂高岳を縦走（九州の女性の北ア縦走で一番古い記録）。五高山岳部が屋久島・永田岳山系に集中登山。八月・九重法華院に筑紫山岳会の「あせび小屋」建つ。十一月・折元秀穂ら門鉄小倉工場山岳部が阿蘇高岳鷲ケ峰北稜を初登攀、一九三五年十月には同鷲ケ峰北壁の初登攀にも成功。
一九三四年（昭和九年）　一月・筑紫山岳会の吉村毅、角範次、林田廸夫が阿蘇高岳北尾根を冬季初登。三月・筑紫山岳会が屋久島登山、宮之浦岳と黒味岳の三山に翁岳、安房岳、筑紫岳命名。
一九三七年（昭和十二年）　一月・福岡出身（筑紫山岳会）の三日月直之が台湾・玉山（新高山）に積雪期単独登頂。十一月・阿蘇高岳北尾根北壁で五高生匂坂正道が墜落死。
一九三八年（昭和十三年）　一月・三日月直之が台湾・大覇尖山―雪山（次高山）を五日間で積雪期単独初縦走。
一九三九年（昭和十四年）　三日月直之がインドネシア・ジャワ島のウンガラン山、アルジュノ山、メラピー山北岩壁をそれぞれ単独日本人初登攀、登頂。英領北ボルネオのキナバル山北面を直登、登頂。十二月・深田久弥が霧島連山、開聞岳、屋久島・宮之浦岳に登山。
一九四一年（昭和十六年）　十一月・英彦山で登山指導者訓練会開催、ゲートル巻き、戦闘帽姿の各山岳会代表八〇人が参加。
一九四二年（昭和十七年）　四月・久住山、大船山で登山指導者特別錬成会が開かれ、一五〇人が参加。
一九四三年（昭和十八年）　二月・大日本体育会九州支部連合会山岳支部会設置、「行軍山岳部九州事務局」を福岡市に置く。十月・佐世保出身の木村肥佐生がチベット高原を越える。

一九四五年（昭和二十年）　十一月・福岡山の会が例会山行を復活、浮岳に登山（戦後九州で最初の復活山行）。

一九四六年（昭和二十一年）　二月・鹿児島県山岳連盟結成（九州で最初の県組織）。六月・九州山岳連盟再編。十月・戦後初の登山指導者講習会が霧島連山で開催される。

一九四七年（昭和二十二年）　三月・九州山岳連盟が積雪期の屋久島に「遠征」、宮之浦岳などに登山。

一九四八年（昭和二十三年）　四月・福岡山の会の山田光男ら一五人が大崩山に集中登山。八月・五高蘇友会の緒方道彦ら四人と福岡山の会の加藤秀木ら三人が阿蘇高岳鷲ケ峰を登攀（戦後初）。十一月・第三回国体（福岡県主催）山岳競技で二七都道府県からの四九〇人が久住山に登頂。

一九四九年（昭和二十四年）　一月・福岡山の会が冬の鹿島槍ケ岳東尾根で極地法により登頂。

《一九四九年　ネパール開国。五〇年　フランス隊がアンナプルナI峰に登頂、人類が初めて八〇〇〇m峰に立つ》

一九五一年（昭和二十六年）　一月・福岡山の会の上岡謙一、稲富昭が前穂高岳東壁を厳冬期初登攀。九月・熊本RCC古原和美らが阿蘇楢尾岳北面大谷を初遡行、登攀。十二月・戦後初のヒマラヤ登山許可が福岡山の会に届く（翌年八月の出発直前、インドの政情不安で中止）。

一九五二年（昭和二十七年）　三月・阿蘇高岳を登山中の東洋高圧登山部員が吹雪で道に迷い四人が遭難死。五月・九大、西南学院大、熊大山岳部で九州学生山岳連盟結成。八月・九州山小屋の会が日隠山ナメラ谷を遡って新しい登路開拓。

一九五三年（昭和二十八年）　六月・九重法華院で第一回九重山開き開催。十二月・福岡山の会の諸岡久四郎ら一二人が明神岳東稜から奥穂高岳へ極地法で厳冬期初登攀。

一九五五年（昭和三十年）　十一月・九州電電山岳会の善行久親ら七人が阿蘇高岳南面館川を初登攀、完登。

一九五六年（昭和三十一年）

《五月・日本山岳会隊がマナスルに初登頂》

五月・しんつくし山岳会の松本徰夫ら三人が祖母山群日隠谷から日隠山へ初登攀。十二月・福岡山の会の諸岡久四郎ら一二人が硫黄岳ー赤岳ー槍ケ岳の厳冬期初縦走に成功。

一九五七年（昭和三十二年）　七月・日本山岳会北部九州支部（六一年に「福岡支部」に改称）、熊本支部相次ぎ発足。

一九五八年（昭和三十三年）　五月・筑紫山岳会の加藤数功らが傾山から五葉山、大崩山へ初縦走、踏破。七月・登山家北田正三が阿蘇高岳鷲ケ峰で転落死。

一九五九年（昭和三十四年）　一月・福岡電電山岳会の高木律生と小畑尚久が鹿島槍ケ岳北壁正面尾根登攀、厳冬期初成功。二月・大分県岳連の梅木秀徳らが傾山北壁正面壁トラバースルート初登。三月・深田久弥が久住山に登山。四月・熊大山岳部の橋本行則と浅山滉が爺ケ岳東面北稜に積雪期初登。九月・福岡大ヒマラヤ探査隊がガウリサンカル、ギャチュン・カンを偵察。十二月・筑豊山の会の柿本正昭と中村武昭が北穂高岳滝谷第二尾根P2フランケ芝工大ルートを積雪期初登攀、登頂。

一九六〇年（昭和三十五年）　二月・中津山岳会の西諒、橋爪孝雄、菊地辰男が耶馬渓・八面山南壁左岩壁中央ルート開拓。五月・宮崎山岳会の原口幹雄、村川吉禧が大崩山小積ダキ中央稜にルート開拓。七月・剱岳剱尾根II峰南壁ダイレクトルートを筑豊山の会・三井山野炭鉱山岳部・成城大の混成チームが初登攀。八月・日本山岳会大分支部結成（六五年に「東九州支部」

に改称)。十二月・電電九州山岳会が赤沢岳西尾根の厳冬期初登攀成功。
一九六一年（昭和三十六年） 四月・筑豊山の会の渡部恒明、野見山信、谷富士夫が劔岳劔尾根Ⅱ峰南壁チンネ左方カンテを連続登攀、六二年十二月には前穂高岳屏風岩東壁青白ハング緑ルート冬季初登にも成功。九月・宮崎山岳会の三沢澄男、佐藤徳守、竹野正人が比叡山Ⅰ峰南面に第一スラブルート開拓。
一九六二年（昭和三十七年） 一月・久住山北千里浜で福岡と大分のパーティーが吹雪の中、道に迷って計七人が凍死（九重最大の遭難事故）。三月・深田久弥が由布岳、祖母山、傾山、阿蘇山に登山。
一九六三年（昭和三十八年） 三月・佐賀大山岳部の中島泰明ら九人が屋久島・永田岳障子尾根を完全縦走。四月・電電九州山岳会がネパール・ヒマラヤのネムジュン（当時はヒムルン・ヒマール）に遠征（単一職域隊の遠征は初)。十二月・福岡大山岳部が西穂高岳ジャンダルム北壁T二フェース冬季初登攀。
一九六四年（昭和三十九年） 十月・福岡市出身の田村宏明がペンタン・カルポ・リに単独登頂。
一九六五年（昭和四十年） 一月・宮崎岩稜会が九州脊梁山地を七日間かけ縦走、踏破。
《三月・ネパール政府がヒマラヤへの入山を禁止》
七月・大分ヒマラヤ研究会隊がコー・イ・モンディに登頂。八月・筑豊山の会の渡部恒明が芳野満彦とマッターホルン北壁登攀成功（日本人初）したが、このあとアイガー北壁登攀中に墜落死。十二月・厳冬期の利尻岳雄忠志内稜を電電九州山岳会隊が初登攀。
一九六六年（昭和四十一年） 三月・直方出身の石原國利が南米最南端フェゴ島のオリビア山に日本人初登頂。七月・福岡県勤労者山岳連盟結成。小倉山岳会が穂高岳屏風岩東壁で青白ハング小倉ルート開拓。十一月・比叡山Ⅰ峰南面で宮崎山岳会の三沢澄男、佐々木睦人、日穏裕孝がニードル左岩稜ルート開拓。十二月・福岡登高会隊がニュージーランドのクック山登頂。
一九六七年（昭和四十二年） 十月・九大山岳会の中溝幸夫、西野英世がダウラギリ山群南面を探査（日本人初）。
一九六八年（昭和四十三年） 一月・鹿児島黒稜会の美穂野善則、古木康太郎が屋久島・本富岳正面壁鹿児島黒稜会ルート開拓。
一九六九年（昭和四十四年） 一月・しんつくし山岳会隊が北ボルネオのキナバルに登頂。三月・福岡山の会の鍋山五郎、広田良夫が屋久島・本富岳正面壁ＦＹＫルート開拓。
《三月・ネパール政府がヒマラヤの入山禁止を徐々に解く》
六月・福岡県岳連隊がティリチ・ミールに遠征。
一九七〇年（昭和四十五年） 三月・鹿児島経済大山岳部が屋久島・七五岳北壁に鹿経大ルート開拓。
《五月・日本山岳会隊がエベレストに日本隊として初登頂。ヒマラヤ「鉄の時代」来る》
八月・長崎大学学士山岳会隊が中部ヒンズー・クシュ最高峰コー・イ・バンダカーを東稜から登頂。九月・福岡山の会隊がダウラギリⅥ峰と無名峰（「ガマ・ピーク」と命名）に登頂。十月・福岡まいづる山岳会が九州南端・開聞岳から北の福岡近郊・金山までリレー縦走。
一九七一年（昭和四十六年） 一月・宮崎山岳会の三澤澄男らが大崩山小積ダキ北壁に九州本土最長の人工ルート（三四〇ｍ＝宮崎山岳会ルート）開拓。四月・八代ドッペル登高会の野田信一らが大崩山群七年谷を遡行完登。八月・延岡山の会の吉田清ら七人が大崩山祝子川本流ゴルジュを初遡行。十月・九大山岳会隊がダウラギリV峰に遠征（登山中の千々岩玄が遭難死）。

一九七二年（昭和四十七年）　一月・福岡山の会の松永碩雄らが市房山東面堺谷を遡行、七六年までに同東面八つの谷三〇筋の沢を集中遡行。四月・福岡山の会の中高年グループがヒマラヤトレッキング、「高齢元気」の口火をきる。五月・八代ドッペル登高会の坂井徹也らが阿蘇根子岳山口谷の沢を遡行（同登高会は八〇年までに九州の主な谷はほとんど遡行）。七月・九州歯科大山岳会隊がヒンズー・クシュのコー・イ・ピリアックと無名峰四峰に連続登頂。福岡高体連隊もコー・イ・ピアなど二峰に登頂。

一九七三年（昭和四十八年）

《パキスタン政府がカラコルムの入山禁止を徐々に解除》

二月・ベルグ・シュピンネの石村義雄らが穂高岳屏風岩東壁ルンゼ右直登ルートを冬季初登攀。三月・鹿児島山岳会の淵脇次男、水之浦俊雄が永田岳ローソク岩で鹿児島山岳会ルートを初登。四月・宮崎山岳会の木庭範昭とJECCの与田守孝が比叡山I峰南面に第二スラブルート開拓。六月・傾山二ツ坊主南壁で小倉山岳会の大浜健次、木村敏博が初登ルート開拓。九月・比叡山I峰南面で宮崎岳人クラブの立石征治、赤木萬良がATカンテルート開拓。十二月・ベルグ・シュピンネの植松満男ら一〇人が黒部奥鐘山西壁・清水RCCルートと岡山RCCルートを厳冬期初登攀。

一九七四年（昭和四十九年）　六月・福岡登高会主管の全西日本隊パスーI峰挑戦（カラコルム入山解禁後初の遠征）。鹿児島山岳会がアラスカのブラックバーン主峰に遠征。

一九七五年（昭和五十年）　三月・福岡GCCの重藤一美、宮崎豊文が屋久島・七五岳東稜で福岡GCCルート初登攀。四月・福岡市役所山岳部がアラスカのヘイズ峰に遠征。

《五月・女子登攀クラブ隊の田部井淳子がエベレスト登頂（女性初）。イタリアのR・メスナーとP・ハーベラーがガッシャブルムI峰に無酸素登頂、ヒマラヤのアルパインスタイル登山始まる》

十二月・福岡山の会とベルグ・シュピンネが北穂高岳滝谷主要全ルート冬季集中登攀。

一九七六年（昭和五十一年）　四月・鹿児島大山岳部の水流宏道、岸川芳久が屋久島・前障子岳正面壁大鹿ルート開拓。七月・門司山岳会の女性隊がボリビヤ・アンデスに遠征、チャカルタヤに登頂。八月・福岡大山岳会がナンガ・パルバットにディアミール壁から挑んだが七一〇〇mで断念。北九州マップの会がアラスカ北部のブルックス山脈の無名峰五峰に登頂。十一月・宮崎登攀倶楽部の三沢澄男、甲斐義治、大塚正次が行縢山雄岳右岩壁の下部スラブと上部カンテ沿いに初のデルタピークカンテルート開拓。

一九七七年（昭和五十二年）　六月・直方山岳会がアラスカのブラックバーンに北西尾根から六人全員登頂。七月・宮崎登攀倶楽部の三沢澄男、一宮繁紀、佐々木睦人、甲斐義治がマッターホルン北壁、ツール・ロンド北壁、エギーユ・デュ・ミディのフレンド側壁を登攀、登頂。八月・新貝勲（福岡登高会）が日本山岳協会隊隊長でK2日本隊初登頂を指揮、北九州出身の中村省爾らが日本人初登頂。十一月・行縢山雄岳南壁に福岡大OBの新開忠孝らがシュピンネ・ルートを開拓。

一九七八年（昭和五十三年）　二月・宮崎登攀倶楽部の工藤利光らが桑原山広タキ左ルートをフリー登攀、九州でもフリークライミング始まる。アラスカ遠征が相つぎ、五月・福岡市役所山岳部隊がヘイズ峰に、六月・佐賀RCC隊がマッキンリーに、七月・九州歯科大山岳部がローガンに登頂。七月・雌鉾岳南壁に熊本ヤブコギクライマーズクラブの中原聡、新谷正信が初のKYCルート開拓。福岡登高会隊がヒンズー・クシュのティリチ・ミールに南西面から登頂。八月・九大山岳会の米沢弘夫、久保園達也、鹿児島大山岳部の横川豊彦が屋久島・障子岳南西稜南西壁のスラブを初登攀、「西野ルート」と命名。

一九七九年（昭和五十四年）四月・鹿児島大山岳部の米沢弘夫、大迫哲也が屋久島・障子岳前障子南西稜南壁大馬ルート開拓。大崩山小積ダキ南東壁で福岡クライマーズクラブの井上修、森和利がFCCルート開拓。五月・鷲同人の安東洋一、浜田了二が傾山二ツ坊主南壁に鷲第一ルート開拓。十月・小倉アルペンの藤原武重らが行縢山雄岳南壁に小倉アルペンルート開拓。十月・雌鉾岳南壁に福岡クライマーズクラブの井上修、富永仁が美しいトラバースルート開拓。福岡山の会隊がネパールのカンジロバ主峰北西尾根の新ルートから登頂。

一九八〇年（昭和五十五年）

《中国政府がチベットを開放》

四月・九州電電同志会隊がネパールの未踏峰クスム・カングル主峰に南東面からアルパイン・スタイルで登頂。四月・鹿児島大山岳部の米沢弘夫、早川政広、中村智明、上之薗孝文が屋久島・ネマチ西壁に上之薗ルート初登。五月・鷲同人安東洋一、丸山政吾、松尾幸子が傾山二ッ坊主南壁で鷲ダイレクトルート開拓。北九州市役所山岳部隊がマッキンリーに登頂。七月・宮崎登攀倶楽部の宮川章、黒木周二が比叡山I峰ニードル左岩稜ルートを完全フリー化して登攀。八月・八代ドッペル登高会の吉川満らが新潟県阿弥陀山の不動川源流約二〇kmを遡行。九月・宮崎大山岳部隊がネパールのトゥクチュ・ピークに登頂。

一九八一年（昭和五十六年）五月・福岡GCC同人隊がネパールのニルギリ主峰に挑み、日野悦郎、宮崎豊文がアルパインスタイルで登頂。鷲同人の安東洋一、浜田了二、丸山政吾か黒部丸山東壁中央壁を初登攀。六月・熊本・小国町出身の禿博信（イエティ同人）がダウラギリI峰に初の無酸素単独登頂。十月・九州歯科大隊がネパールのガネッシュ・ヒマールに北東稜から登頂。

一九八二年（昭和五十七年）五月・福岡県勤労者登山連盟隊がネパールのラムジュン・ヒマールに登頂。六月・大分県山岳連盟隊が中国・チベットの未踏峰ポーロン・リに登頂、下山中一人滑落死。

一九八三年（昭和五十八年）四月・延岡山の会が鏡山―可愛山―檜山―行縢山―烏帽子岳を結んで一二〇kmリレー踏破。七月・福岡登高会隊がナンガ・パルバットにルパル壁から登高（雪崩で三人遭難死）。十月・宮崎県岳連隊がネパールのカン・グルーに西稜から登頂。十二月・熊本クレッテルカメラード隊がネパールのクワンデに北東面の新ルートから登頂。電電九州山岳会隊もカン・グルーに馬場博行が南西面―西稜ルートから冬季単独登頂。

一九八四年（昭和五十九年）五月・伊万里山岳会隊がネパールのメラ・ピークに登頂。

一九八五年（昭和六十年）七月・福岡大山岳会隊がナンガ・パルパットにディアミール壁から無酸素登頂。青蔵高原研究会（福岡市）登山隊が中国・長江の源流を探査、唐古拉山脈主峰の各拉丹雪山に登頂。福岡登高会隊がカラコルムのパスーI峰

・II峰に登頂。九月・大分県岳連隊が中国・ニンチン・カンサに登山したが頂上直下で断念、稜上のトゥゴウロンに登頂。

一九八六年（昭和六十一年）　七月・福岡出身の中嶋正宏（登攀クラブ蒼氷）がノルウェーのトロールゲッペン北面トロール壁に新ルート（ラズベリー・ドリーム）を開拓。八月・福岡教育大山岳会隊が中国・天山山脈最高峰ボコダ主峰に登頂。八月・鹿児島登攀倶楽部の藤原明彦が屋久島・本富岳南壁に11Pのルート開拓。九月・北九州ヒマラヤ同人隊がチョー・オユーに挑み、西北西稜から日野悦郎がアルパインスタイルで登頂。十月・佐賀RCC・日本ヒマラヤ協会隊が中国・チベットの未踏峰カルジャンに登頂。

一九八七年（昭和六十二年）　一月・大川山人会が阿蘇外輪山を一周（一二八km）縦走。四月・読売新聞九州山地踏査隊が北九州皿倉山から霧島連山―鹿児島まで五三〇kmを縦走、踏破。十二月・都城山岳会隊がヒマラヤのバルチャモに登頂。

一九八八年（昭和六十三年）　一月・大分県岳連隊が南米アコンカグアに登頂。豊嶺会の堀川智好らが大崩山広タキスラブに7Pのルート開拓。六月・豊嶺会の宮崎稔、原勇人が比叡山I峰ニードル正面壁に中央を登るルート開拓。十二月・熊本の星と嵐の会隊がヒマラヤのランタン・リルンに登頂。

一九八九年（平成一年）　四月・長崎の朝霧山の会隊がネパールのピサン・ピークに登頂。十月・琉球大山岳部隊が沖縄から初めてヒマラヤに遠征、ダンプスに登頂。

一九九〇年（平成二年）　八月・大分県佐伯市出身の戸高雅史がナンガ・パルバット南西稜から無酸素登頂。福岡の藤原拓夫がヒマラヤの難峰シヴリン南壁、南米アコンカグア南壁、パイネ中央塔を連続登攀。

一九九一年（平成三年）　八月・ネパールの未踏峰チェオ・ヒマールに伊万里山岳会とネパール警察山岳チーム合同隊が初登頂。福岡県岳連隊が中国のムスターグ・アタ主峰に二次にわたり計一二人登頂。

一九九二年（平成四年）　一月・福岡県岳連福岡支部隊がヒマラヤのナヤ・カンガ南峰ガリー壁ダイレクトルートを初登、登頂。五月・日本山岳会福岡支部隊がシシャ・パンマをシェルパなし、無酸素、固定ロープなしで登頂。八月・八代ドッペル登高会の坂井徹也らが屋久島・安房川を完全遡行して宮之浦岳を登る。

一九九三年（平成五年）　八月・鹿児島黒稜会の米沢弘夫、山本啓二、福元章子が屋久島・本富岳鯛之川千尋滝右岸スラブに鯛之川ルート開拓。

一九九四年（平成六年）　五月・鹿児島黒稜会の米沢弘夫、山本啓二、福元章子、西郷進が屋久島・七五岳西稜にブルースカイ・ルート開拓。八月・日中合同九大学術探査隊が中国・可可西里山脈の天台山登頂、東崗扎日雪山に試登。大分県岳連隊が中国・祁連山脈のチィリエンシャンに登頂。十二月・福岡県庁山岳会隊がネパール・ロルワーリン山群バルチャモに登頂。

一九九五年（平成七年）　七月・鹿児島山岳会が大隅山系黒尊岳黒尊沢に初入谷、万滝を初登。大分県出身の戸高雅史がブロード・ピーク三峰を無酸素縦走。八月・福岡大・北京大合同隊が中国・ニンチン・カンサに登頂。

一九九六年（平成八年）　一月・福岡登高会隊が南米アコンカグアに登頂。五月・福岡市山岳協会隊が九州からは初めてチョモランマ（エベレスト）に挑み、四人が登頂。七月・大分県出身の戸高雅史が世界第二の高峰K2に単独無酸素登頂、この年の「オペル冒険大賞」を受賞。十一月・日本山岳会東九州支部の西孝子がヒマラヤのコンデリ峰を単独登頂。十二月・鹿児島黒稜会の米沢弘夫、三穂野善則、鹿大山岳部の原田聖久が屋久島・本富岳南壁に屋久島フリーウェー開拓。

一九九七年（平成九年）　十月・福岡の関剛、上田恵爾、重川英介、小川美樹がネパールのアマ・ダブラムに登頂。十月・鹿児島山岳会が大隅山系稲尾岳の境谷全コースを完登。

一九九八年（平成十年）　三月・福岡の栗秋正寿がマッキンリーに冬季単独登頂。日本勤労者山岳連盟九州地区協議会隊がネパールのアンナプルナⅣ峰に登頂。ヒマラヤのナヤ・カンガに福岡まいづる山岳会隊が登頂。五月・日本山岳会福岡支部隊が中国・チベットのナムナニ峰に新ルートから登頂、聖山カイラスを巡礼登山。八月・大分と福岡の中高年登山隊が中国・念青唐拉山脈の未踏峰樟納峰に登頂。十二月・鹿児島黒稜会の米沢弘夫、山本啓二、藤山明彦、山本亜由美が屋久島・本富岳の銅渕川大滝と右方白ルンゼ、東壁、北東壁をつなぐ22Ｐのロングフリールート「ミルキーウェイ」を開き、初登攀。

一九九九年（平成十一年）　四月・福岡の栗秋正寿が単独でアラスカ・フォレイカー北峰スルタナ稜バリエーション・ルートから登頂。七月・庵・鹿川同人隊（宮崎）がイタリア・ドロミテ山群ドライ・ツィンネンのチマ・グランデ東稜登攀。八月・八十六歳になった元福岡山の会会長の脇坂順一がイタリアのドロミテ山群トファナ・ディ・メッツオに登頂、海外の山二三〇登頂目を果たす。福岡山の会隊がカラコルムのバツーラⅠ峰を登山中、雪崩により三人が遭難死。

二〇〇〇年（平成十二年）　四月・読売山の会隊の境知明、三宮忠敬ら中高年五人がヒマラヤのアイランド・ピークに登頂。五月・北九州の山岳ガイド山下健夫がチョモランマ（エベレスト）に登頂。

二〇〇一年（平成十三年）　三月・福岡の栗秋正寿がアラスカ・フォレイカーを南東稜から単独登頂。四月・日本山岳会福岡支部の中国・東チベットのカンリカンポ山群調査第一次隊が同山群を探査（第一次）。

二〇〇三年（平成十五年）　六月・福岡登高会隊がカムチャッカ半島クリュチェフスカヤに登山、頂上直下で噴火による落石が多いため断念。十一月・日本山岳会福岡支部の中国・カンリカンポ山群調査第三次隊が外国人で初めてヒョン峰に登頂、山腹に「幻の湖」を確認。

二〇〇四年（平成十六年）　六月・九産大学生の渡辺大剛がアラスカのマッキンリーに登頂、七大陸最高峰登頂を二十二歳二九二日で達成（日本人では最年少＝当時）。福岡インドヒマラヤ登山隊（成末洋介、浦一美、詫間悟、足達敏則、橋本詞央）がケダルドームに登頂。十一月・日本山岳会福岡支部の中国・カンリカンポ山群調査隊がこの年の第四次踏査までに三六山の位置、山名を確認、「地図の空白地帯」を埋める。

二〇〇五年（平成十七年）　九月・庵・鹿川同人（宮崎）の長友敬一らが中国・横断山脈ジャンクション・ピーク北西壁に夏の雪豹ルート15Ｐ開拓。十月・福岡大山岳会隊がギャチュン・カンに南西稜から登頂。

二〇〇六年（平成十八年）　五月・北九州の山下健夫がチョモランマ（エベレスト）に二度目の登頂（同峰の複数登頂は日本人で一〇人目）。六月・福岡登高会隊がウガンダ・ルウェンゾリ山群マルゲリータ山に登頂。

二〇〇七年（平成十九年）　三月・福岡の栗秋正寿がアラスカのフォレイカーを初の冬季単独登頂（南東稜）。

あとがき

「山によく登っているが、山の歴史や文化も勉強しているのだろうな」

友人に言われ、ハッとした。友人は皮肉ではなく、むしろ羨望の思いで言ったのだが、私は返答に詰まった。「ごもっとも」である。過去を知らなければ、今は語れない。登山史に関心を持つ（持たなくてはいけない、と思う）きっかけになった。

山の案内書は多いが、「いつ、だれが、どこを、どのように登ったか」記録したものは少ない。古い山岳図書の散逸もひどい。あっても多くは日本アルプスや東日本の山が中心で、九州の山、九州の岳人の記録について語られたものはあまりない。それでも一九〇七年（明治四十年）刊「山岳」（日本山岳会会誌）に所収された「霧島登山」（手島漂泊記）はじめいくつもの登山紀行や歴史書、海外遠征報告書を読むことができた。

史実を追うほどに、その奥行きの深さ、広さを知った。知るほどに胸に迫ったのは、山に向き合う人たちの山に対する敬虔《けん》の念、ひたむきさ、情熱だった。そこには冒険心があり、葛藤があり、喜びも悲しみも、命をかけた「山人生」も見た。心の癒しも知った。本書はその「記録」である。

ただ、ここに書いたことは九州の「山と人」の登山史の断片にすぎない。今後も多くの方に登山史をひもといていただきたいし、地方、地方の登山史をつなぎ合わせて〝日本の登山史〟が仕上がれば、と念願している。

本書の執筆、出版に際しては多くの先輩岳人のご協力と、厳しい出版業界の中で弦書房・三原浩良社長、小野静男編集長はじめ関係スタッフの方々のご尽力をいただきました。心からの感謝を申し上げます。

松尾良彦

主な参考文献

登山史・登山記録・登山研究　『新稿日本登山史』山崎安治（白水社、1986年）　『日本女性登山史』坂倉登喜子・梅野淑子（大月書店、1992年）　『岩と人―日本岩壁登攀史』斎藤一男（東京新聞出版局、1980年）　『東西登山史考』田口二郎（岩波書店、1995年）　『九州の岳人たち―その登山史』井上優・松尾良彦（日本山岳会福岡支部、2002年）　『現代登山全集』諏訪多栄蔵ほか編（東京創元社、1976年）　『ヒマラヤ登攀史』深田久弥（岩波新書、1974年2刷）　『山道具が語る日本登山史』布川欣一（山と渓谷社、1991年）　『名山の日本史』高橋千劔破（河出書房、2004年）　『日本の名山を考える』斎藤一男（アテネ書房、2001年）　『日本山岳文学史』瓜生卓造（東京新聞出版局、1979年）　『われわれはなぜ山が好きか―ドキュメント・日本アルプス70年史』安川茂雄（小学館、2000年）　『日本人の冒険と探検』長澤和俊（白水社、1998年）　『日本登山大系1～10』（白水社、1980年～82年）　『日本百名山』深田久弥（新潮社、1977年）　『夫婦登山ことはじめ』岡田汪（岡田汪、2004年）　『冬山目指して―冬山44年の歩み』諸岡久四郎編修（福岡山の会、1992年）　『彼ら挑戦者』大蔵喜福（東京新聞出版局、1999年）　『九州山岳・第一輯』新島章男編（朋文堂、1942年）　『新編九州の山と高原』折元秀穂（西日本新聞社、1985年）　『山探検　フィールドワーク』松本徰夫（玉川大学出版部、1978年）　『九州の谷』吉川満編責（八代ドッペル登高会、1981年）　『日本の岩場』クライミングジャーナル編集部（白山書房、1991年）　『阿蘇の岩場』折元秀穂（栄宝社、1962年）　「行縢山の岩場」三澤澄男（「岳人」東京新聞出版局、1976年10月号）　『阿蘇魂』山本十郎編（阿蘇魂刊行会、1969年）　『祖母大崩山群』加藤数功・立石敏雄編（しんつくし山岳会、1959年）　『屋久島の山岳』太田五雄（八重岳書房、1993年）　「故釜瀬新平の九州登山会に於ける功績」竹内亮（福岡山の会会報「せふり」、1937年9月）　『コンサイス外国山名辞典』吉沢一郎監修（三省堂、1984年）　『ヒマラヤ名峰事典』薬師義美・雁部貞夫編（平凡社、1996年）

歴史・郷土誌　『中川入山公伝』北村清士（北村清士、1961年）　『二豊小藩物語　上巻』狭間久（大分合同新聞社、1975年）　『九州戦国合戦記』吉永正春（海鳥社、1994年）　『日本博物学史』上野益三（平凡社、1973年）　『添田町史・上巻』添田町史編纂委員会（福岡県添田町、1992年）　『宝満山歴史散歩』森弘子（葦書房、2000年）　『久住町誌』久住町誌編（大分県久住町、1984年）　『雲仙大観』長崎県（長崎県、1932年）　『求菩提山修験文化考』重松敏美（豊前市教育委員会、1969年）　『天狗の末裔たち―秘境求菩提を探る』毎日新聞（毎日新聞社、1969年）　『英彦山と九州修験道』中野幡能（名著出版、1977年）　『英彦山を探る』添田町役場（福岡県添田町、1986年）　『九重山博物誌』梅木秀徳（葦書房、1997年）　『一の宮町史・豊肥線と阿蘇』井上智重（一の宮町、1999年）　『上屋久町郷土誌』上屋久町郷土誌編集委員会（鹿児島県上屋久町、1984年）　『人物叢書・貝原益軒』井上忠（吉川弘文館、1989年）　「中陵漫録」佐藤成裕（「日本随筆大成」吉川弘文館、1976年）　「高千穂採薬記」賀来飛霞（「日本庶民生活史料集成2」三一書房、1973年）　「神速龍馬の足は蒸気船だった」明田鉄男（「歴史の群像―坂本龍馬」学習研究社、1991年）　『マクシモービチと

須川長之助』井上幸三（岩手植物の会、1981年）　「カール・ヨーハン・マキシモウッチの伝」宮部金吾（「札幌博物学会会報第一巻」1906年）　「W・ウェストン年譜」島田巽、川村宏、三井嘉雄、安江安宣編（「山岳」日本山岳会、1987年）　『極東の遊歩場』W・ウェストン、岡村精一訳（山と渓谷社、1984年）　『ウェストンの明治見聞記―知られざる日本を旅して』W・ウェストン、長岡祥三訳（新人物往来社、1987年）　『孤高の道しるべ』上条武（銀河書房、1983年）

紀行・登山記・随筆　『筑紫風景誌』竹内亮（古今書院、1941年）　「筑紫紀行」菱屋平七著（「日本庶民生活史料集成20」三一書房、1973年）　「日本九峯修行日記」野田成亮（泉光院）（「日本庶民生活史料集成2」三一書房、1973年）　「寒中滞嶽記」野中至（「日本の名山15」博品社、1999年）　『朝の山残照の山』日高信六郎（二見書房、1969年）　『窓の山稜』三日月直之（葦書房、2002年）　『久泉全集』工藤元平（工藤久泉還暦記念会、1949年）　『径ひとつ』折元秀穂（福岡まいづる山岳会、1982年）　『たかが岩登り、されど岩登り』三澤澄男（宮日文化情報センター、2005年）　「薩南の山旅」「九重山」「祖母山」「阿蘇山」深田久弥（「山の文学全集Ⅱ・Ⅲ・Ⅳ」朝日新聞社、1974年）　『遙かなる揚子江源流』松本徰夫・松原正毅（日本放送出版協会、1987年）　『遙かなり秘境可西里』松本徰夫（日本放送出版協会、1999年）　「ヒマラヤ行」鹿子木員信（「世界山岳全集13」朋文堂、1961年）　『チベット潜行十年』木村肥佐夫（中央公論社、1982年）　『秘境西域八年の潜行』西川一三（中央公論社、1991年）　「北アルプスの旅」米山達雄（福岡日日新聞1933年8月15～18日付）「ヒマラヤ山賊遭難記」加藤秀木（「世界紀行文学全集21・山岳編」ほるぷ出版、1979年）　『わが青春はヒマラヤの頂』田村宏明（講談社、1965年）　『機長の空からの便り』岡留恒健（山と渓谷社、1993年）　『七十歳はまだ青春』脇坂順一（山と渓谷社、1984年）　『八十歳はまだ現役』脇坂順一（山と渓谷社、1999年）　『K2―雪と氷と岩と』松尾良彦（西日本新聞社、1978年）　『死線を越えて―チョランマ登頂記』山下健夫（山下健夫、2000年）　「コー・イ・モンディ」矢野真（「新岳人講座・世界の山」東京新聞出版局、1981年）　「われ北壁に成功せり」芳野満彦（「現代日本記録全集15」筑摩書房、1961年）　『北壁の青春』高田光政（あかね書房、1968年）　『1972ヒマラヤの旅』福岡山の会（福岡山の会、1973年）　『アラスカ垂直と水平の旅』栗秋正寿（山と渓谷社、2000年）　報告「シブリン南壁　スペインルート・アルパインスタイル登頂記」「アコンカグア南壁」「パイネ中央塔」藤原拓夫（1991年）　『アイランドピーク登頂記録』（読売山の会アイランドピーク登山隊、2000年）　『ヒマラヤへの道Ⅰ・Ⅱ』（電電九州山岳会、1970年、1999年）　『ニルギリ北峰登頂―碧稜の彼方へ』福岡GCC同人ヒマラヤ登山隊1981（福岡GCC同人、1982年）　『すべてを山に賭けて―日野悦郎山行記録』日野悦郎（日野悦郎、1994年）　「ダウラギリ単独アルパインスタイル」禿博信（「登山のルネサンス」山と渓谷社、1982年）　「阿蘇楢尾岳北面」熊本RCC（「熊本県岳連年報・一九五四年」熊本県岳連、1954年）　「阿蘇高岳南面の記録」九州電電山岳会（「熊本県岳連年報一九五五～五六年」熊本県岳連、1956年）　『障子岳南西稜南西壁白いスラブ「西野ルート」登攀』（米澤弘夫登攀報告書、1978年）　「屋久島・七五岳東稜」福岡GCC（「新岳人講座5・日本の山」東京新聞出版局、1981年）　「阿蘇楢尾岳北面」熊本RCC（「熊本県岳連年報・一九五四年」熊本県岳連、1954年）　「阿蘇高岳南面の記録」九州電電山岳会（「熊本県岳連年報一九五五〜五六年」＝熊本県岳連、１９５６年）　『障子岳南西稜南西壁白いスラブ「西野ルート」登攀』（米澤弘夫登攀報告書、１９７８年）　「屋久島・七五岳東稜」福岡ＧＣＣ（「新岳人講座５・日本の山」東京新聞出版局、１９８１年）　『カミさんと登った百名山』加藤昌隆（海鳥社、２００３年）　『カミさんと登る九州百名山』加藤昌隆（海鳥社、２００６年）　『ひとうま譚』白石一郎（文春文庫、１９９８年９刷）　『芙蓉の人』新田次郎（文春文庫、１９９８年27刷）　『二百十日・野分』夏目漱石（新潮文庫、２００１年30刷）　『氷壁』井上靖（新潮社、１９５３年）

報告書　『アフガニスタン山と人—１９７０長崎大学学士山岳会コー・イ・バンダカー遠征報告書』長崎大学学士山岳会（長崎大学学士山岳会、１９７１年）　『九州縦断山行報告書』福岡まいづる山岳会（福岡まいづる山岳会、１９７１年）　『ブラックバーン峰登山報告書』鹿児島山岳会アラスカ遠征登山隊（鹿児島山岳会、１９７４年）　『１９７４年ボリビア・アンデス登山報告』（門司山岳会、１９７５年）　『アンデスの旅—76門司山岳会アンデス女性登山隊報告書』（門司山岳会、１９７７年）　『白夜のヘイズ—アラスカ・ヘイズ峰　昭和50・53年の記録』福岡市役所山岳部（福岡市役所山岳部、１９８１年）　『氷壁のワンダーランド』福岡大学山岳会ナンガ・パルバート遠征隊（福岡大学山岳会、１９８６年）　『博格達峰登山報告書』博格達登山隊（福岡教育大山岳会、１９８７年）　『DHAMPUS EXPEDITION 登頂報告書』琉球大ヒマラヤ登山隊（琉球大学山岳部、１９８９年）　『ダウラギリＩ峰登山隊報告書』ダウラギリ登山隊（宮崎大山岳会、１９９６年）　『福岡珠穆朗瑪峰登山隊１９９６報告書』（福岡市山岳協会、１９９７年）　『ナムナニ峰登頂』納木那尼峰登山隊（日本山岳会福岡支部、１９９８年）　『チェオヒマール１９９１報告書』伊万里山岳会・ネパール警察合同チェオヒマール登山隊（伊万里山岳会・ネパール警察、１９９８年）　『ＡＭＡＤＡＢＬＡＭ』福岡アマダブラム登山隊（アマダブラムクラブ、１９９８年）　『速攻　アンナプルナⅣ峰』九州アンナプルナⅣ峰登山隊（日本勤労者山岳連盟九州地区協議会、１９９９年）　『ギャチュンカン遠征報告書』福岡大山岳会ギャチュンカン登山隊（福岡大山岳会、２００６年）

追悼　『九重山—加藤数功遺稿集』加藤数功（加藤英彦、１９８５年）　『ダウラギリへの道—千々岩玄追悼集』千々岩助太郎（千々岩助太郎、１９７２年）　『噫！　匂坂正道君』田中龍男編（第五高等学校山岳部、１９３７年）　『完結された青春—中嶋正宏遺稿集』中嶋正宏（山と渓谷社、１９８９年）

登山誌・新聞報道・インターネット　「岩と雪」「山岳年鑑」（山と渓谷社、１９６５年〜９５年）　「日本岳連史①〜㉙」高橋定昌（「岳人」東京新聞出版局、１９７６年10月号〜７９年２月号）　「七五岳北壁」太田五雄（「岳人」東京新聞出版局、１９７４年４月号）　「時間が消え、ただひとり在る」戸高雅史（「岳人」東京新聞出版局、１９９６年10月号）　「憧憬のフォレイカー単独登頂」栗秋正寿（「岳人」東京新聞出版局、１９９９年７月号）　「たったひとりのアラスカ66日間」栗秋正寿（「岳人」東京新聞出版局、２００１年７月号）　「七五岳北壁」太田五雄

（「岳人」東京新聞出版局、１９７４年4月号）「山人の賦、今も」飯田辰彦（「岳人」東京新聞出版局、２０００年1月号）「滝谷の登攀史をめぐって」湯浅美仁（「岳人」東京新聞出版局、２００３年9月号）「黒部・清水ＲＣＣルート／岡山ＣＣルート冬期初登攀」ベルグ・シュピンネ（「岩と雪」山と渓谷社、１９７５年6月号）「折元秀穂聞き書き『山人山語―登山史の周辺』」西日本新聞１９８０年5月27日〜8月7日、70回連載「頂めざして・岳人伝」毎日新聞１９９２年3月3日〜4月11日、26回連載「まぼろしの峰」西日本スポーツ１９７０年12月22日〜26日、5回連載「孤高の峰へ―チェオヒマール登頂記」佐賀新聞１９９１年11月27日〜12月18日、20回連載「遙かなる頂・ギャチュンカン報告」西日本新聞２００５年11月21日〜26日、6回連載　難波寛、品川誠両氏（カナダ・アルバータ州キャンモアのヤムナスカ・マウンテン・ツアー社）の協力によるカナダ山岳会での調査報告「大剛日記」（渡辺大剛のホームページ「Haruhisa Watanabe Web」http://idrisa-links.ne.jp）九州日日新聞、熊本日日新聞、大阪朝日新聞、朝日新聞、読売新聞、毎日新聞、福岡日日新聞、九州日報、西日本新聞、フクニチ新聞、宮崎日日新聞、大分新聞、大分合同新聞、琉球新報、サンケイ新聞、信濃毎日新聞

会誌・会報

『山岳』（日本山岳会、１９０６―２００６年、一部覆刻版）『会報・山』（日本山岳会）「カナディアン・アルパイン・ジャーナルNo.17、１９２８」（カナダ山岳会）「アメリカン・アルパイン・ジャーナルvol.1No.1、１９２９」（アメリカ山岳会）「ガウリ・サンカール紀行」加藤秀木（「山岳」日本山岳会、１９６０年）「大和山脈の旅」木崎甲子郎（「山岳」日本山岳会、１９６１年）「コー・イ・バンダコー登頂」一瀬義典（「山岳」日本山岳会、１９７１年）「ポーロン・リ登頂」梅木秀徳（「山岳」日本山岳会、１９８３年）「福岡支部創立三十五周年シシャパンマ隊報告」日野悦郎（「山岳」日本山岳会、１９９２年）「創立間もない山岳会を盛り立てた人々」南川金一（「山岳」日本山岳会、２００２年）「幕末・明治期の外国人の登山」三井嘉雄（「山岳」日本山岳会、２００３年）『めろさてぃ』（九州大学山岳会、１９６９年〜２０００年）「岩を登って40年―屋久島の登攀20年を語る」米澤弘夫（「めろ・さてぃNo.6」九州大学山岳会、２０００年）『登攀行―宮崎登攀倶楽部の15年』（宮崎登攀倶楽部、１９９１年）『ひかり輝く山へ』吉野和記ら刊行委員会（福岡県勤労者山岳連盟、１９８６年）『福岡登高会35周年記念誌』（福岡登高会、１９９８年）『山行・第一号』加藤数功編（筑紫山岳会、１９３２年）「せふり」1号No.207〜209号（福岡山の会）『ＦＹＫ通信』（福岡山の会）『五高山岳部報告・第一輯』五高山岳部（五高山岳部、１９３１年）『こだま屋久島報告』五高山岳部編（１９３３年）「山小屋」（九州山小屋の会、１９５２年）「日本山岳会福岡支部報」（日本山岳会福岡支部）

〈著者略歴〉

松尾良彦（まつお・よしひこ）
一九三四年、北九州市生まれ。上智大学新聞学科卒。西日本新聞社入社、主に社会部畑を歩き運動部長、北九州支社編集長、論説副委員長（東京駐在）など歴任。七七年、日本山岳協会K２登山隊に報道隊員として参加。アコンカグアなど登山。著書に『K２—雪と氷と岩と』『ナンガとアコンとケニア山』『九州の岳人—その登山史』など。福岡登高会会員・日本山岳会会員。

〈山と人〉百話
——九州の登山史

二〇〇七年五月二十日発行

著者　松《まつ》尾《お》良彦《よしひこ》
発行者　三原浩良
発行所　弦書房
（〒８１０・００４１）
福岡市中央区大名二—二—四三
ＥＬＫ大名ビル三〇一
電話　〇九二・七二六・九八八五
ＦＡＸ　〇九二・七二六・九八八六

印刷
製本　大村印刷株式会社

ISBN978-4-902116-82-3　C0076